小学理科

か・ん・ぺ・き教科書

新しい 教養のための理科

基礎編

啓明舎

まえがき

この本は2003年8月に出版された『教養のための理科 基礎編《きそへん》』の全面改訂版《かいていばん》です。

元々は啓明舎《けいめいしゃ》という学習塾《じゅく》で使用されていたテキストをリライトしたもので、現在でも啓明館《けいめいかん》(啓明《けいめい》舎《しゃ》より名称変更)および提携塾《ていけいじゅく》で使用されている「中学受験」用のテキストでありながら、全国の小学生やご両親の皆さんにご愛読いただき、何回も版を重ねることができました。旧版をご愛読いただき、またあたたかい励《はげ》ましや的確なご意見・ご批判を頂戴《ちょうだい》したことに、あらためて心から感謝《かんしゃ》いたします。

この本では、旧版の「良いところ」をできる限り残しながら、以下の点を改良したつもりです。

1)　文章が固くて長すぎる部分を、表や図を多用することで、読みやすくした

2)　各章ごとの詳《くわ》しい「ポイントのまとめ」と「索引《さくいん》」をつけて、参考書として使いやすくした

3)　図版や写真を増やして、楽しくわかりやすい紙面構成を心がけた

まだまだ至らない点も多々あるかと思いますが、1人でも多くの子供たちに「理科って、こんなに楽しいんだ」と思ってもらえるよう、今後とも改善のための努力を惜《お》しまぬ所存です。旧版にかわらぬご愛顧《あいこ》と、忌憚《きたん》ないご意見を賜《たまわ》りますよう、重ねてお願い申し上げる次第です。

執筆者を代表して 啓明館 本田直人

目　次

目　次

第３部　身の回りの科学

第1部 生命の世界

1 昆虫のくらし

Step1 昆虫の体のつくり

Ⅰ 地球上でもっとも栄えている生物

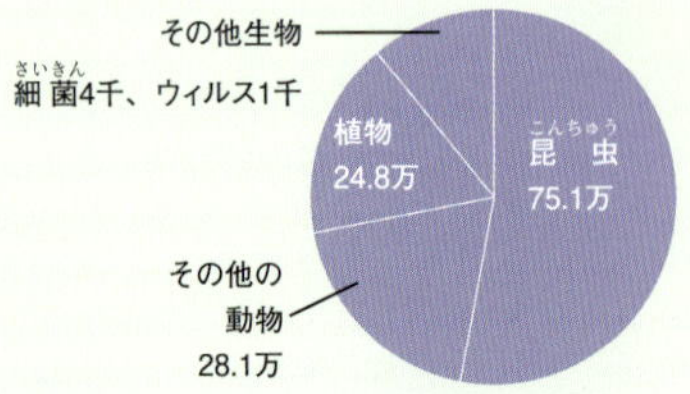

全体の6割が昆虫

●「体が小さい」「成長が速い」「外骨格（固いから）をもつ」

→いろいろな環境に適応することができる

Ⅱ 昆虫の体のつくり

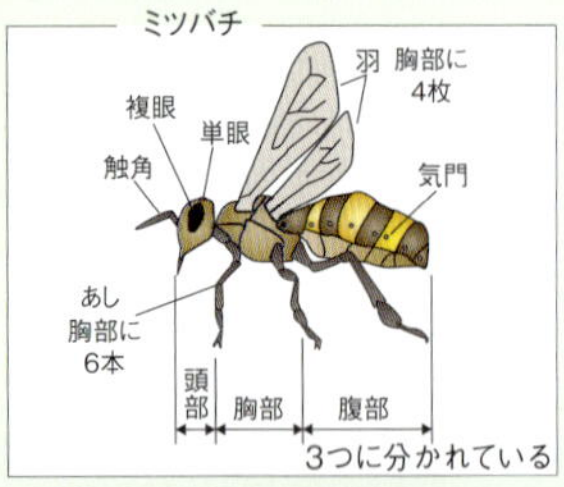

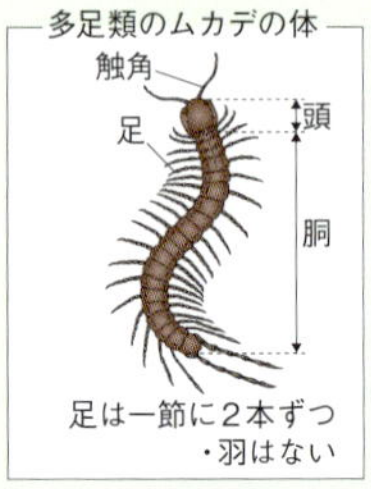

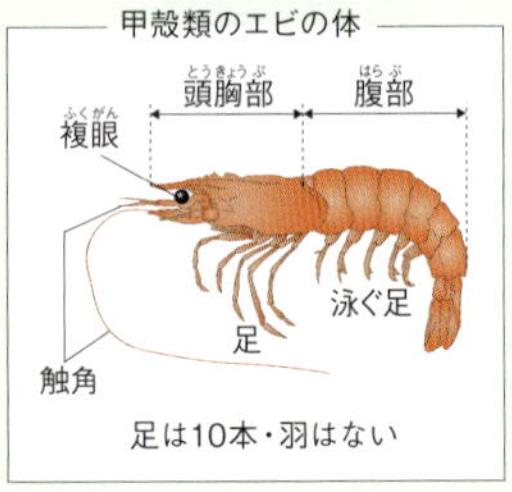

Ⅲ 昆虫の頭部の特徴

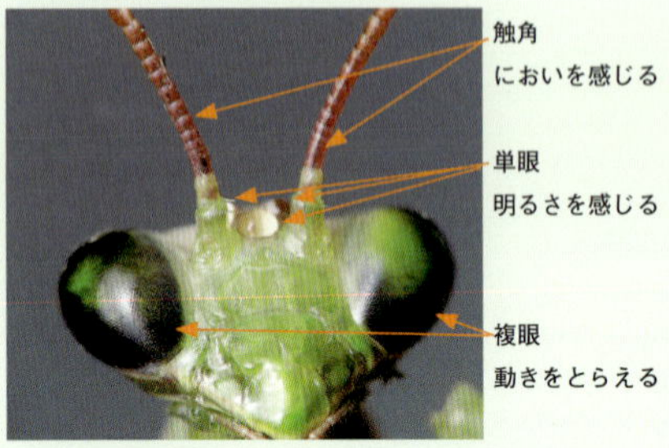

カマキリの複眼と単眼と触角

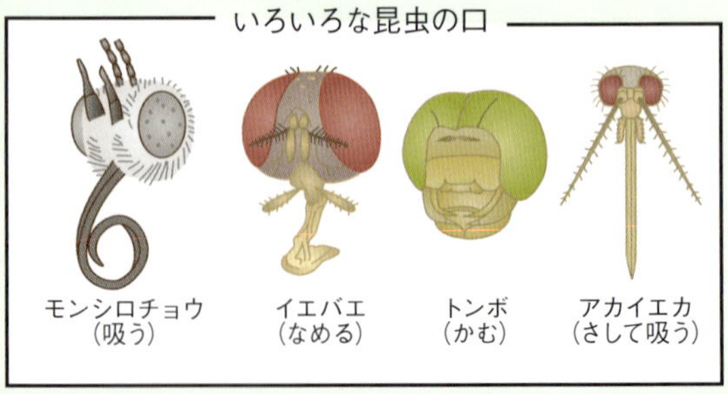

Ⅳ 胸部の特徴

●３対（６本）の足と２対（４枚）の羽と、

足や羽を動かす丈夫な筋肉がある

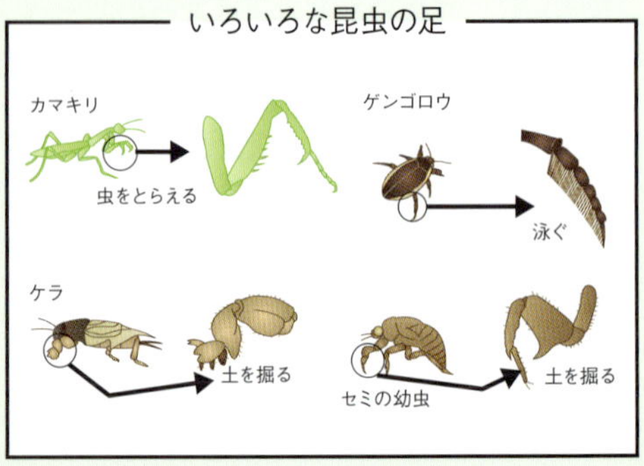

Ⅴ 呼吸のしくみ

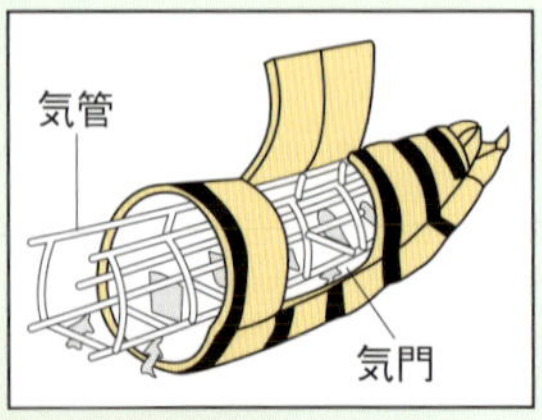

気管は細かく枝分かれして、細胞につながっている気門から取り入れた空気を効率よく運ぶことができる

Step2 昆虫の育ち方

Ⅰ さなぎになる昆虫、ならない昆虫

完全変態 卵 →幼虫→さなぎ→成虫

不完全変態 卵→幼虫→成虫

Ⅱ 幼虫の体のつくり

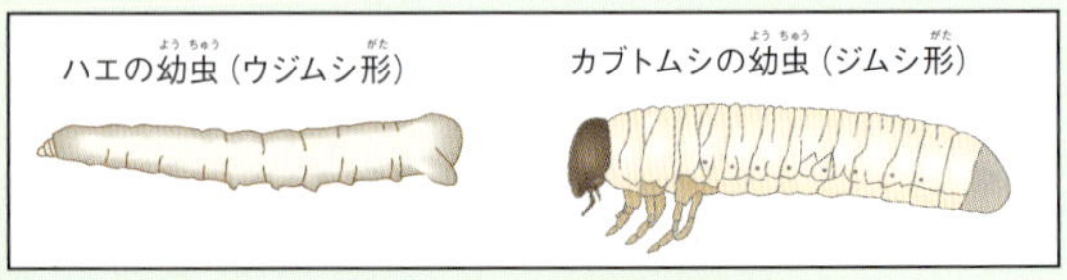

ひたすら「食べる」時期→口と消化器官が発達

Step3 さまざまな昆虫

Ⅰ モンシロチョウの一生

卵はアブラナ科の葉の裏に
1個ずつ産みつける

3日～1週間でふ化
幼虫のあいだに4回脱皮する

さなぎ

成虫は花の蜜をエサにする

Ⅱ トンボのくらし

- 水辺に卵を産む
- 幼虫は水中でくらす
- 幼虫も成虫も肉食
- 大きな羽と丈夫な筋肉で、素早く飛びまわる

エサを食べているヤゴ

アキアカネの複眼

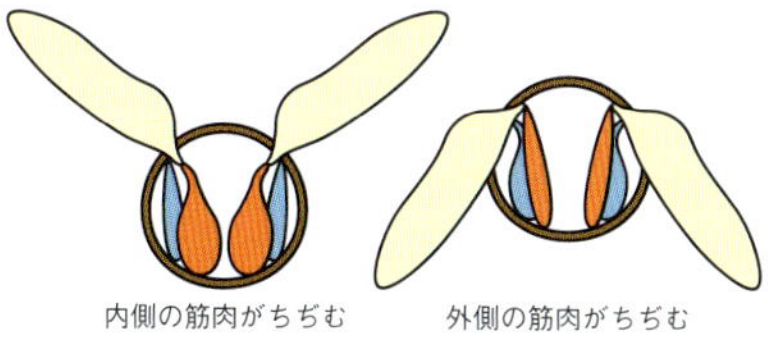

トンボの羽のつくり

Ⅲ 昆虫の分類

無変態の昆虫

シミ・トビムシのなかま

完全変態の昆虫

チョウ・ガのなかま

ハチ・アリのなかま

カブトムシのなかま

ハエ・アブ・カのなかま

不完全変態《へんたい》の昆虫

バッタのなかま

トンボのなかま

カメムシのなかま

ゴキブリのなかま など

Step 1 昆虫の体のつくり

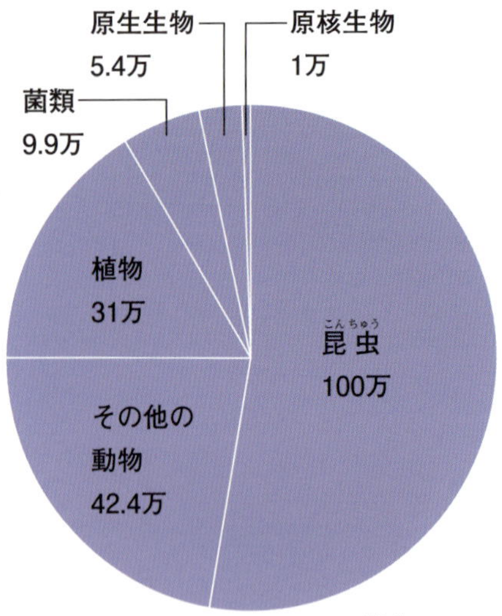

図1　既知の生物種約190万種の内訳《うちわけ》(2009年)

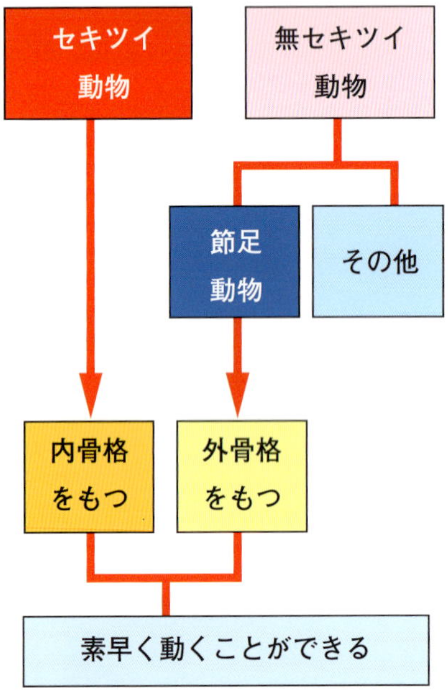

図2　動物の分類

I　地球上でもっとも栄えている生物

現在《げんざい》、地球上に生きている生物種は、まだ発見されていないものまで含《ふく》めればおよそ1000万～1億種類《しゅるい》、その**約5割《わり》は「昆虫《こんちゅう》」のなかま**と推測《すいそく》されています。昆虫《こんちゅう》は、地球上のさまざまな場所に進出してその環境《かんきょう》に適応《てきおう》し、そして栄《さか》えている生物なのです。

◉体が小さく成長が速い

昆虫《こんちゅう》が繁栄《はんえい》している理由の1つは**体が小さい**ことです。生活する空間が狭《せま》くてすむだけでなく、食べる量も少なく、同じ環境《かんきょう》で数種類《しゅるい》の昆虫《こんちゅう》が共存《きょうぞん》できるからです。

また、**成長のスピードが速い**(寿命《じゅみょう》が短い)ことは多くの種類《しゅるい》を生むのに役立っています。速く成長することで(親から子への)世代の交代も早く進み、短期間で環境《かんきょう》の変化に対応できるのです。

◉節足動物のなかま

動物は大きく分けて、2章で取り扱《あつか》う**「セキツイ動物」**(背骨《せぼね》がある動物)と**「無セキツイ動物」**(背骨《せぼね》がない動物)に分類されます。

無セキツイ動物にはいろいろな種類《しゅるい》の動物が含《ふく》まれますが、その中の1つが**昆虫類《こんちゅうるい》・クモ類・甲殻類《こうかくるい》・多足類《たそくるい》**などの「節足動物《せっそくどうぶつ》」です。

節足動物《せっそくどうぶつ》には、共通する次の2つの特徴《とくちょう》があります。

①体がいくつもの**「ふし」**(体節《たいせつ》)でできている

②背骨《せぼね》はなく、体の表面が**固い殻《から》(「外骨格《がいこっかく》」)**でおおわれている

「外骨格《がいこっかく》」は内部を保護《ほご》する軽くて丈夫《じょうぶ》な「かべ」で、体が傷《きず》ついたり、表面から水分が蒸発《じょうはつ》するのを防《ふせ》いでいます。ただし、体を大きくするためには殻《から》をぬぐ(**「脱皮《だっぴ》」**する)必要があります。

セキツイ動物や一部の節足動物《せっそくどうぶつ》は、筋肉《きんにく》を縮《ちぢ》めて、骨《ほね》や殻《から》を動かすことで、**大きく素早《すばや》く動く**ことができます。それに対して、たとえばナメクジは、体全体が伸《の》び縮《ちぢ》みした分しか動くことができません。

参考　昆虫はどこから来たのか

昆虫《こんちゅう》は人類よりもはるか昔から地球上で生きてきました。現在《げんざい》見つかっている最も古い昆虫《こんちゅう》の化石はスコットランドで発見された約4億年前(デボン紀)のトビムシの化石といわれています。当時の昆虫《こんちゅう》はまだ羽を持つものがいなかったようです。以前は、ヤスデやムカデのような多くの体節《たいせつ》を持つ節足動物《せっそくどうぶつ》から進化したと考えられていましたが、近年では、同じ節足動物《せっそくどうぶつ》でも甲《こう》殻類《かくるい》のミジンコやカブトエビなどのグループに近いのではないかと考えられています。

図3　カブトエビ

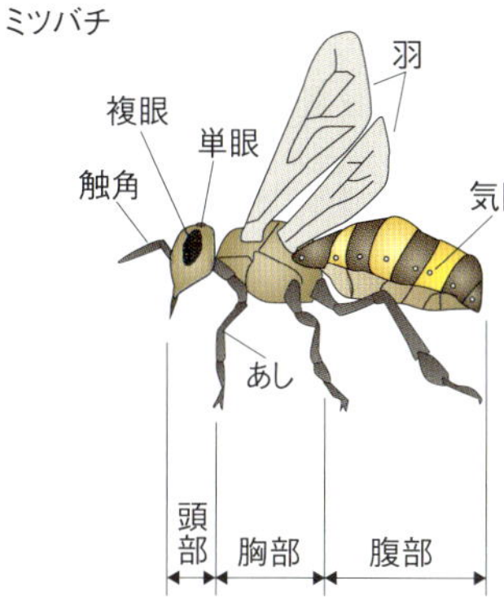

図４　昆虫《こんちゅう》の体のつくり

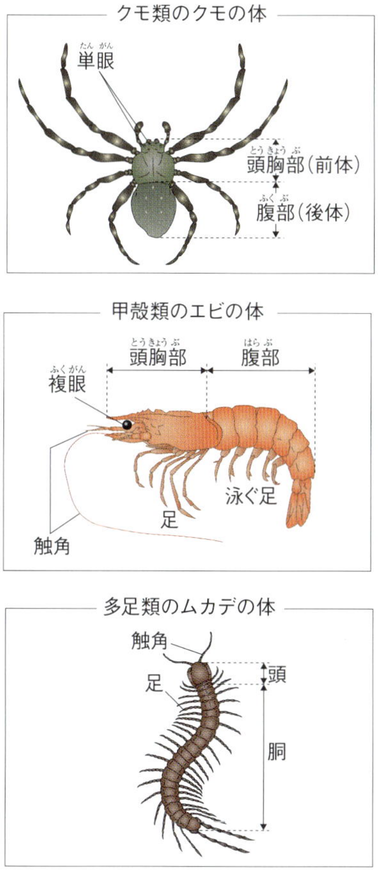

図５　昆虫《こんちゅう》以外の節足動物《せっそくどうぶつ》の体のつくり

図６　カマキリの複眼と単眼と触角

表1　節足動物《せっそくどうぶつ》の分類

		足	羽	呼吸《こきゅう》方法
昆虫《こんちゅう》	頭・胸《むね》・腹《はら》	胸部《きょうぶ》に３対	胸部《きょうぶ》に２対	気管《きかん》
クモ類	頭胸部《とうきょうぶ》・腹部《ふくぶ》	頭胸部《とうきょうぶ》に４対	なし	気管《きかん》と書肺《しょはい》
甲殻類《こうかく》	頭胸部《とうきょうぶ》・腹部《ふくぶ》	頭胸部《とうきょうぶ》に５対	なし	えら（水中）
多足類《たそくるい》	頭部・胴部《どうぶ》	胴部《どうぶ》１節に１対	なし	気管《きかん》

Ⅱ　昆虫の体のつくり

昆虫《こんちゅう》は、節足動物《せっそくどうぶつ》の中でもっとも種類《しゅるい》や個体数が多い「最大勢力《せいりょく》」ですが、そのヒミツ（の一部）は、次のような特徴《とくちょう》にあります。

①体が頭・胸《むね》・腹《はら》の3つの部分に分かれている

ムカデの体は同じ形のふし（体節《たいせつ》）が集まってできていますが、昆《こん》虫《ちゅう》の体は頭・胸《むね》・腹《はら》の3つの部分に分かれ、それぞれがはっきりした役割《やくわり》をもっています。そのため、住む場所や食物によって体の形を変え、いろいろな環境《かんきょう》に適応《てきおう》することができます。

②6本（3対）の足と4枚《まい》（2対）の羽がある

羽をもつことによって、外敵《がいてき》から逃《のが》れたり、エサを確保《かくほ》したり、また、より広い範囲《はんい》に生活環境《かんきょう》をひろげることができるようになっています。

③気管《きかん》で呼吸《こきゅう》している

気管《きかん》は、体内に酸素《さんそ》をとりいれ、体中に運ぶためのしくみで、とても効率《こうりつ》よく酸素《さんそ》を運ぶことによって、昆虫《こんちゅう》が素早《すばや》く行動することを可能にしています。

Ⅲ　昆虫の頭部の特徴

昆虫《こんちゅう》の頭部には、外の世界のようすをとらえるための器官が集中しています。その1つが**目**です。昆虫《こんちゅう》には、ものの動きをとらえる1対の「**複眼《ふくがん》**」と、明るさなどをとらえて複眼《ふくがん》の働きを助ける役目の「**単眼《たんがん》**」という2種類《しゅるい》の目がついています（単眼《たんがん》のない昆虫《こんちゅう》もいます）。

複眼《ふくがん》は、たくさんの「個眼《こがん》」が集まってできており、広い範囲《はんい》の動きの変化を見分ける能力《のうりょく》は優《すぐ》れていますが、見ているものの細かい部分や背景《はいけい》については、ごく大ざっぱにしかとらえていません。個眼《こがん》の数は昆虫《こんちゅう》の種類《しゅるい》によって違《ちが》い、少ないものではアリの数十個、多いものではトンボの1万～2万8000個《こ》と、大きな差があります。一般《いっぱん》に、個眼《こがん》の数が多いものほど、動きの変化をとらえる能力《のうりょく》が高いと考えられています。

もう1つが「**触角《しょっかく》**」です。触角《しょっかく》のおもなはたらきは、空気中にただ

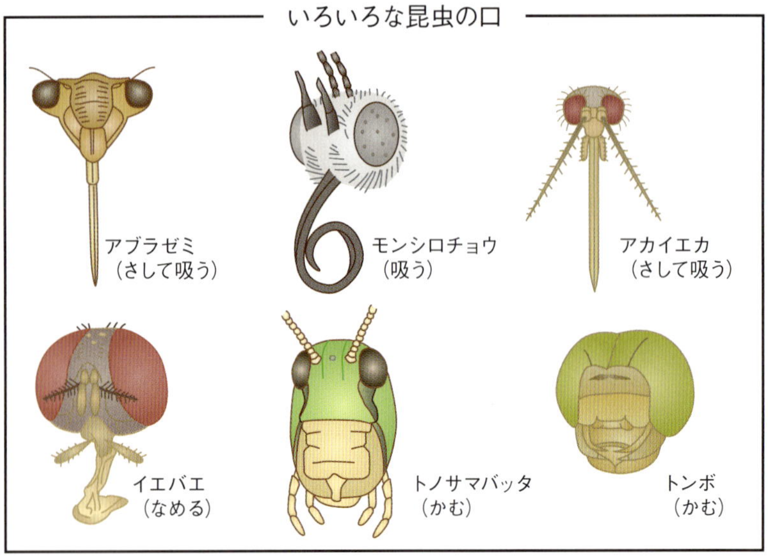

図７　さまざまなタイプの口

ようにおいをとらえることで、いわば「鼻」の役割《やくわり》をしています。食べものや異性《いせい》を探すために使いますが、昆虫《こんちゅう》の種類《しゅるい》によっては、音を感じる「耳」の役割《やくわり》もはたしています。

昆虫《こんちゅう》の**口**（口器《こうき》）の形は、固い樹皮《じゅひ》などに**穴《あな》をあける**、木などを**かみ砕《くだ》く**、ストローのようにして**蜜《みつ》を吸《す》う**、樹液《じゅえき》などを吸《す》い取って**なめる**など、食べるものの違《ちが》いによって大きく異《こと》なっています。

参　考　複眼の能力

ヒトの目は1秒間に30回程度点滅《ていどてんめつ》する光まで感じとることができます。フィルム映画は1秒間に24コマの静止画像《がぞう》を少しずつ位置をずらして映《うつ》し出すことで、映像《えいぞう》が連続して動いているように見える「残像効果《ざんぞうこうか》」を利用したものです。

これに対して、セイヨウミツバチの複眼《ふくがん》は1秒間に200回点滅《てんめつ》する光まで感じとることができます。セイヨウミツバチの目には、1秒間に200コマの高速度撮影《さつえい》したものを、1秒間に30コマの速さで映《うつ》し出したときのように見えます。プロ野球選手の剛速球《ごうそっきゅう》を、6倍以上の長さに引き伸《の》ばしたスローモーション映像《えいぞう》で見るような感じですね。

また、複眼《ふくがん》の利点は個眼《こがん》のピント（焦点《しょうてん》）が常《つね》にあっているというところにあります。ヒトの眼《め》は水晶体《すいしょうたい》（カメラのレンズにあたる部分）の厚《あつ》さを変えることによって、絶《た》えずピントを合わせなければなりませんが、複眼《ふくがん》にはその必要がありません。

Ⅳ　胸部の特徴

胸部《きょうぶ》には**足**と**羽**という**運動のための器官**があり、それらを動かすための大きな**筋肉《きんにく》**が集中しています。足も口と同じように、「**はさむ**」「**つかむ**」「**掘《ほ》る**」「**はねる**」「**吸《す》いつく**」といった動きにあわせて、さまざまな形をしています。中でも特徴的《とくちょうてき》なのは、獲物《えもの》をとらえるために大きく発達《はったつ》したカマキリの前足でしょう。

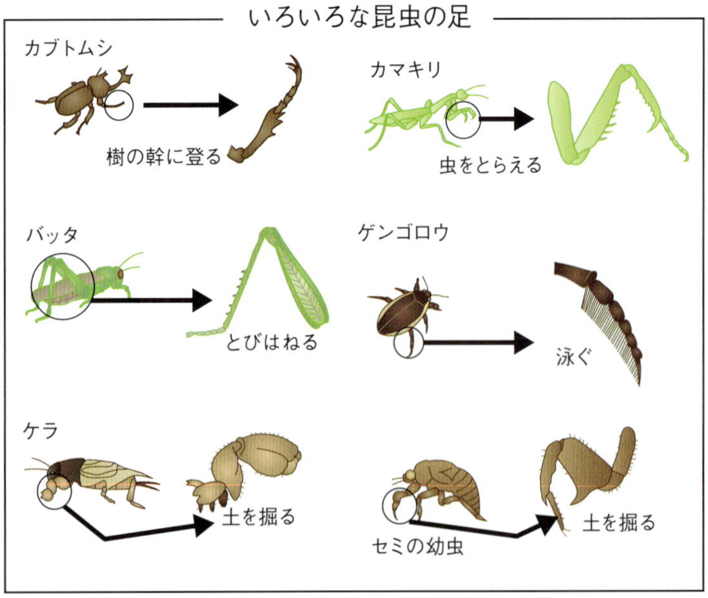

図８　さまざまなタイプの足

昆虫《こんちゅう》が繁栄《はんえい》した最大の理由は、約3億年前に、羽を発達《はったつ》させて飛ぶ能力《のうりょく》を獲得《かくとく》したことにあります。ほとんどの昆虫《こんちゅう》は、通常**2対（4枚《まい》）の羽**を持っています。なぜ羽ができたのかはまだよくわかっていませんが、原始的《げんしてき》な昆虫《こんちゅう》のなかまが幼虫《ようちゅう》時代を水中で生活することから、えらの一部が変化して羽になったのではないかと考えられています。

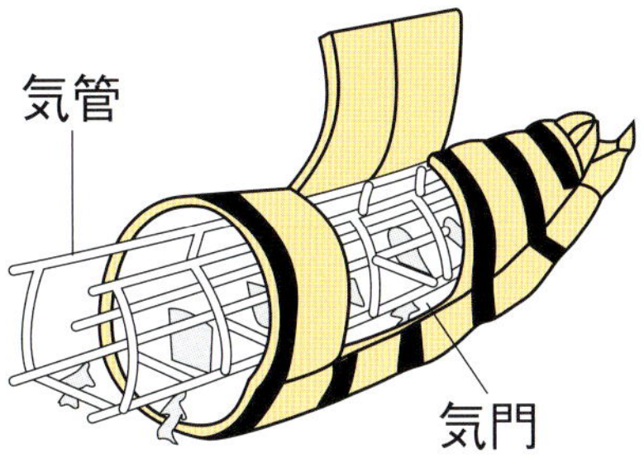

図９　気門と気管《きかん》。気管《きかん》は体の中の細かく枝分かれした管で、体の表面（側面にある）の気門とつながっている

図10　気門

Ⅳ　呼吸のしくみ

◉気管と気門

昆虫《こんちゅう》も他の動物と同様に酸素《さんそ》を取りこみ、二酸化炭素《にさんかたんそ》を出して、呼《こ》吸《きゅう》しています。しかしその呼吸《こきゅう》のしくみは、他の動物とはかなり異《こと》なっています。

多くの動物はえらや肺《はい》で呼吸《こきゅう》し、酸素《さんそ》や二酸化炭素《にさんかたんそ》を血液《けつえき》の流れによって運んでいます。一方、ミミズやヒルなど体のつくりが単純《たんじゅん》な動物は、皮ふを通して呼吸《こきゅう》します。ところが昆虫《こんちゅう》は外骨格《がいこっかく》を持つために皮ふからの呼吸《こきゅう》ができませんし、また十分に発達した肺《はい》やえらも持っていません。そのかわり昆虫《こんちゅう》は「気管《きかん》」という独特《どくとく》な呼吸器《こきゅうき》を発達させています。

気管《きかん》は細かく枝《えだ》分《わ》かれした管で、これが体の外と体内の細胞《さいぼう》とをつないでいます。体の側面にはいくつもの小さな穴《あな》（気門）があいていて、ここに気管《きかん》がつながっています。体をふくらませることで空気を気管《きかん》へ取りこみ、体をちぢめることではき出すという方法で、二酸《にさん》化炭素《かたんそ》と酸素《さんそ》を交換《こうかん》します。昆虫《こんちゅう》が腹部《ふくぶ》を規則的《きそくてき》に動かしているのは、呼吸《こきゅう》のためなのです。

◉体液の循環

酸素《さんそ》や栄養分《えいようぶん》を運ぶためのしくみもまた、セキツイ動物とはかなり異《こと》なっています。昆虫《こんちゅう》の背中《せなか》の方には、心臓《しんぞう》にあたる部分がありますが、体のすみずみまで血管《けっかん》が伸《の》びてはいません。心臓《しんぞう》につながる動脈《どうみゃく》の先《せん》端《たん》は開いており、体液は動脈の先からふきだして体の中を自由に流れ、再び心臓《しんぞう》にもどります。この間に、胃から栄養《えいよう》分を、気管《きかん》から酸素《さんそ》を取り入れて体の各部に運んでいるのです。

参　考　気管は優秀な酸素運搬《うんぱん》システム

昆虫《こんちゅう》は空を飛んだり、高くはねたりというように、背骨《せぼね》のある動物に比《くら》べて高い運動能力《のうりょく》を持っていますが、それを支《ささ》えているのが、この「気管系《きかんけい》」です。生物がはげしい活動をするためには大量のエネルギーを生み出さなければなりません。そのためにはより多くの酸素《さんそ》を必要とします。

ところが血液《けつえき》によって酸素《さんそ》を運ぶ方法では血液《けつえき》のねばり気のためにどうしても効率《こうりつ》が悪くなります。それに比《くら》べ、気門からとり込《こ》まれた酸素《さんそ》は、気体のまま気管《きかん》を通じて、体のすみずみまで一気に送りこむことができるのです。

ただし、この気管系《きかんけい》を大きな体にはりめぐらせることはできません。昆虫《こんちゅう》の体がある程度《ていど》以上の大きさにならないのは、このためでもあるのです。

Step 2　昆虫の育ち方

Ⅰ　さなぎになる昆虫、ならない昆虫

図11　脱皮《だっぴ》直後のモンシロチョウの幼虫《ようちゅう》

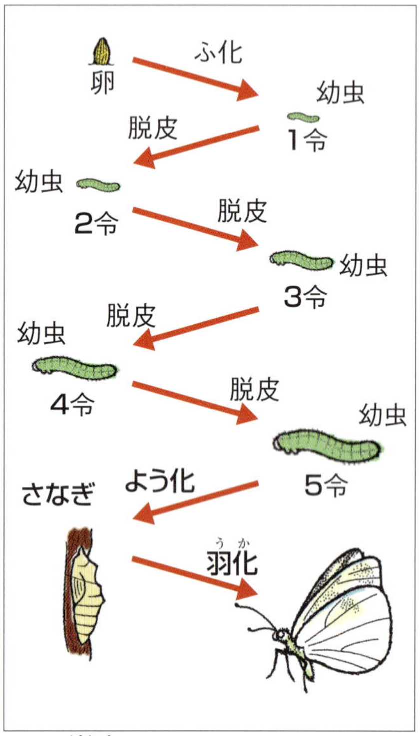

図12　幼虫《ようちゅう》、さなぎ、成虫

◉昆虫は「脱皮」する

昆虫《こんちゅう》の育ち方で最も大きな特徴《とくちょう》は、**脱皮《だっぴ》して成長する**ということです。節足動物《せっそくどうぶつ》はかたい殻《から》＝**外骨格《がいこっかく》**を持っていますから、体が成長するとその中に収《おさ》まりきらなくなってしまいます。したがって、それまで使っていた外骨格《がいこっかく》を脱《ぬ》ぎ捨《す》てる（**脱皮《だっぴ》**）ことで、はじめて新しい外骨格《がいこっかく》をつくり、成長することができるのです。

しかし、脱皮《だっぴ》をするときには、たくさんはえたヒゲや複眼《ふくがん》の表面とか気管《きかん》の内側まで、こまかく入りくんだ表面をすべて脱《ぬ》ぎすてなければなりません。うまく体がぬけずに死んでしまうものも少なくありませんし、脱皮中《だっぴちゅう》に敵《てき》に襲《おそ》われる危険《きけん》もあります。外骨格《がいこっかく》という優《すぐ》れたしくみをもっている代わりに、昆虫《こんちゅう》は脱皮《だっぴ》しなくてはならず、そのために昆虫《こんちゅう》は巨大《きょだい》な動物にはなれないのです。

昆虫《こんちゅう》の多くは脱皮《だっぴ》をしながら、体のつくりを大きく変えていきます。これを**「変態《へんたい》」**といいます。変態《へんたい》には、さなぎの時期に幼虫《ようちゅう》の体とはまったく異《こと》なる姿《すがた》に変わる**「完全変態《へんたい》」**と、さなぎの時期がない**「不完全変態《へんたい》」**があります。またシミ類やトビムシ類などの原始的な昆《こん》虫《ちゅう》のなかまは、変態《へんたい》を行わないので、**「無変態《へんたい》」**と呼《よ》ばれます。

このような違《ちが》いは、昆虫《こんちゅう》の進化する過程《かてい》で生じたと考えられています。地球上に現《あらわ》れた最初のころ、昆虫《こんちゅう》は変態《へんたい》を行いませんでした。しかし、あるものは成長の途中《とちゅう》で変態《へんたい》をして、羽のある成虫になることで、活動の範囲《はんい》をさらに広げることができるようになりました。またあるものは、よりさまざまな環境《かんきょう》に適応《てきおう》するために、**「さなぎ」**の時期をもち、体のつくりを大幅《おおはば》に変えるようになりました。このように昆虫《こんちゅう》は、外骨格《がいこっかく》をもつために脱皮《だっぴ》しなければならないという不便《ふべん》さを、変態《へんたい》によってさまざまな環境《かんきょう》で生きのびるための作戦として利用するようになったのです。

表２　完全変態・不完全変態・無変態

完全変態《へんたい》	幼虫《ようちゅう》がさなぎになってさらに成虫になる。幼虫《ようちゅう》と成虫とでは、生活場所やエサが大きく変わるため、体のつくりも大きく変化する。	チョウ、ハチ、アリ、ハエ、カブトムシなどのなかま
不完全変態《へんたい》	さなぎの時期を経《へ》ないで成虫になる。幼虫《ようちゅう》と成虫が似《に》ている（ただし、セミやトンボは成虫になると生活場所が変わるので、幼虫《ようちゅう》と成虫の体のつくりは似《に》ていない）。	バッタ、セミ、トンボ、ゴキブリなどのなかま
無変態《へんたい》	変態《へんたい》を行わない。羽をもたず、原始的な形態《けいたい》を残す種。	シミ、トビムシ、イシノミ

参　考　完全変態の意味とは？

完全変態《へんたい》をする昆虫《こんちゅう》の幼虫《ようちゅう》は、落ち葉やくち木、草などを食べて育ちます。これらのえさは栄養価《えいようか》が低いので大量に食べなくてはなりません。その分だけ体は重くなり、移《い》動《どう》しにくくなります。それでも「ひたすら食べて成長する」ことが幼虫《ようちゅう》の時期の目的です。成虫になると、蜜《みつ》や樹液《じゅえき》など消化がよくて栄養価《えいようか》の高いものがえさになります。なかには栄養《えいよう》を何もとらなくなる種類《しゅるい》もいます。その分だけ体が軽くなりますから、広い範囲《はんい》を動き、飛び回って異性《いせい》を求めたり卵《たまご》を生む場所を探します。つまり成虫時代の目的は、「子孫《しそん》を残す」ということなのです。

昆虫《こんちゅう》はその成長段階《だんかい》で生活の目的がはっきり変わります。変態《へんたい》は、それぞれの時期に都合の良い体のつくりに変化するしくみです。つまり、幼虫《ようちゅう》・さなぎ・成虫と姿《すがた》を変えることで、それぞれが異《こと》なる環境《かんきょう》の中で生きていくことができるのです。たとえば、幼虫段階《ようちゅうだんかい》はどこにでも大量にあるものをえさにして成長し、寒くて乾燥《かんそう》した生活に適《てき》さない季節にはさなぎの姿《すがた》ですごし、蜜《みつ》が豊富《ほうふ》な時期に成虫になる……ということも可能《かのう》です。このように、完全変態《へんたい》という成長のしかたによって昆虫《こんちゅう》は生息《せいそく》できる範囲《はんい》を大幅《おおはば》に広げていったのです。

Ⅱ　幼虫の体のつくり

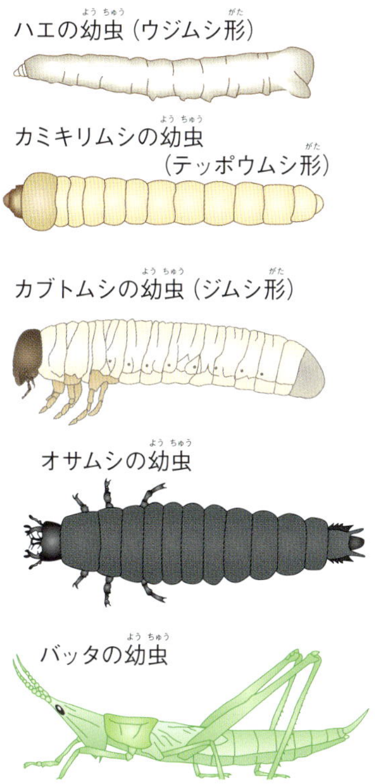

図13　さまざまな幼虫

◉幼虫の仕事は「食べる」こと

多くの幼虫《ようちゅう》の体のつくりは、「体が3つの部分に分かれ、4枚《まい》の羽と6本の足がある」という昆虫《こんちゅう》の特徴《とくちょう》にはあてはまりません。**ウジムシ**（ハエやアブの幼虫《ようちゅう》）、**アオムシ**（シロチョウやシャクガ、ハマキガなどの幼虫《ようちゅう》）、**イモムシ**（スズメガなどの幼虫《ようちゅう》）、**ケムシ**（ドクガ、イラガなどの幼虫《ようちゅう》）などは**「くびれ」のない形**をしています。これは、食べるための**口と消化器官《きかん》が発達《はったつ》**しているためです。

◉さまざまな形の幼虫

えさや生活環境《かんきょう》に合わせて、幼虫《ようちゅう》の体のつくりにもそれぞれ独自《どくじ》の特徴《とくちょう》があります。たとえば、木の幹《みき》や枝《えだ》の中で生活するカミキリムシの幼虫《ようちゅう》は、かたくて平たい頭部に木をかみ砕《くだ》くことのできる発達《はったつ》した口をもっています。セミの幼虫《ようちゅう》は土を掘《ほ》るのに適《てき》した前足をもっていますし、水中で育つトビケラの幼虫《ようちゅう》には、巣にひっかけて水に流されるのを防《ふせ》ぐための突起《とっき》が腹部《ふくぶ》にあります。それでも成虫に比《くら》べれば、幼虫《ようちゅう》の姿《すがた》はどれもよく似《に》ています。同じような形をした幼虫《ようちゅう》が、やがてハエやカミキリムシやモンシロチョウになり、体の形を変えると同時に、生活する場所や食べるエサも変わるのです。

参　考　さなぎの中では何がおきているのか

さなぎの中では、脳《のう》や腸《ちょう》の一部などをのぞく体のほとんどが特別な酵素《こうそ》のはたらきによってとかされ、ドロドロのスープ状《じょう》になっています。つまり、自分の体をまもるしくみを利用して自分の体を壊《こわ》しているのです。そして、それまで体内でねむっていたいくつかの細胞《さいぼう》のかたまり（「成《せい》虫《ちゅう》原基《げんき》」といいます）が急速にふえはじめ、それぞれのかたまりから、複眼《ふくがん》や羽、足が形づくられていきます。このときドロドロの「スープ」は、ふくらんでいく成虫原《せいちゅうげん》基《き》にとりこまれていきます。

この間、さなぎは口も肛門《こうもん》も閉《と》じているため、食べることも排泄《はいせつ》することもしません。気門だけが開いていて、呼《こ》吸《きゅう》だけで生き続《つづ》けているのです。

Step 3　さまざまな昆虫

I　モンシロチョウの一生

図14　モンシロチョウの卵《たまご》

図15　モンシロチョウの幼虫《ようちゅう》

図16　モンシロチョウのさなぎ

図17　モンシロチョウの成虫

モンシロチョウは**完全変態《へんたい》**をする昆虫《こんちゅう》の代表です。成虫は毎年3月ごろになると姿《すがた》をあらわしますが、このころにあらわれるものは、**さなぎの姿《すがた》で冬を越《こ》したもの**たちです。

◉卵からふ化まで

成虫のメスは、幼虫《ようちゅう》のえさになるキャベツ・カブ・ダイコン・ハクサイ・ナズナ・フユガラシなどの**アブラナ科の葉の裏《うら》**に、卵《たまご》を**1つずつ**産みつけます。卵《たまご》の大きさは**高さ1mm**ほどで、トウモロコシの実のような形をしています。

卵《たまご》は、3日～1週間ほどで**ふ化**し、中の幼虫《ようちゅう》は卵《たまご》の上部に小さな穴《あな》をあけてから、まわりをかじって広げて卵《たまご》の中からはい出てきます。生まれたての幼虫《ようちゅう》の体長はおよそ1～2mmで、**まず自分が入っていた卵《たまご》の殻《から》を食べ**、それから周囲《しゅうい》の葉を食べて育ちます。

◉アオムシの成長

葉を食べ始めるころになると、黄みがかってすき通っていた体は緑色に変化します。これが**「アオムシ」**と呼《よ》ばれる理由で、ふつうアオムシとはモンシロチョウの幼虫《ようちゅう》のことを指します。彼らは3～4週間のあいだに**4回脱皮《だっぴ》**をくりかえし、体長3～4cmに成長します。

ふ化したばかりの状態《じょうたい》を1令の幼虫《ようちゅう》といい、脱皮《だっぴ》をするごとに2令・3令・4令・5令の幼虫《ようちゅう》となります。それぞれの脱皮《だっぴ》直後には、彼らの皮ふはやわらかくしわが寄《よ》っていて、この皮ふがいっぱいに広がるまで成長すると、次の脱皮《だっぴ》がはじまります。そして5令の幼虫《ようちゅう》が最後の脱皮《だっぴ》をすると、さなぎへと変化します。ちなみに、幼虫《ようちゅう》が何令であるかは、固い頭の幅《はば》を測《はか》って判断《はんだん》します。

◉さなぎから成虫へ

さなぎになる直前、それまでほとんど移動《いどう》せずに食べてばかりいた幼虫《ようちゅう》が、えさを食べなくなって移動《いどう》を開始します。さなぎになるとその場から動けなくなるために、安全な場所を探すのです。適当《てきとう》な場所をみつけると、はき出した糸で体の支《ささ》えをつくり、体が固定されると最後の脱皮《だっぴ》をして、さなぎになります。

それから10日ほど経《た》つと、敵《てき》の活動が少ない深夜から夜明けにかけて、**羽化《うか》**を行って成虫になります。ただし、秋に入ってからさなぎになったものは、そのまま冬を越《こ》して次の年の早春に羽化します。

チョウやガのなかまたち

図18　キアゲハ

図19　モンシロチョウ

図20　クスサン

図21　オオスカシバ

羽化して成虫になった後は、葉を食べるかわりに、花から花へと移《い》動《どう》しながら花の蜜《みつ》を吸《す》い、それを栄養源《えいようげん》として生きていきます。十分に栄養《えいよう》を取りながら異性《いせい》と交尾《こうび》し、再《ふたた》び、卵《たまご》を産む過程《かてい》に入っていきます。これがモンシロチョウの一生です。

◉なぜたくさんの卵を産むのだろう

しかし、卵《たまご》からふ化しても、成虫になるまで生き残るチョウは、ごくわずかです。ふ化したばかりの幼虫《ようちゅう》は、カメムシやアリ、クモなどに食べられたり、ハチのなかまに寄生《きせい》されたり、あるいはウイルス性《せい》の病気にもかかることもあります。成長して4令から5令になると、今度は鳥がエサとして彼らを狙《ねら》います。モンシロチョウの場合、**成虫になることができるのは平均《へいきん》して2%弱**といわれています。

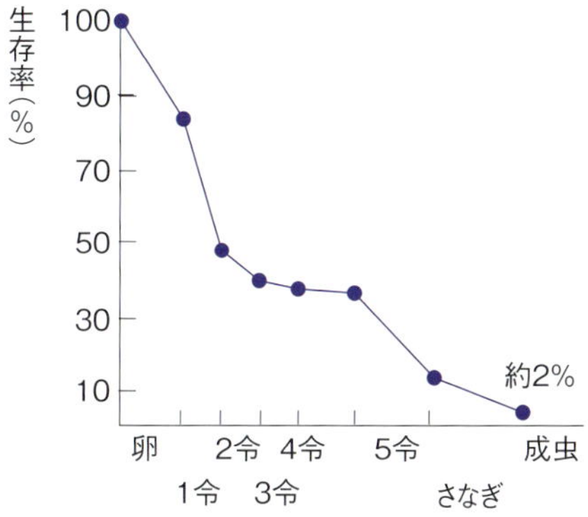

図22　卵《たまご》から成虫になるまでの生存曲線

チョウに限《かぎ》らず昆虫《こんちゅう》は、ほ乳類《にゅうるい》などと比《くら》べると**生き残る割合がたいへん少ない動物**といえます。そのかわり**たくさんの卵《たまご》を産む**ことで、生存率《せいぞんりつ》の低さを補《おぎな》っているのです。たいていの昆虫《こんちゅう》は一生のあいだに100個《こ》以上の卵《たまご》を産みますが、1000個《こ》以上産む例も少なくありません。たくさんの卵《たまご》を産むのは、その種が生きのびていくための1つの作戦なのです。

◉成虫の活動範囲は広い

成虫になっても、鳥やカマキリなどの肉食昆虫《こんちゅう》に襲《おそ》われる危険《きけん》性は常《つね》にあります。そこで広い範囲《はんい》で活動することによって、危険《きけん》にあう確率《かくりつ》を下げています。これも生き残りのためのくふうです。

この移動《いどう》のために、羽は欠《か》かせないものです。モンシロチョウが飛ぶのは、地上から1mぐらいの高さで、あまり高いところへは行きません。ふつうは生まれた場所を中心にして、花の蜜《みつ》をさがしたり異性《いせい》を求めたりして動きまわることになります。このように、成虫になってから活動する場所が限《かぎ》られていることで、逆《ぎゃく》に異性《いせい》と出会うチャンスを多くしているのです。

交尾《こうび》をおえたメスは、産卵《さんらん》する場所、つまり幼虫《ようちゅう》のエサになる植物（食草《しょくそう》）を探します。このとき、眼《め》はもちろん、周囲のにおいを正確《せいかく》にかぎ分ける能力《のうりょく》（嗅覚《きゅうかく》）を最大限《さいだいげん》にいかします。葉にとまったモンシロチョウが前足で葉をたたいていることがありますが、これは、前足の先にある「味センサー」で、葉からにじみだしたしるの味を感じとり、それが食草《しょくそう》であるかどうかを調べているそうです。視覚《しかく》と嗅覚《きゅうかく》と味覚をすべて使って産卵場所《さんらんばしょ》を見つけているわけですね。

Ⅱ　トンボのくらし

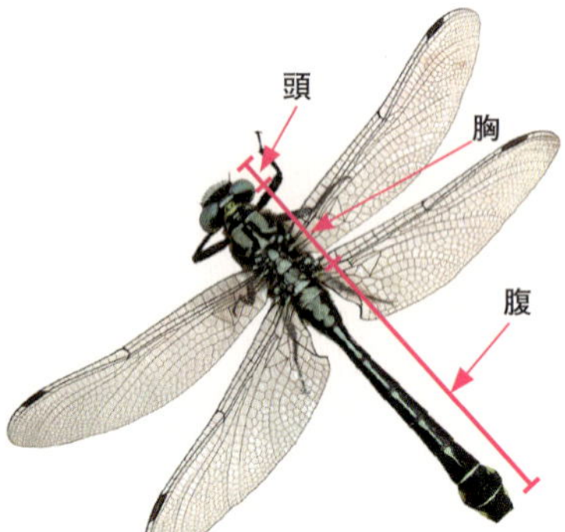

図23　トンボの体のしくみ

◉トンボの特徴

トンボのなかまは、細長い体と**大きな羽**や、**大きな目**と**発達したあご**をもっています。

頭部のほとんどを占《し》める大きな目によって、空中を飛んでいるウンカやカゲロウなどの昆虫《こんちゅう》を見つけ、飛びながらとらえてエサにします。トンボのなかまのうちの比較的《ひかくてき》大きな種類《しゅるい》（オニヤンマなど）は、他の昆虫《こんちゅう》にとって危険《きけん》なハチやクモをもとらえて、がんじょうなあごでかじって食べてしまいます。

◉トンボは水辺に卵を産む

トンボのなかまは、春から初夏にかけて羽化《うか》するものが多く、成虫が見られる期間は4～10月ごろになります。住んでいる環境《かんきょう》は種類《しゅるい》によってさまざまですが、いずれも池や川、湿地《しっち》などの水辺《みずべ》を選んでいます。これは、**トンボの幼虫《ようちゅう》（ヤゴ）**が、水の中でふ化して成長するためです。

図24　エサを食べているヤゴ

オスは、枝《えだ》の先や石の上などをなわばりにして飛びまわり、そこにやってきたメスをつかまえて交尾《こうび》をします。メスは卵《たまご》を水辺に産みつけますが、そのやり方は種によってさまざまで、腹部《ふくぶ》で水面をたたくようにして水中に産み落とす、空中から落とす、水辺の植物の中に産みつけるなどの方法があります。

◉トンボの一生

卵《たまご》はおよそ1ケ月ほどでふ化して幼虫《ようちゅう》（ヤゴ）になり、多くの種類《しゅるい》は1～3年、長いものでは5～6年の間、ヤゴの姿《すがた》で成長していきます。

ヤゴは9～14回の脱皮《だっぴ》をくりかえして、ふ化直後の20～30倍もの大きさに成長します。**成虫と同じく肉食**で、ボウフラ（カの幼虫《ようちゅう》）などの小さな昆虫《こんちゅう》や、オタマジャクシ・小魚などをとらえてエサにします。

図25　アキアカネの複眼

トンボは不完全変態《へんたい》をする昆虫《こんちゅう》なので、最後の脱皮《だっぴ》をすると、さなぎにならずに成虫になります。羽化がせまったヤゴは、数日前からしばしば水面上に顔を出し、陸にあがる準備《じゅんび》をはじめます。ヤゴが腹部《ふくぶ》にあるえらで水中の酸素《さんそ》を取り入れて呼吸《こきゅう》するのに対して、成虫になると他の昆虫《こんちゅう》と同じように気管《きかん》で空気を呼吸《こきゅう》するようになるため、少しずつ体のはたらきを変えていくのです。

やがてヤゴは木の枝《えだ》などを伝って陸へあがり、最後の脱皮《だっぴ》、すなわち羽化を始めます。

◉トンボの飛行

トンボは、とても複雑《ふくざつ》ですばやい能力をもっています。いわゆる「とんぼ返り」の他に、空中停止・急降下《きゅうこうか》・急上昇《きゅうじょうしょう》・方向転換《てんかん》・後進なども可能です。

このような飛行を可能《かのう》にしているのは、大きくて丈夫《じょうぶ》な羽と、その羽を動かす筋肉《きんにく》です。トンボの体を観察《かんさつ》すると、胸部《きょうぶ》にたいへん大きな筋肉《きんにく》が集まっていることがわかります。

昆虫《こんちゅう》が羽を動かすしくみには、大きく分けて2通りがあります。1つは、**胸部《きょうぶ》の筋肉《きんにく》で外骨格《がいこっかく》をふるわせ、その振動《しんどう》によって羽を動かす**というしくみで、ハエやハチなどがこの方法で羽を動かしています。

もう1つは、**羽の根元に筋肉《きんにく》がつながっており、その筋肉《きんにく》の力で直《ちょく》接《せつ》羽を動かす**というしくみで、トンボはこの方法で羽を動かしています。特にトンボの場合は、4枚《まい》の羽がそれぞれ別の筋肉《きんにく》につながっているので、4枚《まい》の羽をいっせいに動かすだけでなく、それぞれの羽に別々の動きをさせることも可能《かのう》です。トンボがたいへん複雑《ふくざつ》な飛行ができるのは、このしくみのおかげなのです。

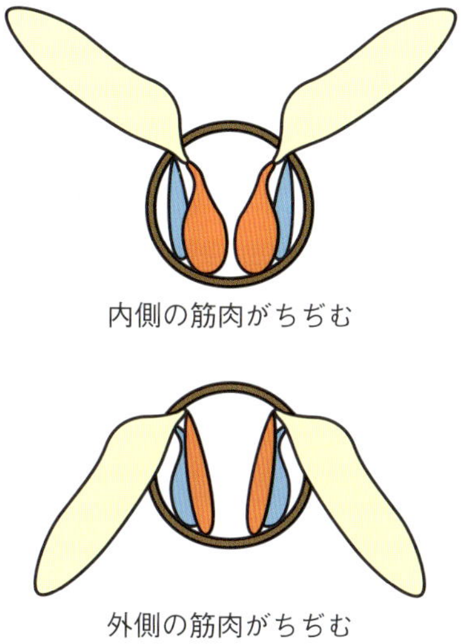

図26　トンボの羽のつくり

トンボのなかまたち

図27　シオカラトンボ

図28　アキアカネ

図29　サナエトンボ

図30　オニヤンマ

Ⅲ　昆虫の分類

昆虫《こんちゅう》を大きく2つに分類すると**「羽のないグループ」**と**「羽のあるグループ」**に分かれます。

羽を持たないグループは、**シミ**や**トビムシ**、**イシノミ**など、原始的な形をした種類《しゅるい》の昆虫《こんちゅう》です。変態《へんたい》をせずに成長し、ほとんどが落ち葉や湿《しめ》った土の中にすんでいて、しかも体長が1～2mmと小さいため、人目につきにくい昆虫《こんちゅう》たちです。

一方、羽を持つものは、変態《へんたい》をして成長するなかまです。昆虫《こんちゅう》の大部分がこのグループに分類されます。その中には、**アリ**や**ハサミムシ**などのように進化の途中《とちゅう》で羽をうしなった種類《しゅるい》もふくまれています。

図31　昆虫の分類

無変態の昆虫

トビムシ：土の中に住む。日本の森林には1m^{3}あたり４万匹《ひき》以上はいるといわれる。

シミ：乾燥《かんそう》した室内などに住む。古い紙や板の間にかくれている。

完全変態の昆虫

チョウ・ガのなかま

羽をおおう毛（＝りん粉）がうろこ状《じょう》になっている。

ハチ・アリのなかま

羽が膜《まく》のようで、アリやミツバチのように社会生活をするものがいる。

カブトムシのなかま

カブトムシ、テントウムシなど。前羽が堅《かた》くて厚《あつ》い。後羽で飛ぶ。

ハエ・アブ・カのなかま

後羽が退化《たいか》しており羽が２枚《まい》。飛ぶ能力《のうりょく》が高い。

不完全変態《へんたい》の昆虫

バッタのなかま

うしろ羽が大きく発達している。コオロギ、スズムシなど多くは鳴く虫。

トンボのなかま

水辺に住み、飛びながら虫をとらえる。幼虫《ようちゅう》はヤゴといい水中にすむ。肉食。

カメムシのなかま

セミやアブラムシもこの中にふくまれる。タガメ、アメンボなども同じなかま。さして吸う口。

ゴキブリのなかまなど

おもに熱帯や亜《あ》熱帯《ねったい》の森林に住み、死んだ動植物を食べる。

Ⅳ　その他の昆虫

◉セミの一生と鳴き声

セミは、一生のほとんどを幼虫《ようちゅう》の姿《すがた》で過《す》ごすことで知られています。アブラゼミの場合、樹皮《じゅひ》に産みつけられた卵《たまご》は1年後にふ化して幼虫《ようちゅう》となり、その木の根元の土にもぐって、根から木の汁《しる》を吸《す》いながら6～7年過《す》ごします。地上に出て羽化して成虫になると、幼虫《ようちゅう》と同じく木の汁《しる》をえさにしてくらしますが、ほとんどは2～3週間の間に交尾《こうび》と産卵《さんらん》を行って死んでしまいます。

このように、セミのなかまは成虫でいる期間が短いため、オスは大きな鳴き声を出して、効率《こうりつ》よくメスをさがそうとします。鳴き声や鳴く季節・時間帯は、種類《しゅるい》によってはっきりと異《こと》なります。オスもメスも同じなかまの鳴き声を聞き分けて、それを手がかりに集まり、異性《いせい》と出会って交尾《こうび》をするのです。

鳴き声といっても、実際《じっさい》には声ではありません。オスの腹部《ふくぶ》にある音を出す器官を、筋肉《きんにく》を激《はげ》しく収縮《しゅうしゅく》させることで1秒間に数百回もこすり合わせ、振動《しんどう》が伝わった腹部《ふくぶ》が共鳴《きょうめい》（響《ひび》くこと）することで、あのような大きな音を出しているのです。

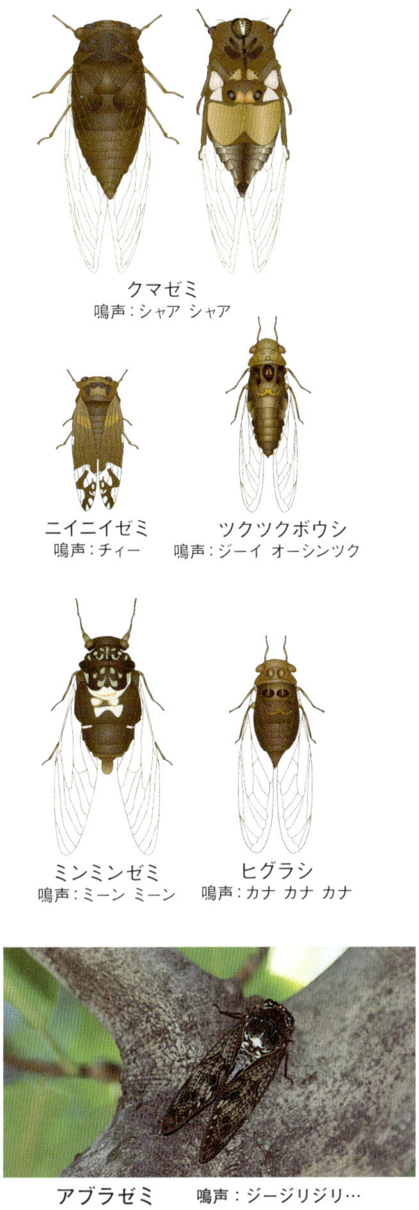

図32　代表的なセミのなかま

◉バッタのなかま

バッタのなかまは、後足が発達《はったつ》していて、体長の数十倍近くもジャンプすることができます。幼虫は成虫と似《に》た形をしていますが、羽はなく、飛びはねて移動します。また、地面や草むらで生活するため、体は緑色や茶色を組み合わせた**保護色**《ほごしょく》になっています。

口は「**かむ口**」で、バッタのなかまは主に草食、キリギリスやコオロギのなかまは雑食《ざっしょく》や肉食です。

バッタのなかまたち

図33　トノサマバッタ

図34　オオカマキリ

図35　クサキリ

図36　ツユムシ

図37　エサを運ぶハチ

図38　蜜《みつ》を集めるアリ

図39　アリの巣づくり

◉ハチやアリのなかま

ハチやアリは昆虫《こんちゅう》の中でも特に胸《むね》の筋肉《きんにく》が発達《はったつ》しており、また4枚《まい》の丈夫《じょうぶ》な羽をもっているため、飛行能力《ひこうのうりょく》はトップクラスです。

口は強いあごをもった**「かむ口」**です（ハチは「刺《さ》す」と思いがちですが、刺《さ》すハチはごく一部ですし、あれは口ではなくて産卵管《さんらんかん》が変化したものです)。元々は、幼虫《ようちゅう》が植物の葉を食べ、成虫がその食草に産卵《さんらん》するという生活を行っていましたが、その中から他の昆虫《こんちゅう》を食べる**「寄生《きせい》バチ」**のなかまもあらわれてきました。

アリ、シロアリ、ミツバチ、スズメバチなどは**「真社会性昆虫《しんしゃかいせいこんちゅう》」**とよばれ、役割分担《やくわりぶんたん》をして集団生活を営《いとな》んでいます。

◉アリの巣づくり

交尾《こうび》を終えた女王アリは、1匹《ぴき》だけで、土の中や木の幹《みき》などに巣を作り始めます。そこで産卵《さんらん》して産まれてくるのが、働きアリです。働きアリが産まれると巣づくりを働きアリにまかせ、女王アリはひたすら産卵《さんらん》を続《つづ》けることになります。

アリの数が増《ふ》えるにしたがって、巣《す》も大きくなっていきますが、クロオオアリの巣《す》の場合、大きなものでは地下4m以上、作るのに約8年という規模《きぼ》にまで発達することもあります。

巣《す》の構成《こうせい》はふつう、1匹《ぴき》の**女王アリ**と、多数の**オスアリ**、**働きアリ**、そして幼虫《ようちゅう》ですが、戦闘専門《せんとうせんもん》の**兵隊アリ**が、巣《す》を守ったり他の巣《す》を攻《こう》撃《げき》する役目をになうこともあります。こうしてアリは巣《す》の中で、女王を中心とした社会生活をいとなんでいるのです。

◉ミツバチのダンス

集団生活をする昆虫《こんちゅう》は、なかまどうしで情報交換《じょうほうこうかん》をするためのさまざまな方法をもっています。なかでも有名なのは、ドイツのフォン・フリッシュ博士が発見したミツバチの**「尻振《しりふ》りダンス」**でしょう（博士はこの研究《けんきゅう》でノーベル賞を受賞《じゅしょう》しました)。

花が巣の近く（100m以内)にあるときは、円をえがくように踊《おど》り、「近くに花があるから一緒《いっしょ》に行こう」と誘《さそ》うだけですが、花までの距離《きょり》が遠いときは**「8の字ダンス」**を行います。8のまん中の直線が「太陽に向かって花がどちらの方向にあるか」を示《しめ》し、またダンスの速さ（1分間に何回繰《く》り返すか）が花までの距離《きょり》をあらわすと言われています。

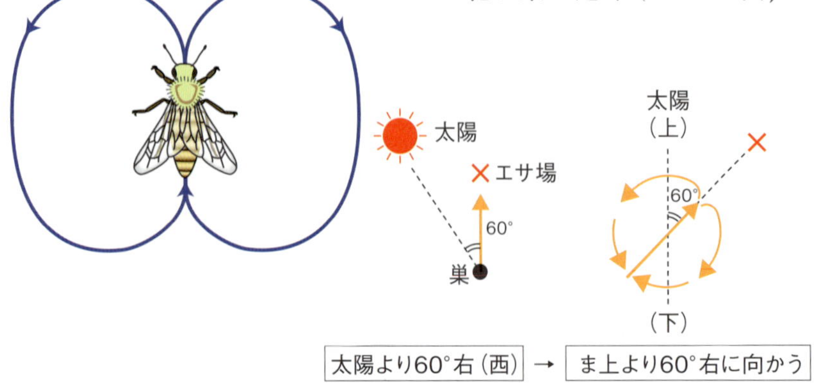

図40　ミツバチのダンス

◉もっとも種類の多い昆虫＝甲虫（カブトムシのなかま）

甲虫類《こうちゅうるい》は形、生息《せいそく》場所、食べ物などが非常にさまざまで、昆虫《こんちゅう》の約40%を占《し》める、動物全体の中でももっとも種類《しゅるい》の多いなかまです。

前羽がとても固く、その下に折り畳《たた》まれている、飛ぶための大きな後羽や体全体を守っています。

カブトムシのなかまたち

図42　ナミテントウ

図43　ヘイケボタル

図44　ノコギリクワガタ

図45　シロスジカミキリ

図46　ラミーカミキリ

図47　カブトムシ

◉羽が2枚しかない昆虫（ハエ・アブ・カ）

ハエ・アブ・ブヨ・カなどは「ハエ目」に分類《ぶんるい》されます。

昆虫《こんちゅう》は、3つの体節《たいせつ》に分かれた胸部《きょうぶ》の2番目と3番目に1対（2枚《まい》)ずつ合計4枚《まい》の羽をもっていますが、ハエ目の昆虫《こんちゅう》は後羽が退化《たいか》して、羽が2枚《まい》だけになっています。後ろ羽は「平均《へいきん》こん」という棒《ぼう》のような形に変化して、飛行時にバランスをとる役割《やくわり》をはたしています。

ハエのようにフンや腐《くさ》ったものに集まったり、ブヨ・カなどのような伝染病《でんせんびょう》を媒介《ばいかい》する危険性《きけんせい》のある吸血性《きゅうけつせい》の昆虫《こんちゅう》が多いため、「害虫《がいちゅう》」として嫌《きら》われていますが、ハナアブのように花粉《かふん》を運ぶものもいます。

図48　アブ

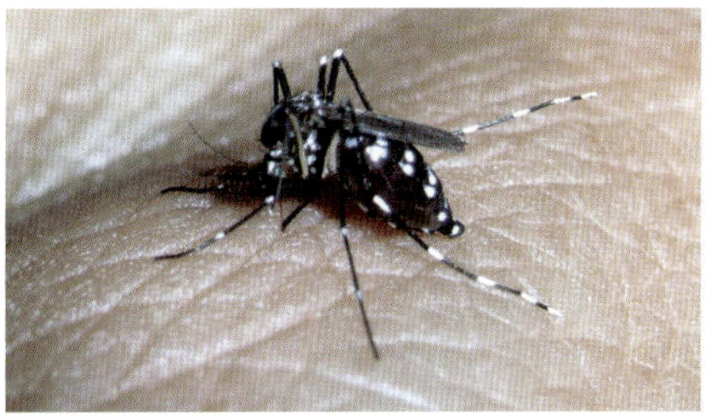

図49　カ

参　考

カブトムシのつかまえかた

カブトムシは、だいたい7～9月にかけて羽化し、クヌギやコナラ、クリなどの樹液《じゅえき》に集まります。カブトムシはふつう夜に活動するため、採集《さいしゅう》は夕方から夜、あるいは明け方に行うのが良いでしょう。

昼の間に樹液《じゅえき》の出ている木をあらかじめ見つけておき、夜になって集まってきたカブトムシを採集《さいしゅう》します。あるいは、手作りの蜜《みつ》（酒、酢《す》、黒砂糖《くろざとう》、水をなべに入れて煮《に》つめたもの）をふくませたスポンジや、くさって発酵《はっこう》したくだものを木の幹《みき》にくくりつけておいても集めることができます。

その他に、幼虫《ようちゅう》がすんでいるたい肥《ひ》などを掘《ほ》り起こして幼虫《ようちゅう》時代に採集《さいしゅう》し、おがくずなどを入れた飼育容器《しいくようき》で、蜜《みつ》を与《あた》えて成虫まで育てる方法もあります。

図41 カブトムシの幼虫《ようちゅう》

第1部 生命の世界

2 動物のくらし

Step1　動物ってなんだろう？

Ⅰ 動物は「動く生き物」

動物 ＝自分で動いてエサ（食べ物）をとる生物。感覚や運動のための しくみをもつ

Ⅱ セキツイ動物の特徴

「内骨格」をもつことの利点
- 骨と筋肉の組合せによって、体を支え、大きく素早く動くことができる
- 骨のなかに、生きるのに必要な物質をたくわえることができる
- 固い骨のなかに神経をとじこめ、脳を発達させた

5つのグループ

えら呼吸《こきゅう》　　　肺呼吸《はいこきゅう》（空気中の酸素《さんそ》を肺《はい》からとりこむ）

変温動物（まわりの温度が変化すると体温も変化する）
魚類　両生類　は虫類

恒温動物《こうおんどうぶつ》（体温が一定）
鳥類　ほ乳類

殻《から》のない卵《たまご》を水中に産む
魚類　両生類

卵生《らんせい》
（卵《たまご》を産む）

殻《から》のある卵《たまご》を陸上に産む
は虫類　鳥類

胎生《たいせい》（親に似《に》た子を産む）
ほ乳類

Step2　メダカのなかまたち（魚類）

Ⅰ　魚のなかま

うろこでおおわれた流線型の体に、５種類（７枚）のひれ

えらぶたと口を開閉して、水中の酸素を取り入れる

側線で水の流れを感じ、うきぶくろで浮き沈みを調節する

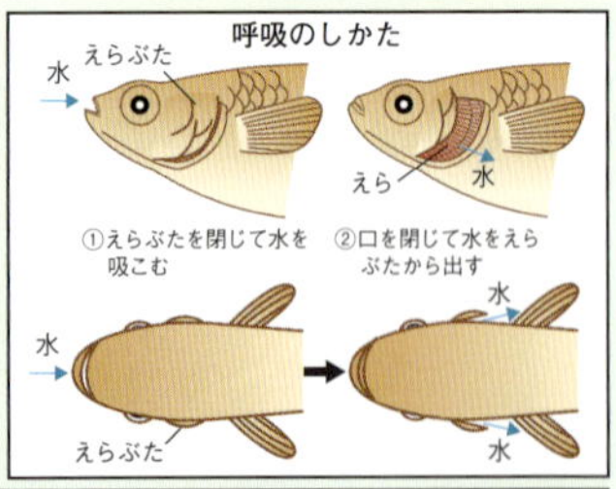

Ⅱ メダカの一生

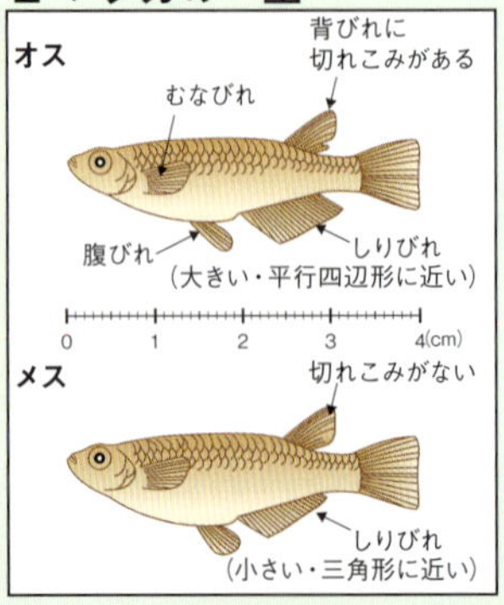

卵の育ちかた

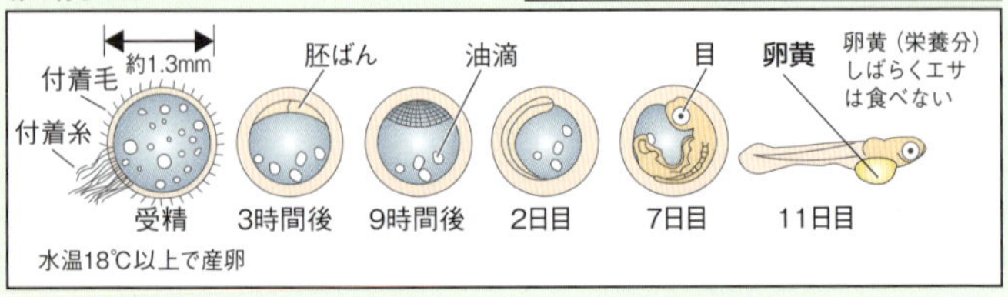

●水の流れにさからって泳ぐ。

水面近くを泳いで、浮いているエサを食べる（雑食性）。

メダカの飼い方　直射日光の当たらない明るい場所・水道水の塩素をぬいて使う・卵を産みつけるための水草を入れる・水の交換は半分くらいずつ行う

Step3　その他のセキツイ動物

Ⅰ カエルのなかまたち（両生類）

両生類　からのない卵を水中に産み、子は水中で生活（えら呼吸）

オタマジャクシの成長　後足が生える→前足が生えて尾が消える

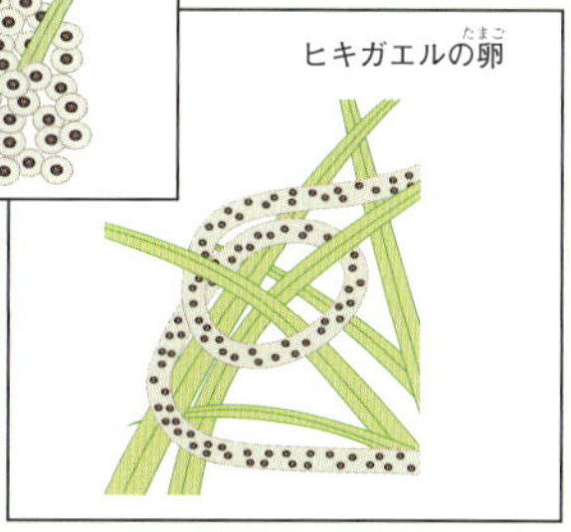

サンショウウオ

カジカガエル

アカガエル

Ⅱ は虫類と鳥類

は虫類　殻《から》のある卵を陸上に産み、一生肺呼吸をする。変温動物なので休眠する

トカゲ

ヘビ

カメ

ワニ

鳥類　「恒温《こうおん》動物」（羽毛で体温を保つ）。羽とくちばしが発達している

水鳥

↑
みずかきのある足

木の上に住む鳥

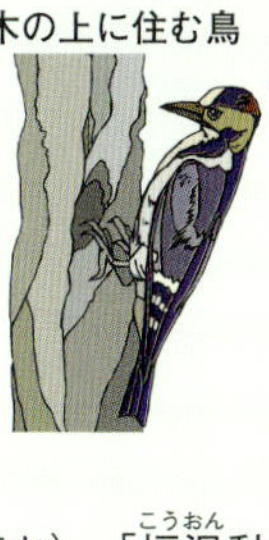
↙ 細くてするどいくちばし

地面を歩く鳥

↑ 地面を歩く足

飛べない鳥

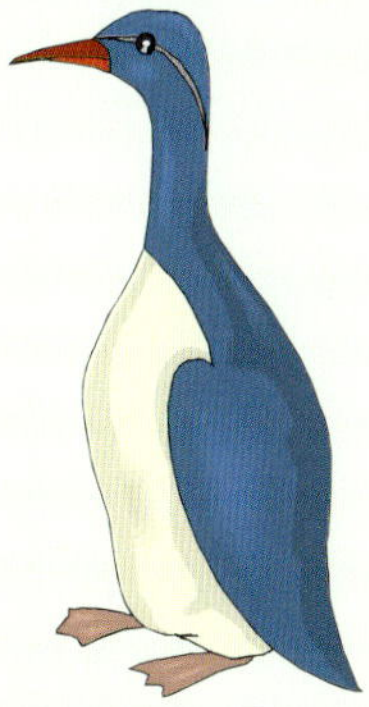

Ⅲ ほ乳類のなかま

「胎生《たいせい》」（卵ではなく子を産む）　「恒温《こうおん》動物」（体毛で体温を保つ＝「けもの」）

- **草食動物**　目が横についている（視界が広い）・草をすりつぶすための奥歯《おくば》が発達
- **肉食動物**　目が前についている（エサをとらえる）・肉をかみちぎるための犬歯が発達

- **アレンの法則**　寒い地域に住む動物ほど、耳や尾が小さい（表面積を小さくする）
- **ベルクマンの法則**　寒い地域に住む動物ほど、体が大きい

四本足から二本足へ

- 手が自由に使える
- 体を直立させ、背骨の上に大きな脳をのせる
- 二本足で立つために、かかとの位置が移動した

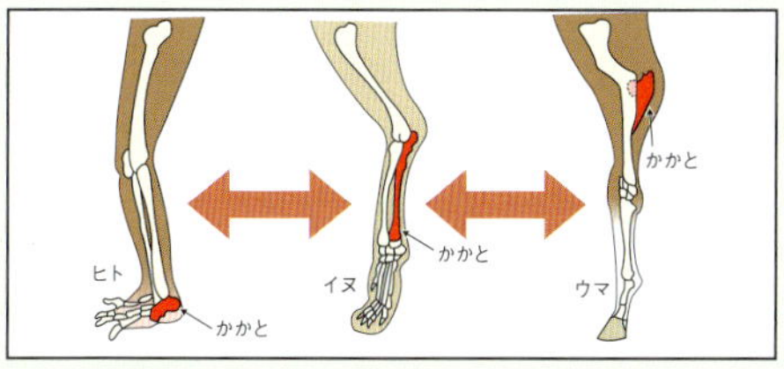

かかとの位置

Step 1　動物ってなんだろう？

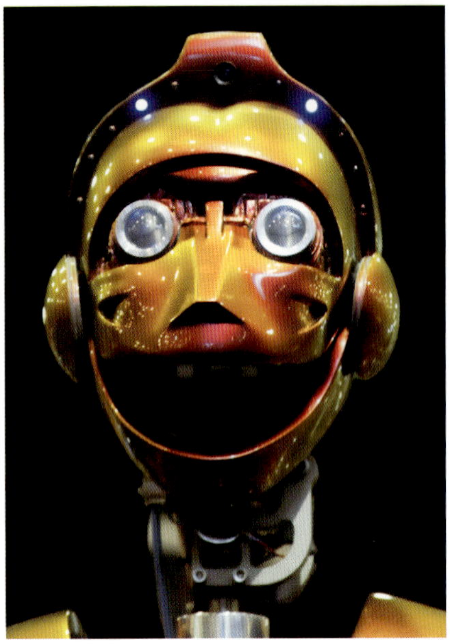

図１　ロボット

> **参　考**
>
> 2005年にコーネル大学の研究《けんきゅう》チームは、自分と同じ形のロボットを組《く》み立てる「自己複製型《じこふくせいがた》ロボット」を開発しました。生物とロボットのあいだの区別はどんどん「微妙《びみょう》」になっていくのかも知れませんね。

Ⅰ　動物は「動く生き物」

◉ロボットは動物のなかま？

動物とは、その名の通り**「動く物」**です。では、ロボットは動物のなかまなのでしょうか？　車は？　石ころだって風に吹《ふ》かれたり水に流されたりして動いています。でも車や石ころは「動物」ではありません。動物とは**「動く生き物」**なのです。

すべての**「生物」**は次のような特徴《とくちょう》をもっています。

① 自分の「分身」をつくることができる（卵《たまご》や自分そっくりの「子」を生んだり、分裂《ぶんれつ》してまったく同じものをつくる）。

② 生きるためのエネルギーをつくることができる。

③ 自分の体の状態《じょうたい》を一定に保《たも》つことができる。

ロボットや車は人間が作るもので、ロボットが自分の「子ロボット」を作ることはありませんし、石ころが自分でエネルギーを生み出すこともありません。これが生物と無生物の違《ちが》いです。

◉「動物」と「動物でないもの」の違い

生物の中には、植物のように自分で栄養《えいよう》分をつくりだすことのできるなかまがいます。これに対して動物は、自分で動いて、エサ（エネルギーのもと）をさがし、つかまえ、体の中に取り入れ、食べたものを小さくくだいたり変化させたりして、そこからエネルギーを取り出します。これが「動物」と他の生物との違《ちが》いです。

まわりの情報《じょうほう》を取り入れるための**「感覚《かんかく》」**(目や耳）と体を動かすための**「運動」**(骨《ほね》や筋肉《きんにく》）のためのしくみをまとめて「動物性器官《どうぶつせいきかん》」、心臓《しんぞう》などの臓器《ぞうき》を「植物性器官《しょくぶつせいきかん》」と呼《よ》んで区別することもあります。

> **参　考　生物の分類**
>
> 生物は昔から「動物」（動いてエサをとるもの）と「植物」（それ以外のもの）の2つに分類《ぶんるい》されてきました（リンネの二界説《にかいせつ》）が、顕微鏡《けんびきょう》の発達により、動物とも植物ともいえないさまざまな「微生物《びせいぶつ》」が発見され、「動物」「植物」「原生生物」の3つに分類されるようになります（ヘッケルの「三界説《さんかいせつ》」）。
>
> その後、従来《じゅうらい》は植物のなかまと考えられてきたカビ・キノコなどは、光合成をしていないために「菌類《きんるい》」として独《どく》立《りつ》させられ、さらにバクテリアのような細胞核《さいぼうかく》をもたない生物＝「原核生物《げんかくせいぶつ》」（モネラ界）を加えて、大きく5つに分類されるようになりました（ホイタッカーの五界説《ごかいせつ》）。

図2　マダコ　ⓒ鳥羽水族館

図3　ミミズ

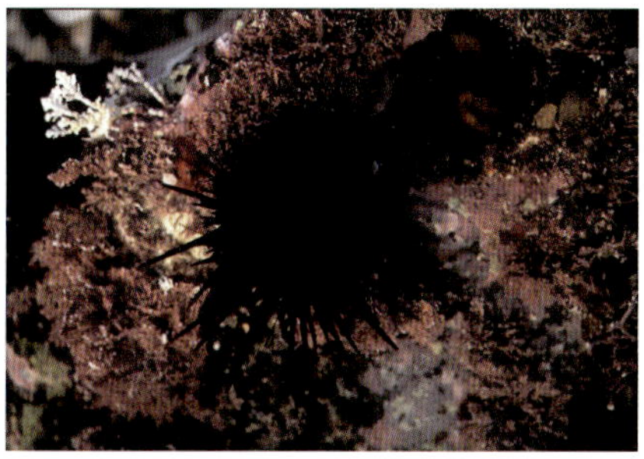

図4　ムラサキウニ　ⓒ鳥羽水族館

図5　タコクラゲ　ⓒ鳥羽水族館

Ⅱ　セキツイ動物の特徴

動物は進化の過程《かてい》で**「背骨《せぼね》をもつもの」（セキツイ動物）**と**「背骨《せぼね》をもたないもの」（無セキツイ動物）**に分かれました。背骨《せぼね》をもつ動物は他の動物と比《くら》べて、どのような点ですぐれているのでしょうか。

◉「骨」をもたない動物たち

外骨格《がいこっかく》をもつ節足動物《せっそくどうぶつ》は、固いからで身を守り、また素早《すばや》く動くことができますが、他の無セキツイ動物は体がやわらかく、ゆっくりとしか動けないため、水や土の中など、重力の影響《えいきょう》をうけにくい場所に住んでいます。

無セキツイ動物には、次のようななかまがいます。

- イカ・タコや貝などのなかま（軟体動物《なんたいどうぶつ》）
- ミミズ・ゴカイ・ヒルなどのなかま（環形動物《かんけいどうぶつ》）
- ヒトデ・ナマコ・ウニなどのなかま（棘皮動物《きょくひどうぶつ》）
- クラゲやイソギンチャクのなかま（刺胞動物《しほうどうぶつ》）

水を吹《ふ》き出してロケットのように進むイカのなかまを除《のぞ》けば、体全体を伸《の》び縮《ちぢ》みさせてゆっくり動くものや、海底にへばりついてほとんど動かないものばかりであることがわかるでしょう。

◉「骨」がセキツイ動物の生活環境を拡げた

セキツイ動物は節足動物《せっそくどうぶつ》とは逆《ぎゃく》に、体の中に「骨《ほね》」をもつことを選びました。体全体をつらぬく丈夫《じょうぶ》な骨組《ほねぐ》み（内骨格《ないこっかく》）のおかげで、重力にたえて自分の体を支《ささ》えることができるだけでなく、昆虫《こんちゅう》の外骨格《がいこっかく》と同じように、**固い骨《ほね》と伸《の》び縮《ちぢ》みする筋肉《きんにく》との組合せによって、大きく素早《すばや》く動くことができる**ようになりました。

海に住む魚たちが水の流れにさからって川をさかのぼり、新たな生活場所を手に入れたときも、またその一部が進化して陸上に進出したときも、「骨《ほね》」は重要な役割《やくわり》を果たしたのです。

参考　内骨格ロボットと外骨格ロボット

図1（22ページ）のようなロボットは、外側が軽くて固い素材でおおわれているので、カニや昆虫《こんちゅう》と同じ「外骨《がいこっ》格《かく》」型のロボットといえます。しかしこのようなロボットは、節足動物《せっそくどうぶつ》と同じく大型化することができません。なぜならば大型化するためには「壁《かべ》」（から）を厚《あつ》くする必要があり、その分だけ重くなってしまうからです。これに対し、2005年の愛知万博《あいちばんぱく》（「愛・地球博」）で展示《てんじ》された2足《そく》歩行型恐竜《ほこうがたきょうりゅう》ロボットは、内部に固い骨格《こっかく》をもち、外側がやわらかい素材でできている「内骨格型《ないこっかくがた》ロボット」でした。

外側がやわらかければ重量を軽くすることだけでなく、転倒《てんとう》したときの衝撃《しょうげき》をやわらげることで、故障《こしょう》の危険《きけん》を減《へ》らすこともできますし、恐竜《きょうりゅう》以外にいろいろな外見をもったロボットをつくることもできます。工業用ではなく、ロボットを福祉《ふくし》や医療《いりょう》の分野で利用する上でも、「内骨格型《ないこっかくがた》ロボット」の開発は重要な意味をもっているといえるでしょう。

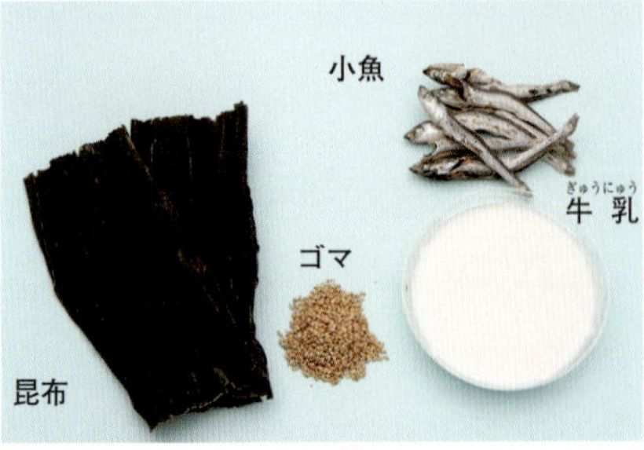

図6　カルシウムを多く含《ふく》む食物

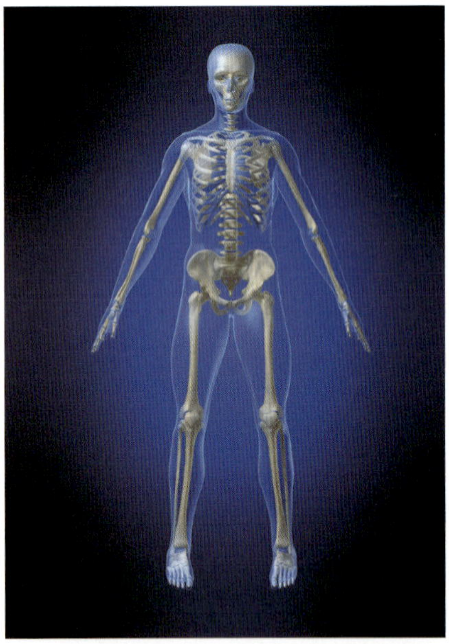
図7　全身骨格

◉骨は体のなかに閉じ込めた海？

骨《ほね》は体を支《ささ》えたり動かしたりするだけでなく、心臓《しんぞう》を動かしたり、筋肉《きんにく》を縮《ちぢ》めたり、いろいろなはたらきをする上で必要な物質《ぶっしつ》をたくわえている「貯蔵庫《ちょぞうこ》」でもあります。

たとえば骨《ほね》は**カルシウム**という成分を含《ふく》んでいます。「カルシウムをとらないと背《せ》がのびないわよ」「すぐに骨折《こっせつ》したりするのよ」とかいわれて、牛乳《ぎゅうにゅう》を飲まされたり、小魚を食べさせられたりしたことはありませんか。

カルシウムは骨《ほね》をつくるだけでなく、脳《のう》の活動や筋肉《きんにく》の伸《の》び縮《ちぢ》みにも必要です。もし体内でカルシウムが不足すると、骨《ほね》からカルシウムが溶《と》けだして補給《ほきゅう》し、あまったときは骨《ほね》に戻《もど》されます。こうして骨《ほね》は**体内のカルシウム分を一定に保《たも》つはたらき**をしているのです。

カルシウム以外にも、マグネシウムとかリンといった生命の維持《いじ》に必要な物質《ぶっしつ》の多くは、やはり骨《ほね》にたくわえられています。こうした物《ぶっ》質《しつ》はもともと海水中に大量に含《ふく》まれていたもので、海の中で生きていく分には、まわりの海水からいくらでも取り入れることができました。

しかし川の水はもともとは雨水なので、海水のような成分を含《ふく》んでいません。魚類が生まれ育った海をはなれて川を上っていくことができたのは、**骨《ほね》の中に「海」（海水中の物質《ぶっしつ》）をとりこみ、自分の体の中で必要《ひつよう》に応《おう》じて出し入れができるようになった**からでもあるのです。これは魚類から進化し、陸上に進出したセキツイ動物にとっても同じことですね。

参　考　むかしはみんな魚だった？

みなさんは生まれてくる前に、お母さんのおなかの中でいろいろな動物に似《に》た形に変化してから生まれてきます。

まだ2mmくらいの大きさのころには、脊髄《せきずい》という背骨《せぼね》の中を通っている神経《しんけい》のもととなる溝《みぞ》のついたただの棒《ぼう》のようですが、4～5mmくらいになると、手や足、目や耳のもととなる部分が現《あらわ》れ始め、脳《のう》や心臓《しんぞう》が作られていきます。このころにはなんと、魚と同じような形をしています。このあと、1週間くらいの間に10mmくらいになって、手や足はしゃもじのように平らな形から、指が分かれ始めます。また、このころまでは長いしっぽまであります。

このようにセキツイ動物は比較的単純な形をしたものから、複雑な姿のなかまに枝わかれしていきました。

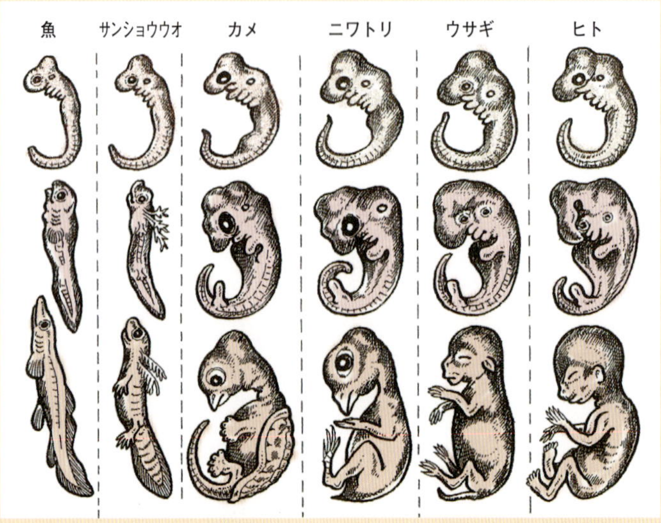

図8　1874年にドイツの生物学者ヘッケルが発刊した発生学のテキストに掲載されたもの。

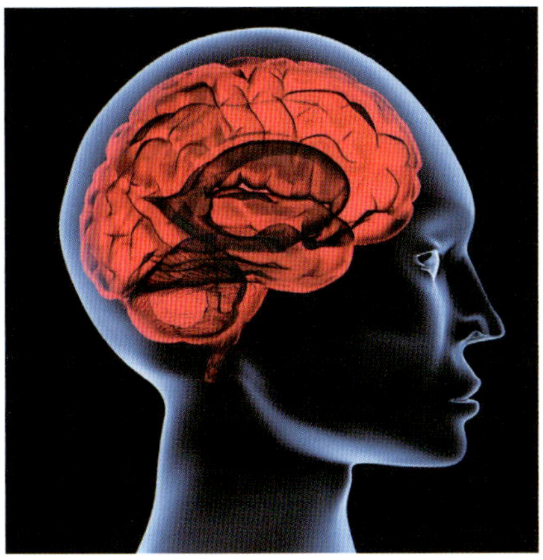

図9　巨大に複雑化したヒトの脳

◉骨が複雑な脳を生み出した

「内骨格《ないこっかく》」によってセキツイ動物は、「神経《しんけい》」のたばをまとめて、体の中心近くに大切にしまい込《こ》むことができました。

「神経《しんけい》」とは、痛《いた》みや熱《あつ》さ、冷たさなど、皮ふでふれて感じる感覚《かんかく》や、味、におい、目で感じる色や形、音などの情報《じょうほう》を脳《のう》に伝えるだけでなく、脳《のう》から手足の筋肉《きんにく》や内臓《ないぞう》に命令を伝えるための「電話線」（今なら光ファイバーかな?）のようなものです。

骨《ほね》の中に神経《しんけい》を閉《と》じ込《こ》めることで、体のすみずみまで神経《しんけい》をはりめぐらし、情報《じょうほう》をすばやく集め、エモノを追いかけたり、敵《てき》から逃《に》げたりすることができるようになりました。

軟体動物《なんたいどうぶつ》の中にも、たとえばタコのように発達《はったつ》した神経網《しんけいもう》をもつ生物はいますが、セキツイ動物はさらに、神経《しんけい》からの情報《じょうほう》を処理《しょり》し、判断《はんだん》するための脳《のう》を発達《はったつ》させました。そして、ついには巨大《きょだい》で複雑化《ふくざつか》した脳《のう》によって、考えたり学習したり、道具を作り出したりすることのできる動物（＝ヒト）が登場《とうじょう》するようになったのです。

◉セキツイ動物の５つのグループ

セキツイ動物は**「呼吸《こきゅう》」「体温」「子の産み方」**によって大きく5つのグループに分類《ぶんるい》できます。くわしくはStep2以降《いこう》で、1つ1つのグループの特徴《とくちょう》を学習していくことにしましょう。

図10　セキツイ動物の分類

参　考　「人類」が誕生したのは10分前?

地球が誕生《たんじょう》したのは今から約46億年前。最初の生物が誕生《たんじょう》するのは約40億年前ですから、最初の6億年は、地球は生命のカケラも存在《そんざい》しない「ただの星」でした。それがいまでは、すでに発見され、名前がつけられているものだけで約200万種類《しゅるい》、未知のものを含《ふく》めると1億種類《しゅるい》もの生物が存在《そんざい》するといわれています。

この章で勉強するセキツイ動物たち、たとえば、かつて地球上を制覇《せいは》していたキョウリュウや人間の祖先《そせん》は、いつごろ地球上に現《あらわ》れたのでしょうか。地球の誕生《たんじょう》を1月1日午前0時、現在《げんざい》を12月31日午後12時として、地球の歴史を1年間のカレンダーにたとえてみると、次のようになります。

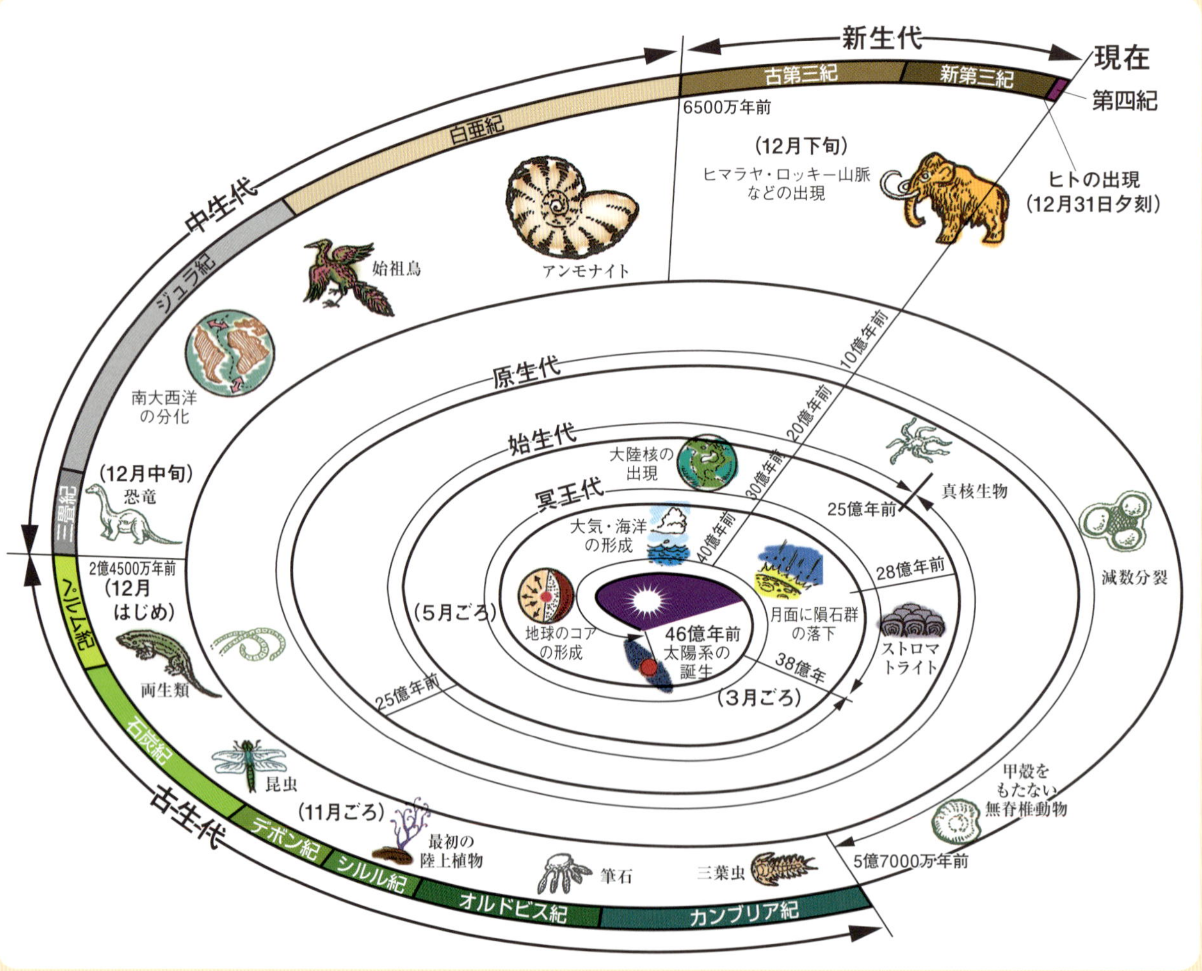

図11　地球と生命のカレンダー

46億年を12カ月とするのだから、1カ月が約4億年、1日が約1300万年、1時間が50万年くらいという計算になります。

最初の生命の誕生《たんじょう》(約40億年前)は2月15日ごろ。植物の祖先《そせん》である光合成生物が生まれたのは6月下旬《げじゅん》。いくつもの細胞《さいぼう》が集まってできた「多《た》細胞生物《さいぼうせいぶつ》」が登場するのは、もう9月の終わりごろ(約12億年前)です。

そして最初のセキツイ動物である魚類が現《あらわ》れたのも、植物と節足動物《せっそくどうぶつ》が陸に上陸したのも約5億年前ですから、1年のうちの1月から11月の終わりまでは、陸上には生物の姿《すがた》はなかったのです。

魚類から両生類に進化し、そこからは虫類が生まれ、やがて「恐竜《きょうりゅう》の時代」がやってきます。恐竜《きょうりゅう》の時代が始まったのは約3億年前つまり12月8日くらい、恐竜《きょうりゅう》が絶滅《ぜつめつ》したのは約6500年前＝12月25日のクリスマスのころかな? ということは恐竜《きょうりゅう》が地上を支配《しはい》していたのはたったの2週間くらいだったわけですね。

しかし人間の祖先《そせん》がチンパンジーから分かれて進化を始めたのは約600万年前つまり12月31日の正午、ホモ・サピエンスとよばれる我々のなかまの誕生《たんじょう》は約10万年前ですから、まだ10分ちょっとしか地球上に存在《そんざい》していないのです。はたして人類は「たったの2週間」で滅《ほろ》びた恐竜《きょうりゅう》たちより「長生き」することができるのでしょうか?

Step 2　メダカのなかまたち（魚類）

Ⅰ　魚のなかま

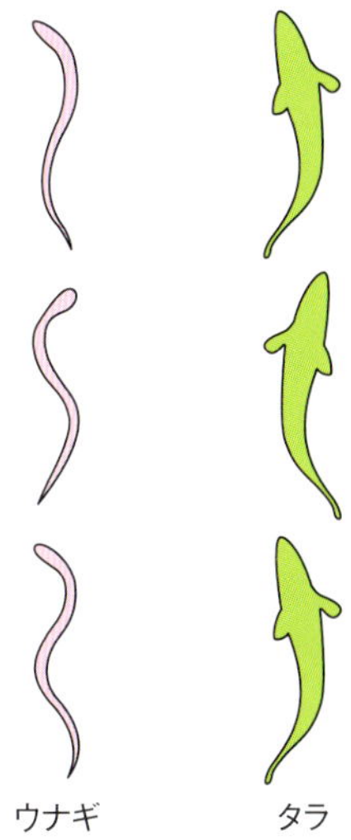

図12　代表的な魚の泳ぎ方

◉魚類の誕生

いまから約5億年前、生物が海の中にしか存在《そんざい》しなかった時代に、体のなかを通る神経《しんけい》の管とその先に脳《のう》をもつ生物が誕生《たんじょう》しました。この神経《しんけい》の管が背骨《せぼね》になり、最初のセキツイ動物である魚類が生まれました。

魚類の一部は、背骨《せぼね》を利用した力強い泳力と、体の中の塩分濃度《のうど》を調節《ちょうせつ》するじん臓《ぞう》をもつことで、川をさか上り、新たな生活場所を手に入れました。

やがて環境《かんきょう》の変化によって水中の酸素《さんそ》が不足し、内臓《ないぞう》の一部が変化して肺《はい》ができました。肺《はい》をもつ魚類の一部は陸上に進出して両生類となり、残りのなかまは肺《はい》をうきぶくろに変化させて、いまの魚類に進化したのです。

◉体のつくり

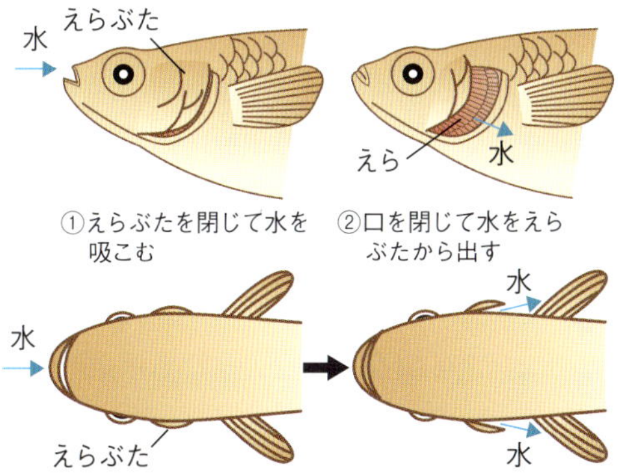

図13　呼吸《こきゅう》のしかた

魚の体は水の抵抗《ていこう》の少ない**流線型《りゅうせんけい》**をしており、表面は**うろこ**でおおわれています。頭から尾《お》まで背骨《せぼね》が通っており、ふつう**5種類《しゅるい》・7枚《まい》のひれ**があって、このひれを動かし、背骨《せぼね》の力で体を左右にふって泳ぎます。

体の左右には1対（2枚《まい》）の**えらぶた**があり、その下に**えら**がかくされています。魚は、口とえらぶたを交互《こうご》に開けたり閉《し》めたりして、口から取り入れた水をえらから外に出します。このとき、えらの毛細血管《もうさいけっかん》で酸素《さんそ》を取り入れ、二酸化炭素《にさんかたんそ》を放出しています（えら呼吸《こきゅう》）。

体の側面には細いすじ（**側線《そくせん》**）があり、水の流れの速さを感じとっています。また、肺《はい》が変化してできた**うきぶくろ**をふくらませたりしぼませたりすることで、うきしずみを調節《ちょうせつ》しています。

◉いろいろな魚たち

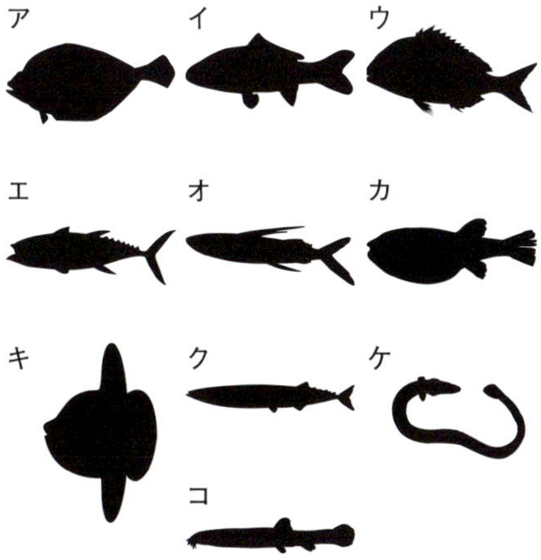

図14　魚クイズ

仏教《ぶっきょう》では4本足の動物を食べることを禁《きん》じていたこともあり、日本人にとって魚は貴重《きちょう》なタンパク源《げん》として利用されてきました。

海に住む海水魚と池や川に住む淡水魚《たんすいぎょ》、うきぶくろをもたない原始的な魚類（軟骨魚類《なんこつぎょるい》）であるサメなど、たくさんのなかまがいます。魚屋さんの店頭や図鑑《ずかん》でいろいろな形の魚を調べてみましょう。

ではここでクイズです。図14のア～コはなんという魚でしょうか?

Ⅱ　メダカの一生

◉メダカの体のつくり

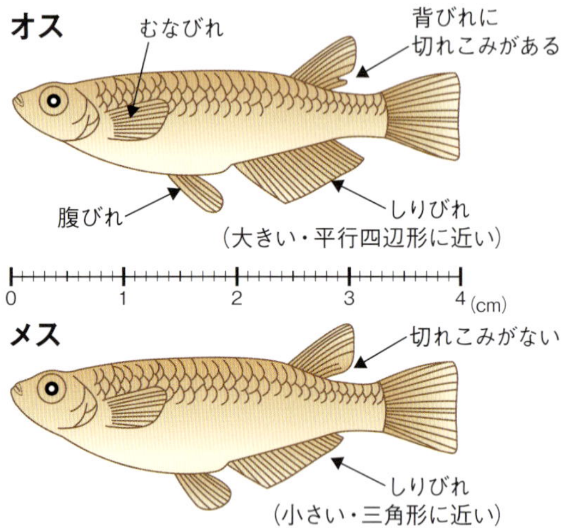

図15　メダカのオスとメス

メダカは日本にすむ淡水魚《たんすいぎょ》（ま水にすむ魚）の中で最も小さく（体長約4cm）、日本人にとってなじみの深い魚です。水田とそれにつながる水路や、流れのゆるやかな小川、池、沼《ぬま》などのありふれた場所に住んでいるため、地方ごとにたくさんの呼《よ》び名で親しまれています。

メダカのつくりは他の魚類とほとんど同じです。ひれは、**むなびれ・はらびれが各1対（2枚《まい》ずつ）、背《せ》びれ・しりびれ・おびれが各1枚《まい》**の計7枚《まい》で、ひれの形でオス・メスを見分けることができます。

◉メダカの行動

図16　メダカのオス

図17　メダカのメス

メダカの学名（世界で共通する名前）は、「*Oryzias latipes*」、これは「水田に住むひれの大きなさかな」という意味です。その名の通り水田に多く住み、水田がひろがるにつれて生活場所を広げたようです。メダカには**川の流れにさからって泳ぐ性質《せいしつ》**がありますが、これは水田の用水路をさかのぼるために獲得《かくとく》したものと考えられています。

自然に育ったメダカは、群《む》れをつくって水面近くを泳ぎますが、これはいわば「分身の術《じゅつ》」で、敵《てき》の目をくらます（まとをしぼりにくくする）ことで身を守っているのです。水面近くを泳ぐのは、ういている小動物や植物を食べるためです。メダカは**雑食性《ざっしょくせい》**で、ミジンコ、ボウフラなどの動物やアオミドロなどの藻類《そうるい》など、なんでも食べます。

◉メダカを育ててみよう

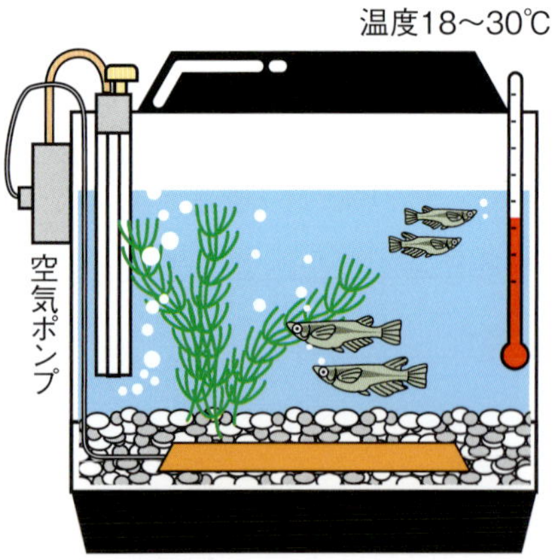

図18　メダカ用の水そう

メダカは体がじょうぶで、環境《かんきょう》の変化にも強いため、比較的《ひかくてき》飼《か》いやすい魚です。バケツや洗面器《せんめんき》でも飼《か》うことができますが、観察《かんさつ》するには水そうの方がよいでしょう。

水そうで飼《か》うときは、**日光が直接《ちょくせつ》当たらない明るい場所**に置《お》いて、**卵《たまご》を産みつけるための水草**を入れます。えさは食べ残さない量を与《あた》え（入れすぎると食べ残しで水が汚《よご》れるから）、水を入れ替《か》えるときは水温や水質《すいしつ》が急激《きゅうげき》に変わらないように、3分の1から半分くらいを入れ替《か》えます。

水道の水には消毒《しょうどく》のための塩素《えんそ》が入っているので、別の容器《ようき》にくんで一晩《ひとばん》置《お》いておくか、ハイポという薬品を加えます。こうしたことに気をつけて飼《か》えば、翌年《よくねん》の春に産卵《さんらん》とふ化を観察《かんさつ》することができるはずです。

図14　クイズの答え
ア.ヒラメ　イ.フナ　ウ.マダイ
エ.クロマグロ　オ.トビウオ　カ.マフグ
キ.マンボウ　ク.サンマ　ケ.ウナギ
コ.ドジョウ

参　考　メダカの泳ぐ性質《せいしつ》

まるい水そうに流れを作ると、メダカはその流れとは逆《ぎゃく》の方向に泳ぎます。また、水そうのまわりをたてじまをつけた紙でおおい、この紙を回すと、同じ方向に泳ぎます。メダカが目で見える情報《じょうほう》を優先《ゆうせん》するためで、側線《そくせん》で流れを感じる魚は、紙をまわしても動きません。

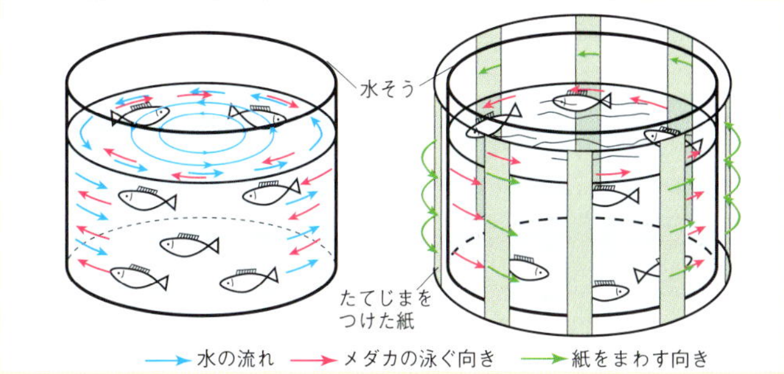

図19　メダカの泳ぐ性質《せいしつ》

◉メダカの一生

図20　メダカのふ化

メダカは、春になって昼が長くなり、水温が上昇《じょうしょう》し始めると、繁殖《はんしょく》の季節をむかえます。繁殖期《はんしょくき》（5～8月）には、オスが数《すう》匹《ひき》のメスをつれて群《む》れからはなれ、なわばりを作ります。

水温が約18℃を超《こ》えると**産卵《さんらん》**が始まりますが、最適《さいてき》な水温は約25℃で、産卵《さんらん》は早朝に行われます。メスが卵《たまご》を産み、オスが精子《せいし》をかけて受精《じゅせい》させると、メスがお腹《なか》をくねらせて受精卵《じゅせいらん》をととのえ、やがて**水草に1粒《つぶ》ずつ**産みつけていきます。卵《たまご》は水に流されないように**付着毛《ふちゃくもう》や付着糸《ふちゃくし》**※で水草につきます。水温などの条件《じょうけん》がととのえば、この時期、メスは毎朝卵《たまご》を産みます。

卵《たまご》の大きさは**直径《ちょっけい》1.3mm**くらいで、メダカの体の大きさから考えると、かなり大きな卵《たまご》といえます。

産みつけられた卵《たまご》は、水温が25℃なら、受精《じゅせい》して7日目ごろに目や心臓《しんぞう》ができ、10日目ごろには体がほぼ完成してさかんに動くようになります。**ふ化**するまでには**10～12日くらい**かかりますが、水温30℃ぐらいまでは、水温が高くなるほどふ化は早まります。

ふ化したばかりのメダカは、**腹《はら》に卵黄《らんおう》（栄養《えいよう》分）をもっているため**、最初はじっとしていて2～3日間は何も食べません。卵黄《らんおう》がなくなると、えさを食べるようになり、活動も活発《かっぱつ》になっていきます。

メダカの寿命《じゅみょう》は通常約1～2年ですが、水温が5℃以下になると冬眠《とうみん》するため、室内でヒーターをいれて冬眠《とうみん》させずに飼《か》っているメダカの場合は、寿命《じゅみょう》がもっと短くなります。

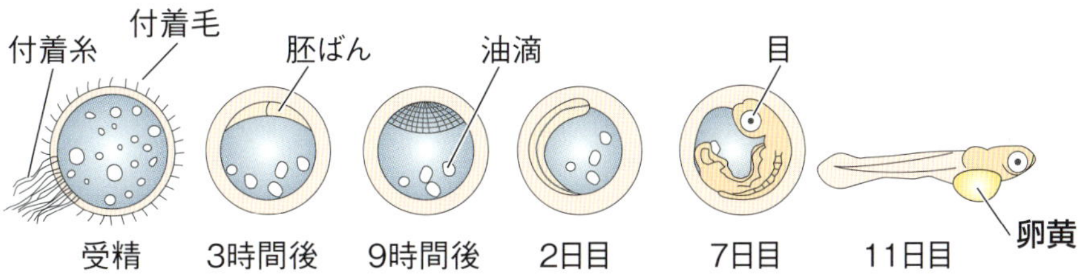

図21　卵《たまご》の育ち方

※中学受験では長年「付着毛」と呼んできたが、長いものは「付着糸」と呼ぶ

Step 3　その他のセキツイ動物

Ⅰ　カエルのなかまたち（両生類）

図22　サンショウウオ

図23　イモリ

◉両生類（両棲類）の特徴

両生類のなかまは、大きく分けて**カエルとサンショウウオの2種類《しゅるい》だけ**です（イモリはサンショウウオと同じ「有尾目《ゆうびもく》」のなかまに分類《ぶんるい》されます）。これは、両生類が魚類からは虫類へと進化する途中《とちゅう》の段《だん》階《かい》の生物で、安定した生活環境《かんきょう》である水から陸にあがり、しかも陸上での環境《かんきょう》変化にたえられるような体のしくみをもっていないからといえるでしょう。

両生類の多くは水辺《みずべ》にすんでいます。これは「子は水中、親は陸上」という特殊《とくしゅ》なライフサイクル（一生）を送るためです。したがって呼《こ》吸《きゅう》の方法も、**子はえら呼吸《こきゅう》、親は肺呼吸《はいこきゅう》**です。しかし肺《はい》のつくりが不完全なため、呼吸《こきゅう》のほとんどは**皮ふ呼吸《こきゅう》**で、肺《はい》はそれを補助《ほじょ》する役割《やくわり》を果たしています。またこのため、体表はつねに**粘液《ねんえき》**におおわれて湿《しめ》っており、この粘液《ねんえき》にとけこんだ酸素《さんそ》が皮ふから取りこまれています。

卵《たまご》は魚類と同じように**「から」のない卵《たまご》**なので、**乾燥《かんそう》に弱く**、「かんてん質《しつ》」につつまれた状態《じょうたい》で、**水中に産みつけられます**。

また、体温を一定に保《たも》つことのできない**変温動物《へんおんどうぶつ》**なので、寒くなると動けなくなり、その状態で冬を越します。

◉いろいろなカエルたち

カエルにはアカガエル、アオガエル、ヒキガエル、アマガエル、ツノガエル、ヤドクガエルなど、いろいろななかまがいます。代表的なカエルのなかまをいくつか紹介《しょうかい》しておきましょう。

カエルのなかまたち

図24　ヒキガエル

図25　カジカガエル

図26　アマガエル

図27　アカガエル

図28　オタマジャクシ

図29　トノサマガエルの卵《たまご》

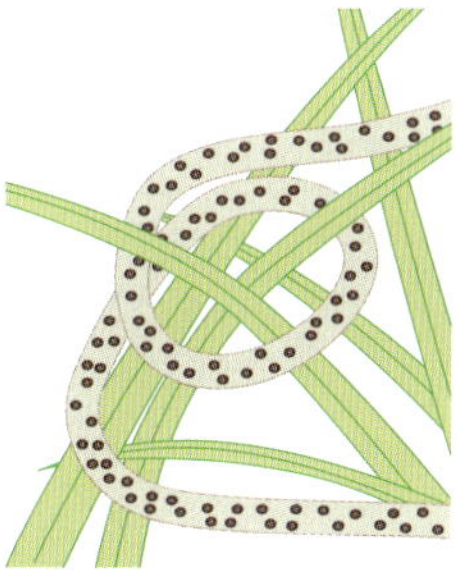

図30　ヒキガエルの卵《たまご》

◉カエルの生態

　カエルは、夕方から夜にかけて活動し、昼間はくぼみや石の下、草むらなどに隠《かく》れています。小さな昆虫《こんちゅう》やミミズなどをエサとしますが、口に入る大きさで動くものなら、なんでも食べてしまう性質《せいしつ》があります。また、水は口からではなく皮ふから吸収《きゅうしゅう》します。

◉カエルの一生

　春から夏にかけての繁殖期《はんしょくき》には、オスが水辺《みずべ》に集まり、さかんに鳴いてメスを誘《さそ》います。産卵《さんらん》は、おもに早春から初夏にかけて、池や水田、川などの水中で行います。卵《たまご》は、かんてん質《しつ》（ゼリー状《じょう》の物《ぶっ》質《しつ》）に包《つつ》まれており、水温が上がると水中でふ化して、かんてん質《しつ》を破《やぶ》って子がでてきます。

　カエルの子のオタマジャクシは、えらで呼吸《こきゅう》しています。しばらくするとはじめに**後足**がはえ、次に**前足がはえたころには尾《お》がほとんどなくなり**、陸へあがる準備《じゅんび》がととのいます。この段階《だんかい》からえら呼吸《こきゅう》から肺呼吸《はいこきゅう》にかわり、エサをなめとるように食べていた口が、昆虫《こんちゅう》などの動くものをすばやくとらえられるつくりに変化します。このように体の姿《すがた》やはたらきが変化することを**「変態《へんたい》」**といいます。

◉カエルは飼える ?

　池でオタマジャクシをすくってきたことのある人は少なくないでしょう。しかし成体のカエルを飼《か》うのはなかなか大変です。それは**「動いているエサしか食べない」**からです。カエルは目でエサの動きを確《かく》認《にん》して食べるので、生きたコオロギやショウジョウバエなどを与《あた》えなければなりません。

　その点を除《のぞ》けば、メダカや熱帯魚のように水を入れかえる必要もないし、巨大化《きょだいか》する心配もないし、またイヌのように散歩《さんぽ》に連れて行く必要もありません。とてもきれい好きなので、部屋が汚《よご》れたりくさくなったりする心配もなく、しかも10年以上も長生きします。

　しかし、最近は**「カエル・ツボカビ病」**という病気（カビ）が広がり、多くの両生類が被害《ひがい》をうけ、世界的な問題となっています。2007年12月には、日本でも最初のツボカビ病症《びょうしょう》例《れい》が確認《かくにん》されています。

参　考　カエルはなぜ鳴くの?

　セミなどの昆虫《こんちゅう》が鳴くのは、すべて求愛行動《きゅうあいこうどう》、つまりオスがメスを呼《よ》び寄《よ》せるための合図《あいず》です。カエルが鳴くのも基本的には同じですが、カエルの場合は「なわばり」を主《しゅ》張《ちょう》し、他のオスを追い払《はら》うという意味も持っています。また敵《てき》が近づいたときの警戒音《けいかいおん》として鳴くこともあります。

　カエルほどケロケロ・ゲロゲロとよく鳴く動物は少なく、また愛くるしい動きや表情《ひょうじょう》をしているので、昔から歌や俳《はい》句《く》（「古池や　かはず飛び込《こ》む　水の音」（松尾芭蕉《まつおばしょう》）「やせ蛙《がえる》　負けるな一茶　これにあり」（小《こ》林《ばやし》一《いっ》茶《さ》）などにも歌われてきました。

Ⅱ　は虫類と鳥類

図31　トカゲ

図32　ヘビ

図33　カメ

図34　ワニ　ⓒ鳥羽水族館

◉は虫類の特徴

は虫類は両生類から進化し、陸上での生活に完全に適応《てきおう》した動物です。両生類との最大の違《ちが》いは**乾燥《かんそう》に耐《た》えられる**ことで、そのために

①体の表面がうろこまたは角質《かくしつ》の皮ふにおおわれている

②乾燥《かんそう》を防《ふせ》ぐために、**卵《たまご》に「殻《から》」がある（陸上に卵《たまご》を産む）**

という特徴《とくちょう》をもっています。

は虫類は、ウミガメのように一生海の中でくらす動物もふくめて、生まれたときから**肺呼吸《はいこきゅう》**を行います。しかし、両生類と同じく体温を一定に保《たも》つしくみを持たない（**変温動物《へんおんどうぶつ》**）ため、体温は気温にともなって変化し、寒い地域《ちいき》では冬はじっと動かず過ごします。

中生代と呼《よ》ばれる時代（約2億4700万～約6500万年前）には、は虫類から進化した恐竜《きょうりゅう》や翼竜《よくりゅう》、魚竜《ぎょりゅう》、首長竜《くびながりゅう》などが繁栄《はんえい》していましたが、中生代末期にはその大半が絶滅《ぜつめつ》してしまいました。

◉いろいろなは虫類

現在生息《げんざいせいそく》しているは虫類は、主に「トカゲのなかま」「ヘビのなかま」「カメのなかま」「ワニのなかま」の4つに分類《ぶんるい》されます。

トカゲのなかま　体長2cmのものから体長5m近いオオトカゲまで約4000種類《しゅるい》のなかまがいます。イグアナやカメレオンなど、不思議な形のものや体色《たいしょく》を変化させるものなどもたくさんいます。

ヘビのなかま　トカゲのなかまから分かれ、4本の足が退化《たいか》してなくなった動物です。体長10cmのものから体長10mのアナコンダまで約3000種類《しゅるい》に分類され、その約4分の1は毒《どく》をもっています。

カメのなかま　は虫類のなかで唯一《ゆいいつ》「甲羅《こうら》」をもつ特殊《とくしゅ》な動物です。肺呼吸《はいこきゅう》をし、卵《たまご》も陸上に生みますが、大半は水辺《みずべ》に住んでいます。

恐竜《きょうりゅう》の時代から生息《せいそく》しており、卵《たまご》を水辺《みずべ》に産むために環境《かんきょう》の大変動（巨大隕石《きょだいいんせき》の衝突《しょうとつ》?）を生きのびたという説もあります。「ツルは千年、カメは万年」と言われますが、実際《じっさい》の寿命《じゅみょう》は人間の2倍程度《ていど》です。

ワニのなかま　ワニのなかまは、23種類《しゅるい》しか現存《げんぞん》していません。「人食いワニ」への恐怖《きょうふ》や、革製品《かわせいひん》の材料にするために、乱獲《らんかく》されてきたためです。50本以上のするどい歯と強いあごで、カメの甲羅《こうら》すらかみくだく力をもっており、陸上に上がると短い足で素早《すばや》く走ります。

しかしワニのなかまが、すべて攻撃的《こうげきてき》で危険《きけん》な動物というわけではありません。

図29　いろいろな鳥のくちばしと足

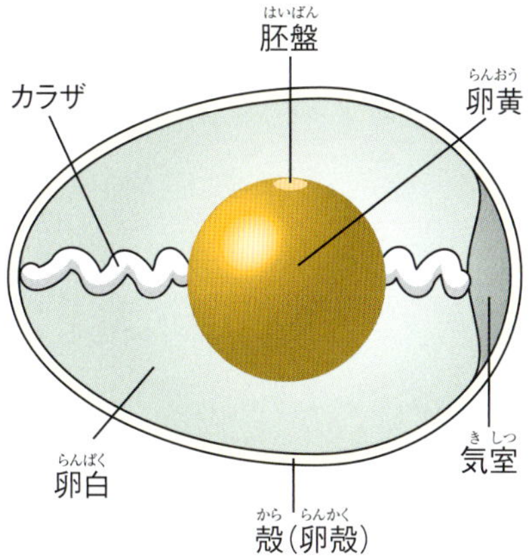

図30　ニワトリの卵《たまご》
殻《から》はかたいが多くの穴《あな》があいており、外部から酸素《さんそ》を取りこみ、呼吸《こきゅう》によって生じた二酸《にさん》化炭素《かたんそ》を外に捨てられるようになっている。からの内側にはうすい皮がある。カラザは卵《らん》黄《おう》を卵の中心に置《お》いておく役目をしている。胚《はい》（胚盤《はいばん》）が成長していくと体になる部分で、卵黄《らんおう》はその栄養《えいよう》素となる部分である。

◉鳥類の特徴

鳥類は羽毛《うもう》を持った恐竜《きょうりゅう》から進化したものと考えられています。恐《きょう》竜《りゅう》もは虫類から進化したものと考えられていますから、は虫類からの進化を考えると、**うろこが羽毛《うもう》に、前足がつばさに変化した**のですね。

鳥類は恒温動物《こうおんどうぶつ》のなかまなので、羽毛《うもう》でおおわれている他に、ほ乳《にゅう》類《るい》と同じ発達した心臓《しんぞう》をもち、体温を一定に保《たも》っています。

丈夫《じょうぶ》で軽い骨《ほね》やとても発達した大胸筋《だいきょうきん》など、空を飛ぶのに都合がいいつくりになっています。また、体を軽くしておくために、食物をすばやく消化して排泄《はいせつ》するしくみもそなえています。

くちばしが発達《はったつ》しているのも鳥類の特徴《とくちょう》です。くちばしはあごの骨《ほね》と歯がいっしょになったもので、その形はすむ場所やえさのとりかたによってさまざまです。くちばしの形と足の形をみれば、どこで生活し、なにをエサとしているのかがよくわかります。

◉鳥のなかまたち

約1万種といわれる鳥類のうち、代表的な鳥類をみていくことにしましょう。

木の上に住む鳥　足は木の枝《えだ》につかまりやすい形。木に穴《あな》をあけて中に住む虫を食べるため、細くてするどいくちばしをもつ。キツツキなど。

水鳥　足が長く、水をかいて泳ぐための水かきがある。くちばしは細長く、泳いでいる魚などをとるのに適《てき》している。カモやシギのなかま。

陸上を歩く鳥　足は地面を歩くための形。固い木の実などを食べるために短くて強いくちばしをもつ。ハトやキジなど。

飛べない鳥　ペンギンやダチョウのように、羽があっても飛べない鳥もいる。孤島《ことう》など、他から隔絶《かくぜつ》された地域《ちいき》に住むものが多い（飛べなくても天敵《てんてき》に襲《おそ》われずにすむから)。

他にも、タカのような猛禽類《もうきんるい》など、いろいろな鳥がいます。

◉いろいろな卵

鳥の卵《たまご》は固い殻《から》でおおわれていますが、表面には小さな穴《あな》があいていて、空気の出入りができます。**卵黄《らんおう》**は**胚《はい》（体になる部分)**のための栄養《えいよう》分で、卵白《らんぱく》はそれを守るはたらきをしています。

鳥の卵《たまご》は、片方《かたほう》がとがっただ円形をしていますが、これは地上に生んでも遠くに転がっていかないようにするためです（机《つくえ》の上で卵《たまご》を転がしてみましょう)。は虫類などと違《ちが》い、親が子の世話をするため、一回に生む卵《たまご》の数が少なくてすむことも大切なポイントです。大量の卵《たまご》を体の中にたくわえておくには、まん丸（球形）の卵《たまご》の方が便利でしょう?

肉食動物の目は顔の正面についている

草食動物の目は顔の横についている

図37　ライオンとシマウマの目

Ⅲ　ほ乳類のなかま

◉ほ乳類の特徴

ほ乳類《にゅうるい》の最大の特徴《とくちょう》は**「胎生《たいせい》」（卵《たまご》ではなく赤ん坊《ぼう》を生む）**です。メスには乳《にゅう》せん（母乳《ぼにゅう》が出てくる穴《あな》）があり、子が1人立ちするまで乳《ちち》を与《あた》えて育てることから**「ほ乳類《にゅうるい》」**と呼《よ》ばれています。イルカやクジラもほ乳類《にゅうるい》なので、母親からお乳《ちち》をもらって育ちます。

鳥類と同じ「恒温動物《こうおんどうぶつ》」のなかまなので、体温を維持《いじ》するために皮ふに毛が生えています（**「けもの」**と呼《よ》ばれるのはこのためです）。毛と皮下脂肪《ひかしぼう》が体温の低下をふせぐはたらきをしていますが、逆《ぎゃく》に暑いときに体温が上がりすぎると、汗《あせ》を出して体を冷やします。

ほ乳類《にゅうるい》の体温は約35 ～ 39℃に保《たも》たれていますが、体の小さいコウモリやヤマネなどは、冬になると体温が下がり、冬眠《とうみん》します。

◉草食動物と肉食動物

草食動物は植物を食べて生きている動物、**肉食動物**は他の動物を食べて生きている動物です。

まずライオンとシマウマを正面から見てみましょう。ライオンは正面から見て、目のついている位置がわかりますが，シマウマの目はどこにあるのかわかりにくいですね。これは、**ライオンの目は前（正面）についている**のに対し、**シマウマの目は横についている**からです。

肉食動物は、エモノとの距離《きょり》を正確《せいかく》に測《はか》って狩《か》りをするために、目が前についています。草食動物は、敵《てき》の接近《せっきん》を広い範囲《はんい》で知るために、目が顔の横についているのです。

歯とあごのつくりにも大きな違《ちが》いがあります。ウシは草食動物なので､草を**「すりつぶす」**ための**奥歯《おくば》（「臼歯《きゅうし》」）**が発達《はったつ》し､あごは横に動き、すりつぶしやすいようになっています。肉食動物のライオンはエモノをかみ殺《ころ》し､肉を引き裂《さ》く**「犬歯《けんし》」**が発達しています。あごは強く**「かむ」**ために、たてに動くだけのつくりになっています。

ウサギは草食動物なので奥歯《おくば》が発達《はったつ》していますが、かたいものをかじれるように、「門歯《もんし》」と呼《よ》ばれる前歯が発達《はったつ》しています（ネズミやリスも同じ)。

サルや人間のような植物・動物の両方を食べる動物は、**両方の特《とく》徴《ちょう》**を兼《か》ね備《そな》えています。つまり奥歯《おくば》と犬歯《けんし》の両方が発達《はったつ》しており、あごもたて・横に動かせます。ただし目は前についています。これはサルや人間の祖先《そせん》が木の上で生活していて、木から木へ飛び移《うつ》るときに正確《せいかく》な距離《きょり》がわからないと困《こま》るからだといわれています。

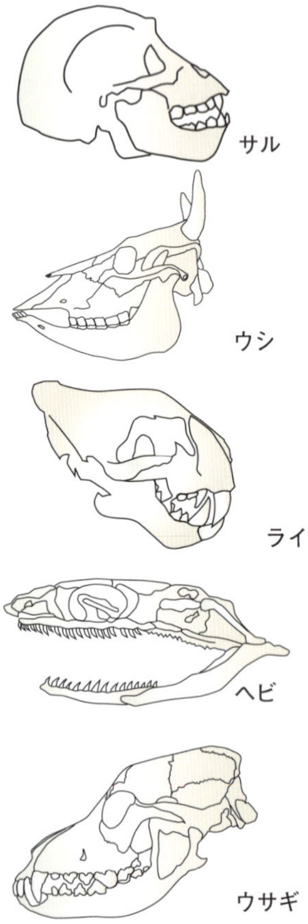

図38　頭蓋骨《ずがいこつ》の比較《ひかく》

図39　左/アレンの法則, 右/ベルクマンの法則

◉住む場所で形や大きさは変わる？

同じ種類《しゅるい》の動物でも、住んでいる地域《ちいき》によって体の特徴《とくちょう》が変わっている例が多く見られます。

【アレンの法則】

「恒温動物《こうおんどうぶつ》は、寒い地域《ちいき》に住んでいるものほど、同じ種でも耳・口・首・足・尾《お》などの突《つ》き出している部分が短い」

暖《あたた》かい地域《ちいき》では、体から出る熱をうまく逃《に》がすように表面積を大きくし、逆《ぎゃく》に寒い地域《ちいき》では、体温をうばわれないように，体を丸めて表面積を小さくしています。つまり、**体温を一定に保《たも》つための工夫**なのです。

【ベルクマンの法則】

「恒温動物《こうおんどうぶつ》では、寒い地域《ちいき》に住んでいるものほど、同じ種でも体重が重く，大きな種ほど寒い地域《ちいき》に住んでいる」

体の小さい動物ほど、体重のわりに表面積が大きく体温がうばわれやすいので、暖《あたた》かい所に住んでいます。

ウサギやキツネの耳の大きさがアレンの法則《ほうそく》、シカやクマの大きさがベルクマンの法則《ほうそく》の代表例です（図39）。

◉四本足から二本足へ

ヒトと他のほ乳類《にゅうるい》との最大の違《ちが》いは**「二足歩行」**と**「四足歩行」**です。二本足で体を支《ささ》えることによって、ヒトは手を自由に使うことができるようになり、同時に体をまっすぐに立てることで、背骨《せぼね》の上に大きくて重い脳《のう》をのせて支《ささ》えることができるのです。

二本足で安定して立つために、ヒト（やサル）は足の裏《うら》を広く地面につけるようになりました。図40はヒトとイヌとウマのかかとの骨《ほね》の位置を比《くら》べたものです。かかとの位置が低いほど、体は安定しますが、かかとの位置が高いほど、速く走れるようになります。

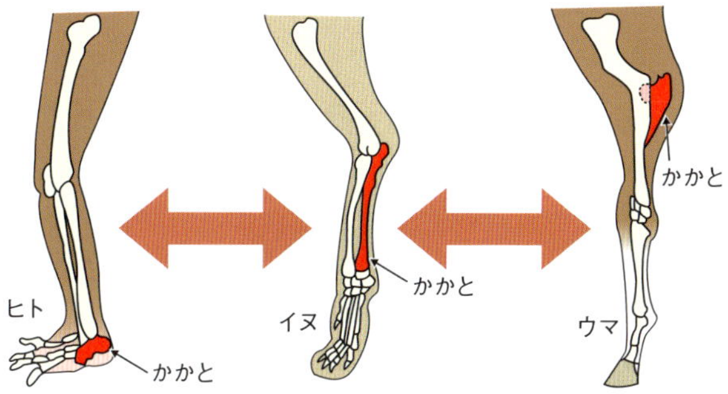

図40　かかとの位置

参　考　カモノハシ

オーストラリア東部とタスマニア島だけにすむカモノハシは単孔類《たんこうるい》といって、ほ乳類《にゅうるい》でありながら卵《たまご》を産み、卵《たまご》をあたためてふ化させ、母乳《ぼにゅう》で子育てをするという、世界でもハリモグラとカモノハシの2種類《しゅるい》しかいない非常にめずらしい動物です。どちらも両生類の中で羊膜《ようまく》をもつものからわかれた単弓類（ほ乳類《にゅうるい》の祖先《そせん》）から進化したといわれています。1億5000万年前までは、すべてのほ乳類の祖先は卵《たまご》を産み子孫《しそん》を残していたとされていて、この単孔類《たんこうるい》だけがこの習性を変えずに持ち続《つづ》けているのです。そのため、カモノハシは「生きている化石」とよばれています。

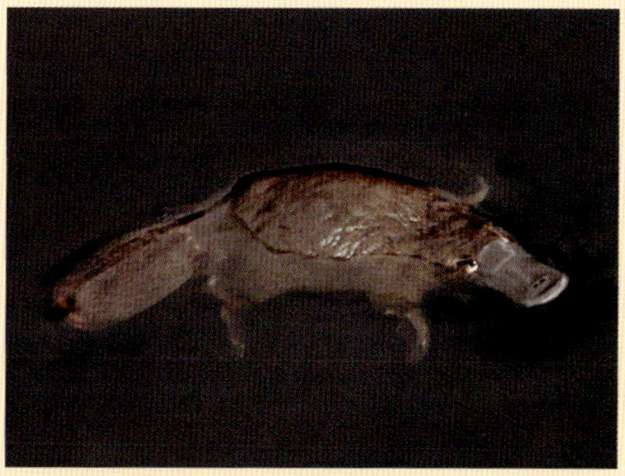

図41　カモノハシ

第1部 生命の世界

3 植物のくらし

Step1　植物って何だろう？

Ⅰ　栄養分としての植物

光合成　植物は自分で栄養分を作る

光合成のしくみ

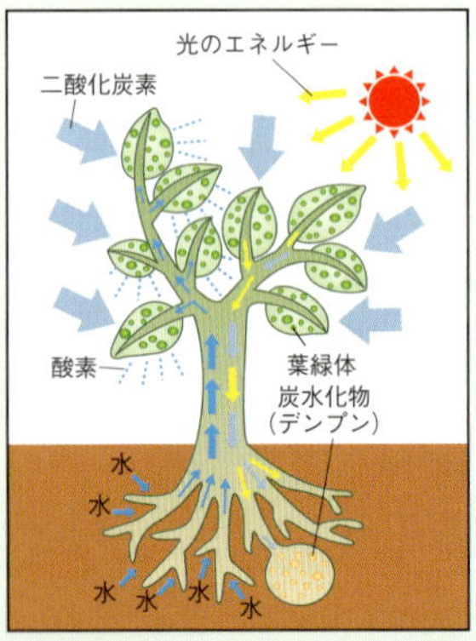

- 葉は青紫色に変化する→デンプンができた
- 「ふ」の部分は色が変わらない
  → 葉緑素がないとデンプンはできない
- アルミはくでおおった部分も色がかわらない
  → 光が当たらないとデンプンはできない

Ⅱ 食用として重要な植物

穀物とイモ　炭水化物（デンプン）を多くふくむ
主食として適している

5大栄養素

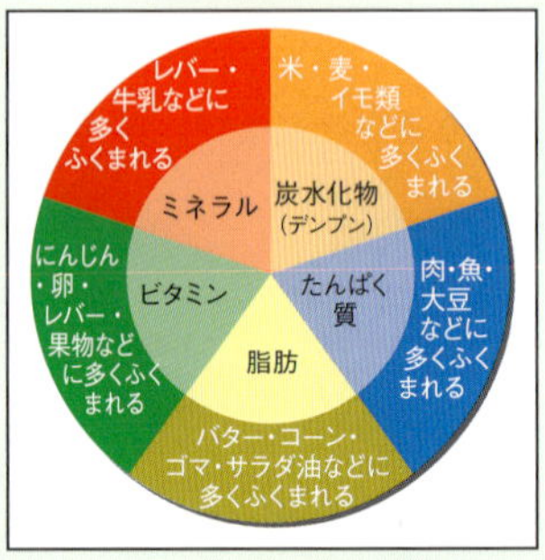

Step2　イネを育ててみよう

Ⅰ 人類にとってイネとは何か

コメの長所　収穫率が高い・暑い所でも寒い所でも育つ・カロリーが高い・保存しやすい

Ⅱ イネを育てる

●食塩水に入れて沈んだ（重い）種もみをまく

↓

●約1週間で子葉がでる

↓

●4枚目の葉がでるころ、別の場所に植えかえて（田植え）、水をたっぷり与える

↑

●分けつ(根元から新しい茎がでる)

→

●イネの花が咲く

↓

●稲穂が實る

Step3　イモを植えてみよう！

Ⅰ　イモとは何か？

Ⅱ　ジャガイモを育てよう

タネイモ　どの部分にもくぼみがあるように小さく切り分ける。植えつけは３月頃。

芽かき　約１カ月で芽がでたら、丈夫そうな芽以外はつみとる。

開花と収穫　５～６月に花が咲き、６月下旬～７月に茎や葉がしおれたら収穫する。

ジャガイモとサツマイモの比較

	ジャガイモ	サツマイモ
イモ	地下茎《ちかけい》	根
芽《め》の出方	イモの表面にあるくぼみから出る	茎《くき》についていた側の先端《せんたん》から出る
根の出方	芽《め》が出たあと、芽《め》のつけねから出る 	芽《め》と反対側の先端《せんたん》から出る 

Ⅲ　サツマイモを育てよう

- タネイモからのびてきた茎を切り取って、地面に植える
- ４～５月に植えつけて、約４カ月で収穫できる

タネイモから芽《め》が出てくる

Step4　どうしていろいろな種類の植物があるのだろう？

Ⅰ　場所によってさまざまな植物がある

- 植物種の多さ＝植物が住む環境の多様性（水分・光・土など）

例：森林の中には、弱い光でも成長できる植物が育つ
　　砂漠に生えるサボテンは、葉をとげのような形にかえて、乾燥から身を守っている

サボテン

Ⅱ　植物の生き残り戦略

植物どうしの関係　光や地面の奪い合い

例：つる植物→木にまきついて高い所に葉を広げ、日光を奪いとる

動物を利用する植物

- きれいな花・におい・みつ → 昆虫を呼び寄せて花粉を運ばせる
- 果実をつける →動物に食べられ、フンとともに種子をまき散らす
- 共生→アカシア（みつを与える）とアリ（草食の昆虫を攻撃する）

ヤブカラシ（つる植物）

Step 1　植物って何だろう？

Ⅰ　栄養分としての植物

図1　色あざやかな野菜やくだもの

◉植物の色

スーパーの野菜《やさい》売り場や八百屋、くだもの屋の店先は、緑、黄、赤、紫《むらさき》といったきれいな色であふれています。そこに並《なら》べられた品物は、すべて私たちが食べることのできる植物です。今回は、身近《みぢか》な食べ物を例にとって、植物について考えていくことにしましょう。

私たちが米や肉、そして野菜やくだものを食べるのは、生きていくために必要な栄養《えいよう》分を体のなかにとり入れるためです。私たちは他の動物と同じように、「自分で栄養《えいよう》を作り出すことができず、外から栄《えい》養《よう》分をとり入れなければ生きていけない生き物」なのです。

これに対して、植物は**自分で栄養《えいよう》分を作り出す**ことができます。このはたらきを**「光合成《こうごうせい》」**といいます。光合成のはたらきを行う**「葉《よう》緑体《りょくたい》」**という部分が、緑色と黄色の色素《しきそ》を持っているために、野菜やくだものは、あんなにきれいな色をしているのです。

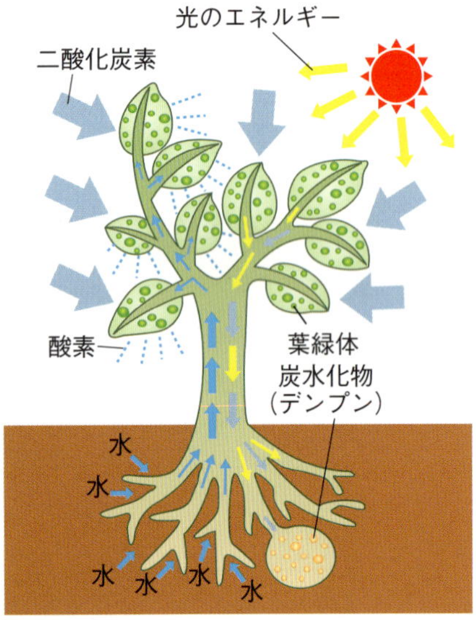

図2　光合成のしくみ

◉植物は光合成で栄養をつくる

光合成で作り出される栄養《えいよう》分の「原料」になるのは、地下の根から吸《す》い上げた**水**と、葉の表面などから取り入れた**二酸化炭素《にさんかたんそ》**です。この「原料」が、植物の葉の葉緑体《ようりょくたい》（葉緑体《ようりょくたい》は他の部分にもありますが、大半は葉の表側に集まっています）という小さな器官《きかん》（大きさは1mmの100分の1以下）に運ばれ、太陽の光を受けて**デンプンや糖《とう》などの栄養《えいよう》分**に作り変えられます。工場で原料からいろいろな製品《せいひん》を作り出すには、電力などの「エネルギー」が必要ですね。光合成の場合、この**エネルギーにあたるのが太陽からの光**なのです。また、光合成をするときには、栄養《えいよう》分と同時に**酸素《さんそ》**が作られます。

参考　呼吸と光合成

生物が生きていくために呼吸《こきゅう》をしなければなりません。呼吸《こきゅう》とは、糖分《とうぶん》や脂肪《しぼう》などの栄養《えいよう》分を燃《も》やして（酸素《さんそ》と結び付けて）、体を動かしたり、熱を発生させたり、生活のためのエネルギーを取り出すしくみです。この呼吸《こきゅう》を行った結果、二酸化炭素《にさんかたんそ》ができます。

一方、光合成は光のエネルギーを利用して、二酸化炭素《にさんかたんそ》と水からデンプン（糖《とう》）と酸素《さんそ》を作り出すはたらきです。つまり、気体の出入りから見ると、ちょうど呼吸《こきゅう》と反対になります。

植物は光合成によって自分で作り出した栄養《えいよう》分を呼吸《こきゅう》に用いますが、動物は光合成ができないので、植物あるいは植物を食べる他の動物を食べることによって、栄養《えいよう》分を体にとり入れているのです。

◉光合成を実験で確かめてみよう（アサガオの実験）

①ふ入り（葉緑体《ようりょくたい》のない部分がある）の葉の一部分をアルミはくでおおう

②次の日、苗《なえ》を数時間日光に当てる

③葉をつみとって熱湯につける（デンプンを糖分《とうぶん》に変えるはたらきを抑《おさ》えるため）

④葉をアルコールにひたして、ビーカーごとあたためる（葉の葉緑素《ようりょくそ》をぬいて、変化をみやすくするため）

⑤アルコールから取り出した葉をしばらく水につけて、葉《よう》緑素《りょくそ》を洗い流す

⑥葉緑素《ようりょくそ》がぬけて白っぽくなった葉にヨウ素液をたらして色の変化をみる

［実験結果］

1) 葉全体は青紫色《あおむらさきいろ》に変化する　→光合成によってデンプンができた

2) 「ふ」の部分は色が変わらない　→葉緑素《ようりょくそ》がないところではデンプンはできない

3) アルミはくでおおった部分も色が変わらない→ 光が当たらないとデンプンはできない

参　考

植物が地球の大気をつくった

地球をとりまく空気（＝大気）ができたのは、今からおよそ46億年前に地球が誕生《たんじょう》して、しばらくたってからのことだったと考えられています。

しかし、そのころの大気は、現在《げんざい》のように窒《ちっ》素《そ》や酸素《さんそ》でできていたのではなく、水蒸気《すいじょうき》や二酸《にさん》化炭素《かたんそ》がほとんどでした。その後、今からおよそ35億年前に、海中で植物の祖先《そせん》が誕生《たんじょう》します。大気中の二酸化炭素《にさんかたんそ》は光合成に使われて、はきだされた酸素《さんそ》が大気中にたまっていきました。

そして、現在《げんざい》のような大気になったのが、およそ10億年前と考えられています。それからしばらくして、地球上には、酸素《さんそ》で呼吸《こきゅう》する生物も登場しました。私たちが吸《す》っているこの空気は、地球と植物が、想像できないほど長い時間をかけて作りだしたものなのです。

参　考

食虫植物と寄生植物

ウツボカズラやハエジゴクのような一部の植物は、動物と同じように、他の生き物を食べて栄養《えいよう》にします。これらの食虫植物は窒素《ちっそ》が少ない沼地《ぬまち》のような酸性の土《ど》壌《じょう》で生活しています。この植物は、昆虫《こんちゅう》など小さな動物を消化して窒《ちっ》素《そ》を体にとり入れるわけです。

一方、ネナシカズラやギンリョウソウといった植物は、葉緑素《ようりょくそ》を持っていないので、光合成ができません。そのため、他の植物の栄養《えいよう》分を利用して生きています。これを「寄生《きせい》」といいます。

図3　ネペンテス（日本のウツボカズラに近い食虫植物）

Ⅱ　食用として重要な植物

図4　五大栄養素《えいようそ》

◉穀物とイモ

自分で栄養《えいよう》分を作り出すことができるのは植物だけですから、他の生物はみな、植物に養《やしな》ってもらっている下宿人《げしゅくにん》のようなものです。

私たちは、植物・動物・菌類《きんるい》などさまざまな生物を食べていますが、植物はその大本《おおもと》になるもっとも重要な栄養源《えいようげん》です。

その中でも特に大切なのが、**イネ**や**ムギ**・**アズキ**・**トウモロコシ**などの**穀物**《こくもつ》と、**ジャガイモ**・**サツマイモ**などの**イモ**のなかまです。

私たちの主食は米（イネ）ですが、他の国、他の地域《ちいき》ではパン（麦）やイモを主食にしています。食べ物の種類《しゅるい》や食べ方はさまざまですが、「主食」に共通しているのは、**デンプンなどの炭水化物**《たんすいかぶつ》がたくさんふくまれているということです。これは、炭水化物《たんすいかぶつ》が生きていくためのエネルギーを取りだす栄養素《えいようそ》として一番効率《こうりつ》がよいからです。

植物のなかには、**脂肪**《しぼう》を多くふくむもの（アブラナ、ゴマ、ラッカセイなど）や**たんぱく質**《しつ》を多くふくむもの（ダイズなど）もあります。その他に**ビタミン**や**ミネラル**など、人間の体にとってなくてはならない栄養素《えいようそ》も、植物には豊富《ほうふ》にふくまれています。私たちは肉や魚を食べなくても生きていくことはできますが、植物なしで生きていくことはできません。

われわれは植物のどの部分を食べているか

●根を食べる植物

ダイコン
ニンジン

●実を食べる植物

モモ
カキ

●花を食べる植物

ブロッコリー
カリフラワー

●葉を食べる植物

ハクサイ
タマネギ

●地下の茎《くき》を食べる植物

レンコン
サトイモ

●種子《しゅし》を食べる植物

ダイズ
トウモロコシ

図5　人間が食べる植物（野菜、くだもの）

Step 2　イネを育ててみよう

Ⅰ　人類にとってイネとは何か

◉日本人の主食、イネは広く栽培《さいばい》されている

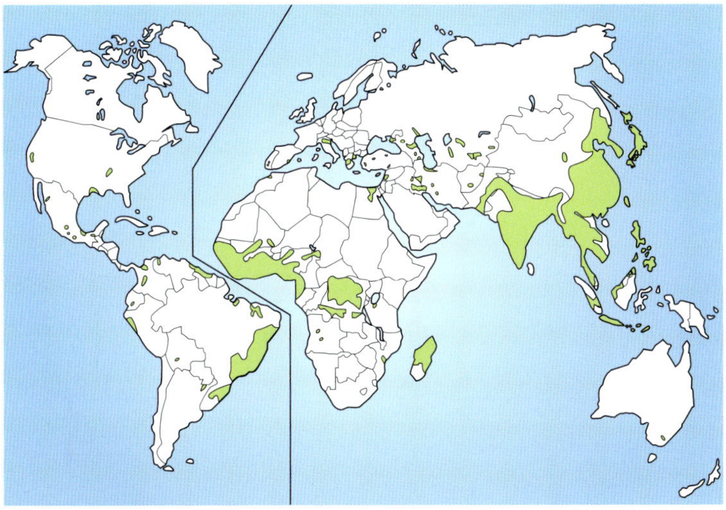

図6　米の生産地

イネは、熱帯《ねったい》から温帯《おんたい》に広く分布《ぶんぷ》している**単子葉植物《たんしようしょくぶつ》**の一種です。コムギ・トウモロコシなどの穀物《こくもつ》や、タケ・ササ・エノコログサやススキなども同じ**イネ科**の植物です。

イネの花はバラやサクラのようなきれいな花びらをもっていません。イネの花の集まりが稲穂《いなほ》であり、そこに実る種子《しゅし》が、私たちの主食であるコメです。

イネは、日本だけでなく、アジアのモンスーン地帯（東アジアやインドなど季節風《きせつふう》がよくふく地域《ちいき》）を中心とした温帯《おんたい》と熱帯《ねったい》で広く栽培《さいばい》されています。

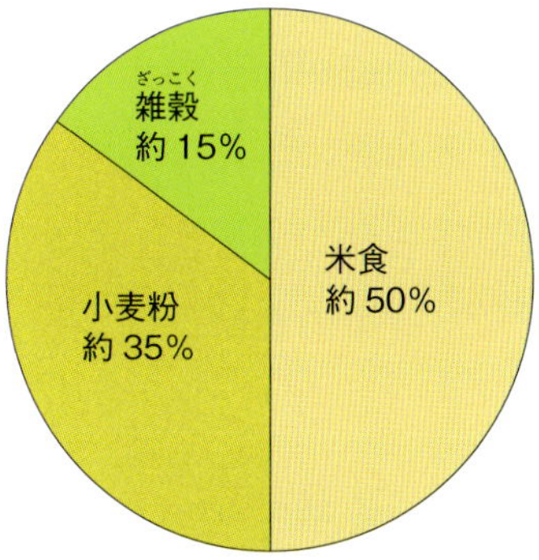

図7　世界の主食の比率

◉コメという食料のすばらしさ

イネの種子《しゅし》であるコメは、コムギ・トウモロコシとならぶ世界の3大穀物《こくもつ》として、世界人口のおよそ半数の主食をまかなっています。世界の稲作総面積《いなさくそうめんせき》は約1億5000万ｈａ《ヘクタール》。生産量は籾《もみ》のままで約7億4000万ｔ《トン》にも及《およ》びます。

このように多くの人がコメを主食としているのは、

- **収穫率《しゅうかくりつ》がたいへん良い（3大穀物《こくもつ》の中で最大）**
- **熱帯でも雪国でも育つ適応力《てきおうりょく》をもっている**
- **カロリーが高い**

などの理由によります。特に収穫率《しゅうかくりつ》という点では、1粒《つぶ》の種籾《たねもみ》（コメ）から約1000～2500粒《つぶ》（およそ茶わん1杯分《はいぶん》）も収穫《しゅうかく》できるうえに、毎年安定した収穫《しゅうかく》が得られ、また長い間保存可能《ほぞんかのう》なために収穫《しゅうかく》が少ない時も保存《ほぞん》分を食べられるなど、主食としてとてもすぐれた食物です。

また、茶わん1杯分《はいぶん》のご飯は、およそ250kcal《キロカロリー》（ケーキ1個《こ》分とほぼ同じ）もの栄養価《えいようか》を持っています。体の血や肉などになるたんぱく質《しつ》も豊富《ほうふ》（茶わん1杯分《はいぶん》のご飯で牛乳《ぎゅうにゅう》およそ100ccに相当する）なうえ、食物繊維《せんい》やビタミン、鉄分などもふくまれています。

図8　ご飯《はん》1杯にふくまれる栄養《えいよう》分
- エネルギー　222kcal
- 糖質《とうしつ》　47.6g
- たんぱく質《しつ》　3.9g
- 脂質《ししつ》　0.75g

Ⅱ　イネを育てる

◉稲を育ててみよう

田んぼがなくても、栽培用《さいばいよう》のポットあるいはバケツやペットボトル、それに土さえあれば、イネを育てることができます。

《イネの育てかた》

- **種籾《たねもみ》**を食塩水に入れ、沈《しず》んだもの（重いもの）を選びます。そのまま水にひたして、約１週間後に白い芽《め》が出たら**種まき**をします。
- 種籾《たねもみ》をまいてから数日で最初の葉（**子葉《しよう》**）が出てきます。イネは単子葉植物なので子葉は１枚《まい》だけです。根は芽《め》のあとから出てきます。
- ４枚《まい》目の葉が出たころに容器《ようき》に植えかえて（**田植え**）、根づくまでの１週間は水を十分に与《あた》えます（４〜５月ごろ）。
- **分けつ**（イネの茎《くき》は途中《とちゅう》で枝分《えだわ》かれせず、生長にともなって根元から次々と新しい茎《くき》を増《ふ》やしていく）が始まったら、水は少なめ（水深3cmくらい）にします。水をはるのは、イネを寒さから守る意味もあります。天気のようすを見ながら、寒いときは深めに、あたたかいときは浅《あさ》めに調節《ちょうせつ》します（７月ごろ）。
- 分けつが終わるころ、茎《くき》の頂上《ちょうじょう》にうす緑色の穂《ほ》が出始めます。
- 穂《ほ》にはたくさんの花がついています。イネの花には花びらやがくはなく、おしべとめしべはえいという殻《から》に守られています。穂《ほ》が出ると上の方から順に花がさきます。花は、午前中の数時間開いただけで閉《と》じますが、その間に受粉《じゅふん》が行われます。やがて、めしべの根元の部分（**子ぼう**）がふくらんでイネの果実、すなわち**「籾《もみ》」**になります。
- 実が熟《じゅく》すにつれて、重みで穂先《ほさき》が下がってきます。穂《ほ》がたれて実がかたくなったら、もう水は必要ありません。

④黄金色の穂《ほ》

- 葉や茎《くき》が黄金《こがね》色に色づくと、**刈《か》り取り**の時期になります（９月ごろ）。籾《もみ》から籾殻《もみがら》（えいの部分）をとりのぞいたものを**玄米《げんまい》**、玄米《げんまい》からぬか（胚《はい》や種皮）をとったものを**白米**あるいは**精米《せいまい》**といいます。

●種まき

①種籾《たねもみ》から芽《め》が出てくる

●分けつ

②田植えから1カ月後、分けつが終わり、穂《ほ》が出てくる

●収かく

③イネの花が咲《さ》く

図9　イネの育ち方

参　考

稲作の歴史

稲作《いなさく》はおよそ7000年前、インドのアッサムから中国の雲南省《うんなんしょう》のあたりで始まったといわれています。それ以来、二期作（コメを年2回実らせること）や二毛作《にもうさく》（コメと他の作物を1年間で1度ずつ収穫《しゅうかく》すること）、水稲《すいとう》や陸稲《おかぼ》などさまざまな栽培法《さいばいほう》が生みだされ、また、品種改良《ひんしゅかいりょう》も続《つづ》けられてきました。

日本へ伝わったのは紀元前《きげんぜん》およそ300年の縄文《じょうもん》時代後期で、中国大陸から北九州にもたらされたのではないかと考えられています。もっとも、稲作《いなさく》が始まる以前から、イネの祖先《そせん》は、インドやビルマ、中国など世界の熱帯から暖温帯《だんおんたい》にかけて分布《ぶんぷ》していたようです。今でもこれらの地方には，野生のイネが生えています。

参　考

稲作がヒトを定住させた

稲作《いなさく》が始まる前の日本では、森林を焼き払《はら》った土地にヒエやキビ、ナガイモなどを作っていました。しかし、このような作物は何年か連続して作ると、土地がやせて育たなくなります(連作障害《れんさくしょうがい》)。このため、人々は数年おきに他の土地に移動《いどう》する必要がありました。しかし、イネは何年作ってもよく育ちますし、コメは長期間の保存《ほぞん》が可能《かのう》です。稲作《いなさく》が始まることによって、人々はその土地にとどまることができるようになったのです。

Step 3　イモを植えてみよう！

I　イモとは何か？

図10　ジャガイモは、地下茎《ちかけい》がふくらんでイモになる植物

図11　タケの地下茎《ちかけい》から出てくるタケノコ

◉イモにはデンプンがたくわえられている

私たちが一般《いっぱん》に**イモ**とよんでいるのは、植物の**根**や**地下茎**《ちかけい》（土の中にのびた茎《くき》）が養分《ようぶん》をたくわえて大きくなったものです。イモを作る植物は、地上に出ている部分がかれて冬をこし、次の年の春に、たくわえられた養分を使って発芽《はつが》し、生長します。つまりイモは、植物にとっての地下の「栄養貯蔵庫《えいようちょぞうこ》」なのです。

イモにたくわえられる養分《ようぶん》のほとんどはデンプンなどの炭水化物《たんすいかぶつ》で、たんぱく質《しつ》や脂肪《しぼう》などはごくわずかです。しかし炭水化物《たんすいかぶつ》は優《すぐ》れた栄養素《えいようそ》なので、農耕《のうこう》が始まる前から、野生のイモは人類の重要な食料源《しょくりょうげん》となっていました。

◉植物は体の一部から「体ぜんぶ」を作りだす

イモは種子《しゅし》と同じ、なかまを増《ふ》やすためのしくみです。チューリップやタマネギの**球根**《きゅうこん》は葉や茎《くき》の一部が大きくなったもので、やはり中には成長に必要な養分《ようぶん》がたくわえられています。ヤマノイモやオニユリの葉のつけねにできる「むかご」も、イモと同じはたらきをします。オランダイチゴのように、つるをのばしてその先に新しい株《かぶ》をつける植物や、タケのように地下茎《ちかけい》から芽《め》が出て増《ふ》える植物もあります。植物は自分の体の一部に栄養《えいよう》分をたくわえ、そこから新しい体を作って増《ふ》えていくことができるのです。

図12　ジャガイモのタネイモ

◉イモはタネイモで増える

イモを栽培《さいばい》するときはふつう種子《しゅし》ではなくイモを植えますが、このイモのことを**「タネイモ」**と呼《よ》びます。タネイモから根や芽《め》がのびてくるようすはイモの種類《しゅるい》によって異《こと》なります。

タネイモで増《ふ》やす場合、新しくできる子イモは親にあたる元のタネイモとまったく同じ性質《せいしつ》をうけついでいます。このような増《ふ》え方は、安定した品質《ひんしつ》を保《たも》ち続《つづ》けるという点で、農作物《のうさくもつ》として優《すぐ》れているといえます。リンゴなどの果樹《かじゅ》を、他の花の花粉とかけ合わせず、「**つぎ木**」で増《ふ》やすのも同じ理由です。

◉イモは根か茎か？

ジャガイモのくぼみは「らせん状《じょう》」に並《なら》んでおり、茎《くき》からのびる枝《えだ》と同じ位置にあります。したがって、ジャガイモのイモは地下から出る枝《えだ》の先の部分（茎《くき》）がふくらんだもの（**地下茎《ちかけい》**）であることがわかります。一方、サツマイモはタネイモの茎《くき》に近い側から芽《め》が、反対側から根が出ることや、イモの表面から側根《そっこん》が出ていることなどから、根の部分がふくらんだものであることがわかります。

表1　イモの分類

肥大《ひだい》してイモになる部分	代表的なイモ
根	サツマイモ、ヤマノイモ、キャッサバ、ダリヤ、クズなど
地下茎《ちかけい》	ジャガイモ、サトイモ、キクイモ、クワイなど

Ⅱ　ジャガイモを育てよう

図13　ジャガイモの花

◉ジャガイモとは

ジャガイモは、ナスやトマト、ピーマンなどと同じ**ナス科**のなかまです。イモのなかでももっとも広く栽培《さいばい》されており、多くの地域《ちいき》で主食として利用されています。野生のジャガイモはトマトやナスに似《に》た花や実をつけますが、栽培用《さいばいよう》のジャガイモはふつう実をつけません。

《ジャガイモの栽培《さいばい》》

●植えつけ

- 植えつけによい時期は、本州中部では3月上～中旬《ちゅうじゅん》です。
- タネイモは1つ30ｇぐらいの大きさに切り分けますが、どのタネイモにも芽《め》の出るくぼみがあるように注意します。
- 3，4日おいて切り口が乾燥《かんそう》したら、20～30cm間隔《かんかく》で5cmほどの深さの穴《あな》に切った面を下に向けて植えつけます。

図14　ジャガイモの芽《め》

●芽《め》かき

- ひと月ほどすると芽《め》が出ます。複数《ふくすう》の芽《め》が1つのタネイモからのび

図15　ジャガイモの花がさくころ、地下では、イモが太る

るとイモが大きく育ちにくいので、丈夫《じょうぶ》な芽《め》だけを2、3個《こ》残して他の芽《め》はつみとります。

●収穫《しゅうかく》

- 5月から6月に花をさかせます（白や紫《むらさき》、ピンクなど）。この時期に地下ではイモが太りますが、その一方でタネイモは養分（デンプン）を使い果《は》たしています。
- 6月下旬《げじゅん》から7月ごろ、茎《くき》や葉がしおれてきたらイモが大きくなっているので収穫《しゅうかく》します。

◉ジャガイモの育て方と成長のようす

ジャガイモを育てるのに大切な条件《じょうけん》は、日当たりと水はけです。日なたに植えたジャガイモは茎《くき》が太く丈夫《じょうぶ》で、葉の数が多くて緑色が濃《こ》く、大きなイモが数多く収穫《しゅうかく》できます。

表2　日なたとひかげで育てたジャガイモ

日なた		日かげ
大きくて、 色が濃い	葉	小さくて、 色がうすい
太くて、背は低い 枝分かれが多い	茎《くき》	細くて、背が高い 枝分かれが少ない
大きくて、 数も多い	イモ	小さくて、 数も少ない

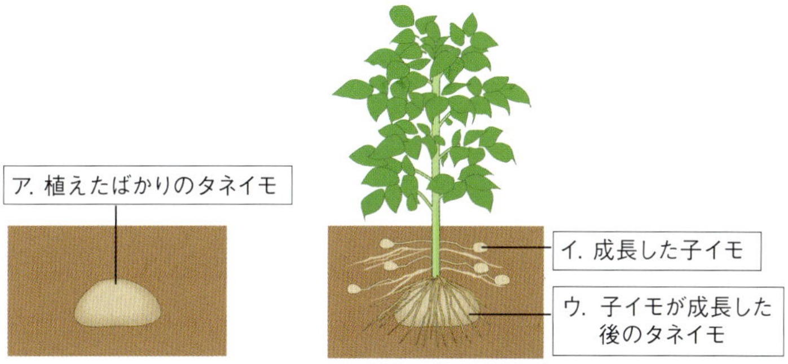

［実験］ア～ウの断面に、それぞれヨウ素液をつけてみる
［結果］アとイは青紫色《あおむらさきいろ》に変化するが、ウは変化しない
→タネイモの中のデンプンは、生長のために使われてしまったから

図16　タネイモにデンプンが残っていない理由

参　考　ジャガイモのルーツ

図17　ジャガイモの原種

図17はジャガイモの原種《げんしゅ》のなかまです。原産地は、南アメリカのアンデス山岳地帯のペルーからチリにかけての、標高4000ｍ近い寒冷な地域《ちいき》です。およそ1500年前にはこの地でジャガイモ栽培《さいばい》が始まり、16世紀の始め、スペイン人によってヨーロッパにもたらされました。しかし最初は「聖書《せいしょ》にない、けがれた作物」として嫌《きら》われたりして、なかなか広まりませんでした。

その後、戦争や飢饉《ききん》のときに多くの人々の命を救ったジャガイモは、穀物《こくもつ》にかわるすぐれた農作物《のうさくもつ》として注目され、しだいにヨーロッパの各地へ広まっていきました。

日本へ伝わったのは、16世紀の終わりころ（1598年）で、ジャワ島のジャカルタ経由《けいゆ》で日本へやってきたオランダ商船《しょうせん》によってもたらされました。このため、「ジャカルタから来たイモ→じゃがたらいも→ジャガイモ」と呼《よ》ぶようになったといわれています。現在《げんざい》、日本全国でとれる量のおよそ8割《わり》が北海道で作られています。

図18　タネイモから芽《め》が出てくる

図19　芽《め》からのびた茎《くき》を切り取る

図20（左）茎《くき》から根が出る。（右）細い根は水や養分を吸《す》い、太い根はサツマイモになる

図21　見事なサツマイモ

Ⅲ　サツマイモを育てよう

◉サツマイモとは

サツマイモは、**ヒルガオ科**のなかまで、野生のものはアサガオに似《に》た花がさき、実をつけます。

ジャガイモに比《くら》べて、食物繊維《せんい》やたんぱく質《しつ》が多くふくまれており、独特《どくとく》の甘味《あまみ》があります。メキシコなど中央アメリカの熱帯原産《ねったいげんさん》で、日当たりなどの条件《じょうけん》が異なる日本では、花が咲《さ》くことはほとんどありません。育つのに適《てき》した気温は20～30℃で、北関東より南のあたたかい地域《ちいき》で作られています。

◉サツマイモの育て方

3月から4月のはじめに、タネイモを苗床《なえどこ》に1～3cmの深さで植えます。芽《め》が出て茎《くき》がのび、20～30cmほどの長さに育ったら、ナイフで茎《くき》を切り取ります。切り取った茎《くき》を日かげに3、4日ねかせ、根が少しのび始めたものを、日当たりと水はけがよく、土がやせぎみの土地に植えつけます。

植えつけの時期は、地面が18℃以上になる4月末（九州）～5月始めごろ（関東地方）で、植えつけてからおよそ4か月で収穫《しゅうかく》できます。

図22　サツマイモの芽《め》と根の出る場所

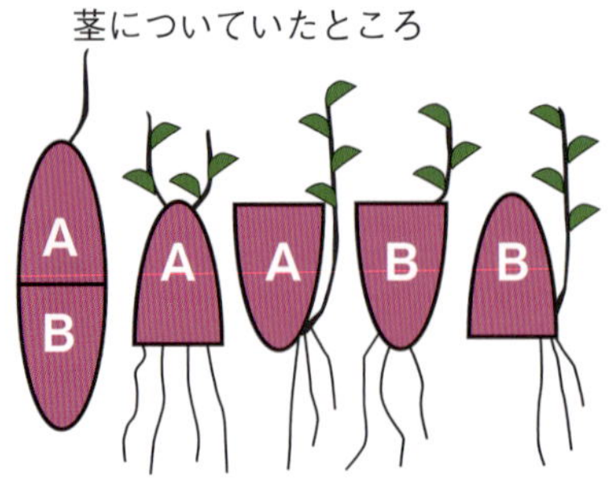

［実験方法］
サツマイモを2つに切り、それぞれを上向き・下向きにして植える。

［結論］
芽《め》は必ず茎《くき》に近い方（Aの先端《せんたん》、Bの切り口）から出る。
根はすべて下にした方から出る。

図23　ジャガイモとサツマイモの比較

	ジャガイモ	サツマイモ
イモ	地下茎《ちかけい》	根
芽《め》の出方	イモの表面にあるくぼみから出る	茎《くき》についていた側の先端《せんたん》から出る
根の出方	芽《め》が出たあと、芽《め》のつけねから出る 	芽《め》と反対側の先端《せんたん》から出る 

Step 4　どうしていろいろな種類の植物があるのだろう？

I　場所によってさまざまな植物がある

図24　サボテン

図25　ラフレシア

図26　高山植物であるコマクサ

図27　湿《しめ》った場所に生えるスギゴケ

◉植物のさまざまな姿と生活

植物の形や生活のしかたは実にさまざまです。たとえば、コケは湿《しめ》った場所にしか生えませんが、サボテンは砂漠《さばく》で生活することができます。イネのように1年でかれてしまうものもあれば、数千年生きるスギのなかまもあります。シダのように花をつけない植物もあれば、直径《ちょっけい》1m近い花をつけるラフレシアのような植物もあります。

植物の種類《しゅるい》は、現在《げんざい》わかっているだけでおよそ30万種といわれています。動物（100 ～ 150万種）ほどではありませんが、それでも非常にたくさんの種類《しゅるい》に分かれています。

こんなに多くの種類《しゅるい》の植物は、どうやって生まれたのでしょうか。

◉環境の違いが多様さを生み出した

いろいろな種類《しゅるい》の植物が生まれたのは、植物の生活している場所がたいへん広い範囲《はんい》に及《およ》び、さまざまな環境《かんきょう》の下で生きていかなければならなかったためです。

たとえば、降水量《こうすいりょう》・気温の変化・日照《にっしょう》時間といった気象条件《じょうけん》、土の硬《かた》さや粒《つぶ》の大きさ、植物の生長に欠かせない窒素《ちっそ》・リン酸《さん》・カリウムといった肥料《ひりょう》が多いか少ないか、水はけがよいか悪いかなどの土壌《どじょう》の条件《じょうけん》によって、その場所で生育することのできる植物の種類《しゅるい》が違《ちが》ってきます。

植物は、もともと浅い海中で生まれ、その後陸上に進出し、標高《ひょうこう》2500mの高地から深さ数10mの海底まで、あらゆるところに生活場所を広げてきました。その間に、砂漠《さばく》などの乾燥地域《かんそうちいき》に進出したものは少ない水を有効《ゆうこう》に使うしくみを、日当たりの悪い土地では日光を有効《ゆうこう》に活用するしくみを、寒冷地では寒さに耐《た》えるしくみを発達《はったつ》させました。こうしてさまざまな種類《しゅるい》の植物が生まれたのです。

参　考　**サボテンの茎と葉**

サボテンがとても乾燥《かんそう》した土地でも生きていくことができるのは、独特《どくとく》な体のつくりをしているためです。根は貧弱ですが、体にとり入れた水を茎《くき》の中にためるため、茎《くき》の表皮は厚《あつ》い皮でおおわれて肉厚《にくあつ》になっており、この大きな茎《くき》で光合成を行います。一方、葉は水分の蒸発《じょうはつ》をふせぐために、とげのように細くなっています。私たちがサボテンの針《はり》と呼《よ》んでいるのは、実は葉だったのです。

図28　ヤブカラシのつる草が巻《ま》きついている

図29　セイタカアワダチソウ

図30　昆虫をおびき寄せる花

Ⅱ　植物の生き残り戦略

◉生物どうしの“関わり”が植物を進化させた

さまざまな種類《しゅるい》の植物が生まれたもう1つの理由は、「**他の生物との関《かか》わり**」です。一定の面積に当たる太陽の光にも、土の中にふくまれる水分や栄養《えいよう》分にも、限《かぎ》りがあります。したがって、たくさんの植物が同じ場所で生活しようとすると、**日光や栄養《えいよう》分や生活するための地面などの奪《うば》い合い**が起こります。こうしたきびしい生存競争《きょうそう》の中で、生き残るために、植物はさまざまな方向へと進化していきました。

森林の地面近くには、**シャガ**や**シダ**のように弱い光でも成長できる草が生えています。**クズ**や**ヤブカラシ**のような**つる植物**は、他の植物の枝などに巻《ま》きついて高いところまで葉を広げ、日光を奪《うば》い取り、巻《ま》きついた植物の成長を妨《さまた》げたりします。セイタカアワダチソウやソバ、ヨモギ、クルミ、マツなどの植物は、まわりの土に独自《どくじ》の化学物質《ぶっしつ》を出し、ライバルとなる他の植物が育つのを妨害《ぼうがい》します。

◉被子植物の「作戦」

植物どうしの関《かか》わりだけでなく、**植物と動物との関《かか》わり**も忘《わす》れてはなりません。きれいな花を咲《さ》かせる**「被子《ひし》植物」**のなかまは、あまい蜜《みつ》や独特《どくとく》なにおいを出し、目立つ色や形の花をつけて、昆虫《こんちゅう》をひきよせます。花はいわば植物の「**ネオンサイン**」です。昆虫《こんちゅう》が花から花へと移動することによって、**花粉《かふん》が運ばれ、受粉《じゅふん》が行われる**のです。

果実も同じようなはたらきをします。動物が果実を食べると、固い殻《から》におおわれた種子《しゅし》はフンとして出されます。その間に動物は移動《いどう》するので、**種子《しゅし》を他の場所にまき散らす**ことができるわけです。

動物にとって花粉《かふん》や果実《かじつ》は「ごちそう」ですが、植物は「ごちそう」を提供《ていきょう》することで、動物に花粉《かふん》や種子《しゅし》を運ばせているのです。

◉動物を利用する巧みな植物のしくみ

図31　ハチに花粉を運ばせる花

図32　鳥に果実《かじつ》を食べさせる植物

花粉《かふん》を運んでくれる便利な動物もいれば、葉や芽《め》を食い荒《あ》らす厄《やっ》介者《かいもの》の動物もいます。このため決まった種類《しゅるい》の動物しか近づけないようなしくみをもつ植物もいます。たとえば、特定の動物にしか食べられない種子《しゅし》をつけたり、他の動物にとっては毒《どく》になる成分を出すものもいます。

図33　ハンマーオーキッド（ラン科）

ごく限《かぎ》られた昆虫《こんちゅう》しか花粉《かふん》や蜜《みつ》のある場所まで入っていけないような、特別な形の花を発達《はったつ》させた植物もあります。

たとえば、図33のハンマーオーキッドという植物の花びらは、コッチバチというハチのメスにそっくりな形をしていて、だまされたオスバチを花の中にひきずりこんで花粉《かふん》をつけます。

特定の動物と「仲良し」になれば、その動物は**自分と同じなかまの植物の花粉《かふん》だけを運んでくれる**からです。

アカシアはアカシアアリというアリに、蜜《みつ》を与《あた》え、中が空洞《くうどう》になったトゲに住ませています。エサと住居《じゅうきょ》を与《あた》えられたアリは、アカシアの葉を食べる草食の昆虫《こんちゅう》がやってくると、寄《よ》り集まって針《はり》で攻撃《こうげき》します。しかし受粉《じゅふん》のために訪《おとず》れるミツバチに対しては攻撃《こうげき》をしません。

アブラナ科の植物は、アオムシに葉を食べられると、空気中に化学物質《ぶっしつ》をまき散《ち》らします。この化学物質《ぶっしつ》に引き寄《よ》せられた寄生《きせい》バチのメスは、アオムシに卵《たまご》を産みつけます。そして卵《たまご》からふ化した寄生《きせい》バチの幼虫《ようちゅう》が、葉を食い荒《あ》らす連中の体を食い破《やぶ》って退治《たいじ》してくれるというわけです。

このように、植物と動物はお互《たが》いに相手を利用したり、利用されたりしています。生物は他の生物との関係のなかで、自分のなかま（種）が生存競争《きょうそう》を生きのびて子孫《しそん》をふやしていけるように、体のしくみや生活のしかたを変化させてきました。こうして、地球にさまざまな種類《しゅるい》の植物と動物が繁栄《はんえい》するようになったのです。

参　考

根粒細菌《こんりゅうさいきん》とダイズの共生

ダイズなどマメ科の植物の根を観察《かんさつ》すると、こぶのようなものがついていることがあります。このこぶを根粒《こんりゅう》といい、その中には根粒細菌《こんりゅうさいきん》という細菌《さいきん》が住んでいます。根粒細菌《こんりゅうさいきん》は空気中の窒素《ちっそ》を吸収《きゅうしゅう》し、とり入れやすい形に変えて、マメ科の植物に与《あた》えます。窒素《ちっそ》はタンパク質《しつ》を作るもとであり、植物の成長に必要な肥料《ひりょう》です。マメ科の植物は土の中に肥料《ひりょう》がなくても、根粒細菌《こんりゅうさいきん》から必要な窒素《ちっそ》を得ることができるわけです。一方、マメ科の植物は光合成でできた糖分《とうぶん》と水分を根粒細菌《こんりゅうさいきん》に与《あた》えます。このように互《たが》いに利益《りえき》になる関係を「（相利《そうり》）共生」といいます。

参　考

イチジクとイチジクコバチの共進化

イチジクにはおよそ750の種類《しゅるい》がありますが、それぞれの種類《しゅるい》ごとに、花粉《かふん》を運んでもらう別の種類《しゅるい》のイチジクコバチがいるのです。これはイチジクとイチジクコバチが、ともに進化の過程《かてい》でひんぱんに新しい種類《しゅるい》を産み出してきた結果です。このように、別々の生物種が互《たが》いに影響《えいきょう》を与《あた》えながらともに発展《はってん》していくことを、「共進化《きょうしんか》」と呼《よ》びます。

第1部 生命の世界

4 四季の生物

Step1 春の訪れ

Ⅰ 春に咲く花

●植物は昼の長さを感じて花を咲かせる。昼が長くなると咲く花（長日植物）は春に咲く

●温度も開花に関係する。しばらく低温状態に置くと花芽が作られるのも、春咲きの花

●長日植物	夜の長さが一定時間よりも短くなると開花する植物	ダイコン、ホウレンソウ、アヤメ、ナズナなど春に花を咲かせる植物
●短日植物	夜の長さが一定時間より長くなると開花する植物	アサガオ、イネ、オナモミ、キク、コスモス、ダイズなど夏から秋に花を咲かせる植物
●中性《ちゅうせい》植物	昼や夜の長さに関係なく、温度変化などによって開花する植物	タンポポ、ハコベ、エンドウ、トウモロコシなど

Ⅱ 昆虫の春の活動

●昆虫は「休眠」から覚めて、「繁殖」行動を始める

●モンシロチョウは食草であるアブラナ科の植物の開花の時期にあわせて、さなぎから成虫になる（モンシロチョウ前線は南から北へと北上していく）

モンシロチョウ前線

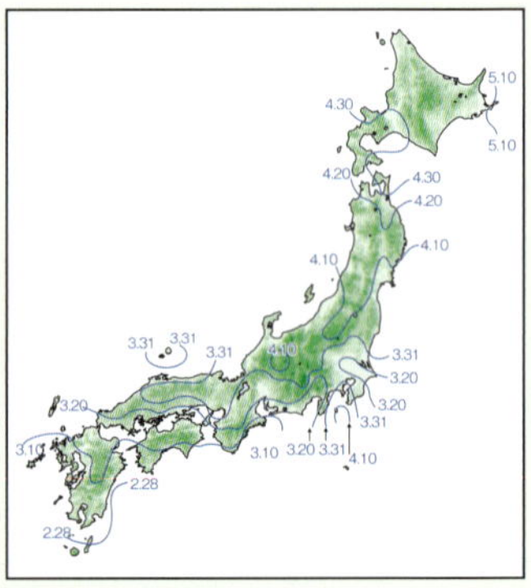

Ⅲ その他の動物たちの春

●冬眠していた両生類（カエル・イモリ）やは虫類（ヘビ・カメ）も地上に姿を表して、繁殖を始める

●鳥も繁殖のためにさえずり始める

●夏鳥が子育てのために南から日本に渡ってくる（カッコウやツバメなど）

鳥の渡《わた》り

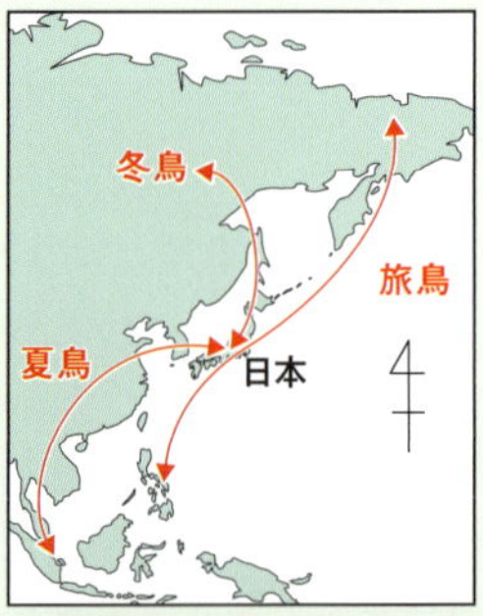

step2 夏

Ⅰ 夏に咲く花

●夏至を過ぎて昼が短くなると、「短日植物」が開花する

アサガオ

ホウセンカ

ヒマワリ

Ⅱ 夏の昆虫たち

●雑木林の樹液に群がる昆虫

昼間……ゾウムシ・ハナムグリなど

夜間……カブトムシ・クワガタムシなど

●街灯に集まる昆虫・・ヨコバイ・カメムシなど

●セミが鳴き始める順番

ニイニイゼミ→アブラゼミ（7月）→ヒグラシ→ツクツクボウシ

●ホタルの観察……5月下旬～7月。日没後の水辺の草むら

クヌギに集まる昆虫《こんちゅう》たち

Step3　秋

Ⅰ　秋の植物

- 穀物、秋野菜、キノコなどが収穫の時期を迎える
- 植物はいろいろな方法で種子をまきちらし、仲間を増やす

動物に食べられて、フンとともに運ばれる

動物の体にくっついて運ばれる　イノコヅチ・ヌスビトハギ・オナモミ

風の力で運ばれる　タンポポ・ノゲシ・カエデ・スズカケなど

自分ではじけて飛び散る　ホウセンカ・カタバミ

地面を転がっていく　クリ・クヌギ・トチノキの丸くて重い実

- 落葉樹の葉は赤や黄色にかわり、やがて葉を落とす

Ⅱ　動物にとっての秋

- 卵で冬越しをした昆虫たちの繁殖シーズン

　スズムシ、クツワムシ、カンタンなどがメスを呼ぶために鳴く

- 落ち葉などを分解する生物が活躍する

落ち葉を食べてフンとして出す……ミミズ・ダンゴムシ・線虫など

そのフンを分解して土に変える……カビ・バクテリア

オナモミの種子《しゅし》

カエデの種子《しゅし》

ホウセンカの種子《しゅし》

スズムシ

ロゼット

step4　冬

Ⅰ　植物の冬越し

- 寒さを乗り切るために、種子・ロゼット・地下の茎や根で冬越し
- 樹木も冬芽をつけて春に備える

植物の冬越《ご》しのしかた

●一年草	種子《しゅし》で冬を越《こ》す	春に種から芽《め》を出し、夏～秋に開花して種を残し、冬に入る前に枯《か》れてしまう。ホウセンカ、アサガオ、イネ、トウモロコシ、ダイズなど。
●越年草《えつねん》	苗《なえ》やロゼットで冬を越《こ》す	秋に種から芽《め》が出て、冬は苗《なえ》のまま、あるいはロゼットで過《す》ごし、次の年の春～夏に花をつけて、冬までには枯《か》れる。アブラナ、エンドウ、ナズナ、レンゲソウ、オオマツヨイグサなど。
●多年草	地下茎《ちかけい》や球根《きゅうこん》で冬を越《こ》す	秋には地上に出ている部分を枯《か》らし、冬は地下に残った地下茎《ちかけい》や球根《きゅうこん》で過《す》ごす。ハス、ススキ、ユリなど。

Ⅱ　昆虫の越冬戦略

- 寒さに耐える工夫をして休眠する
- 冬越しの姿は卵（バッタ・カマキリ）・幼虫（カブトムシ）・さなぎ（チョウ）・成虫（テントウムシ）などさまざま

おもな植物の冬越《ご》し

鱗片の種類《しゅるい》	代表的な植物
何枚《まい》かの鱗片が重なっている	サクラ・カエデなど
細かい毛（綿毛）でつつまれている	モクレン・コブシなど
鱗片が粘液《ねんえき》でおおわれている	トチノキ・ホウノキなど

Ⅲ　は虫類の休眠とほ乳類の冬眠

- 変温動物は温度が下がると体温も下がって休眠状態になる
- 小型のほ乳類（シマリスやコウモリ）は一定の温度以下になると冬眠する

カマキリは卵《たまご》で冬越し

アゲハはさなぎで冬越し

Step 1　春の訪れ

Ⅰ　春に咲く花

◉春は「目覚め」と「繁殖」の季節

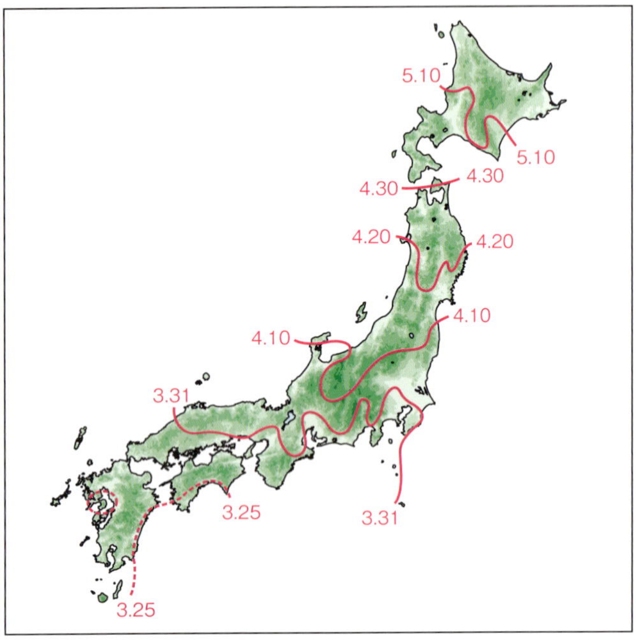

図１　サクラ前線（等期日線）

春は動物や植物が目覚《めざ》め、動きだす季節です。冬の間は気温が低く、多くの生物はあまり活発《かっぱつ》に動き回ることができませんでしたが、**春分**（3月21日頃《ごろ》）をすぎると、昼のほうが夜より長くなり、だんだん暖《あたた》かくなり始めます。

植物はさかんに生長を始め、土の中で眠《ねむ》っていた種子《しゅし》や球根《きゅうこん》・地下茎《ちかけい》は新しい芽《め》をのばし、樹木《じゅもく》の冬《ふゆ》芽《め》がふくらみ、葉や花が開きます。

また、冬ごもりしていた昆虫《こんちゅう》や、両生類・は虫類が地上にあらわれ、**繁殖《はんしょく》**（子どもを産むこと）の時期を迎《むか》えます。魚や鳥、ほ乳類《にゅうるい》の多くも春に繁《はん》殖《しょく》します。生まれた子どもが体力をつけて早く一人前になるためには、エサがたくさんある、暖《あたた》かい季節が適《てき》しているためです。

図２　長日植物であるシロイヌナズナ

◉植物は日照時間で季節を知る

植物の多くは、毎年ほぼ同じ時期に花を咲《さ》かせます。同じなかまの植物がいっせいに花を咲《さ》かせれば、お互《たが》いに花粉《かふん》を交かんして、種子《しゅし》をつくるのに都合がいいからです。植物たちは主に**昼（日照《にっしょう》時間）の長さ**を感じて季節の変化を知り、花を咲《さ》かせるかどうかを決めます。昼の長さは季節の移《うつ》り変わりにしたがって正確《せいかく》に変化するので、花を咲《さ》かせる時期も正確《せいかく》に決まります。

参　考　光周性の発見

花が咲《さ》くのに日照《にっしょう》時間が関係していることは、偶然《ぐうぜん》発見されました（1920年）。あるとき、タバコの品種の1つだけが秋になっても開花せず、12月中旬《ちゅうじゅん》に温室で開花しました。このタバコの花芽《かが》ができないのは、研究《けんきゅう》している土地の夏の日照《にっしょう》時間が長いためではないかと考え、実験的に日照《にっしょう》時間を9時間にしたところ、花芽《かが》ができたのです。こうして花芽《かが》形成が、温度や肥料《ひりょう》、土、水などの条件《じょうけん》ではなく、日照《にっしょう》時間によって決まることが明らかになり、「光《こう》周性《しゅうせい》」とよばれるようになりました。

また、日照《にっしょう》時間の長さを感じるのが葉であることから、葉から花芽《かが》に何らかの化学的刺激《しげき》が伝わるのではないかと考えられ、この化学的刺激《しげき》は「フロリゲン（花成《かせい》ホルモン）」と命名されました。

多くの研究《けんきゅう》者がフロリゲンの正体をつきとめようと努力してきましたが、誰《だれ》もフロリゲンを抽出《ちゅうしゅつ》することができず、長い間「まぼろしの植物ホルモン」とよばれていました。フロリゲンが発見されたのは、ごく最近（2007年）のことです。

春の七草
セリ、ナズナ、ゴギョウ、ハコベラ（ハコベ）、ホトケノザ、スズナ（カブ）、スズシロ（ダイコン）を「春の七草」という。

◉春に咲く花

春に咲《さ》く花の多くは、昼の長さが一定時間より長くなると開花する「**長日植物**《ちょうじつ》」です。逆《ぎゃく》に「**短日植物**《たんじつ》」は夏から秋にかけて開花します。

ただし厳密《げんみつ》に言うと、**開花（花芽《かが》形成）にとって重要なのは「昼の長さ」ではなく「夜の長さ」**であり、「長日植物《ちょうじつ》」というより「短夜植物《たんや》」とよぶほうが適切《てきせつ》かも知れません。

表1　植物の昼の長さに対する反応の違《ちが》いによる分類《ぶんるい》

●長日植物	夜の長さが一定時間よりも短くなると開花する植物	ダイコン、ホウレンソウ、アヤメ、シロイヌナズナなど 春に花を咲《さ》かせる植物
●短日植物	夜の長さが一定時間より長くなると開花する植物	アサガオ、イネ、オナモミ、キク、コスモス、ダイズなど 夏から秋に花を咲《さ》かせる植物
●中性《ちゅうせい》植物	昼や夜の長さに関係なく、温度変化などによって開花する植物	タンポポ、ハコベ、エンドウ、トウモロコシなど

図3　短日植物であるキク

◉気温も開花に影響する

気温の変化が花芽《かが》の形成に影響《えいきょう》を与《あた》えることも知られています。コムギ、キャベツ、ダイコン、ニンジンなどは一定の時間、低温の状態《じょうたい》に置《お》かれると花芽《かが》を作ります。

「一定の時間、低温の状態《じょうたい》に置《お》かれる」ということは、自然界では「冬を越《こ》す」ことを意味します。つまりこれも、長い冬を越《こ》して春を迎《むか》えたときに開花するためのしくみなのです。

参考　低温と花芽の形成

球根《きゅうこん》の中には、休眠《きゅうみん》を打ち破《やぶ》るために低温状態《じょうたい》を必要とするものがあります。例えば、チューリップは春に花を咲《さ》かせ、秋には地上に出ている部分が枯《か》れて、地下に残った球根《きゅうこん》が冬を越《こ》して、翌春《よくしゅん》に再び花を咲《さ》かせます。翌年《よくねん》に咲《さ》く花芽《かが》は、7月ごろから作られはじめて8月中旬《ちゅうじゅん》にはもう完成しています。しかしそのまま開花するのではなく、いったん休眠状態《じょうたい》に入ります。そして、冬になって気温が下がり、0℃近い状態《じょうたい》で一定時間以上おかれている間に、開花を抑《おさ》えていたしくみが解除《かいじょ》され、春に温度が上昇《じょうしょう》するにつれ、花茎《かけい》をのばして花を咲《さ》かせるのです。サクラも夏の間にすでに翌春《よくしゅん》の花芽《かが》を作ってしまい、その後は休眠《きゅうみん》しています。休眠《きゅうみん》した花芽《かが》は一定期間低温にさらされることで眠《ねむ》りから覚《さ》め、開花の準備《じゅんび》を始めます。

参考　カタクリの花

コナラやクリ、クヌギなどの雑木林《ぞうきばやし》に咲《さ》く紫《むらさき》色のカタクリの花は、早春の訪《おとず》れをつげてくれます。カタクリは他のユリ科の植物と同じように地下に球根《きゅうこん》を持っていき、昔はそこから料理にとろみを出すカタクリ粉をとりました。

カタクリが春の早い時期に花を咲《さ》かせるのには理由があります。コナラやクヌギは落葉樹《らくようじゅ》なので、冬には葉を落とし、林の中の地面に日光が届《とど》きます。しかし初夏になると再び葉がしげり、光が当たらなくなってしまいます。そこでカタクリは、木々が葉をつける前にせっせと光合成を行い、花を咲《さ》かせます。デンプンをたっぷりと球根《きゅうこん》にたくわえると、夏までに地上の葉や茎《くき》は枯《か》れてしまい、あとは地下の球根《きゅうこん》だけでひたすら翌年《よくねん》の春を待つ、というのがカタクリの生き残り戦略《せんりゃく》なのです。

図4　カタクリの花

Ⅱ　昆虫の春の活動

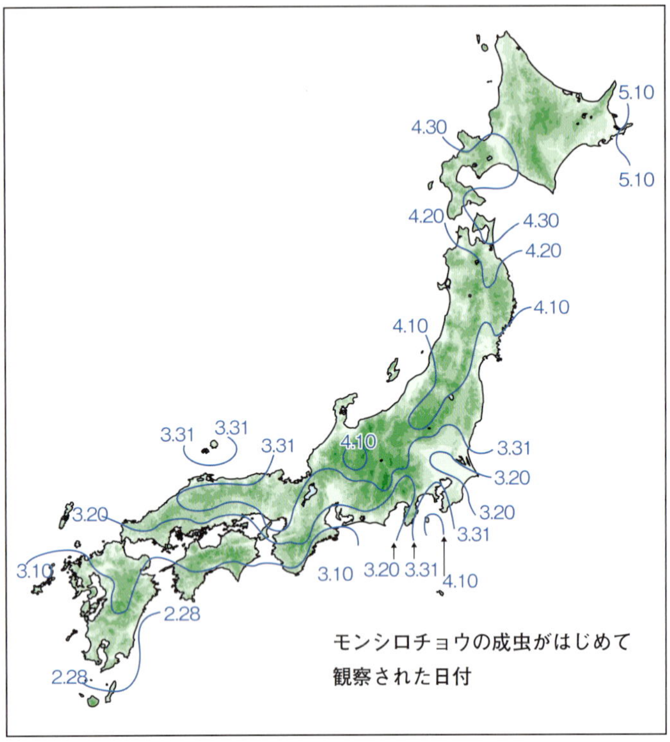

図5　モンシロチョウ前線（等期日線）

昆虫《こんちゅう》はまわりの温度によって体温が変わる変温動物ですから、冬の間は、体のはたらきがにぶくなります。昆虫《こんちゅう》は、さまざまな姿《すがた》で冬を越《こ》しますが、平均気温が10℃を越《こ》えるころから、卵《たまご》はふ化し、幼虫《ようちゅう》は成虫になる準備《じゅんび》をし、さなぎは羽化《うか》し、成虫は繁殖《はんしょく》シーズンをむかえるなど、いっせいに活動を始めます。

モンシロチョウは、食草であるアブラナ科の植物に卵《たまご》を産みつけるため、アブラナ科の植物が開花する時期に合わせて、姿《すがた》を見せ始めます。そのため、各地でのモンシロチョウの**初見日《しょけんび》**（はじめて見かけた日）を線で結んでいくと、図5のように南からすこしずつ北上《ほくじょう》してきます。

ルリタテハやキタテハ、テントウムシ、巣《す》の中であたためあってすごしていたミツバチなどは成虫のまま冬を越《こ》し、さなぎで冬《ふゆ》越《ご》ししたアゲハチョウやモンシロチョウは春に成虫になります。

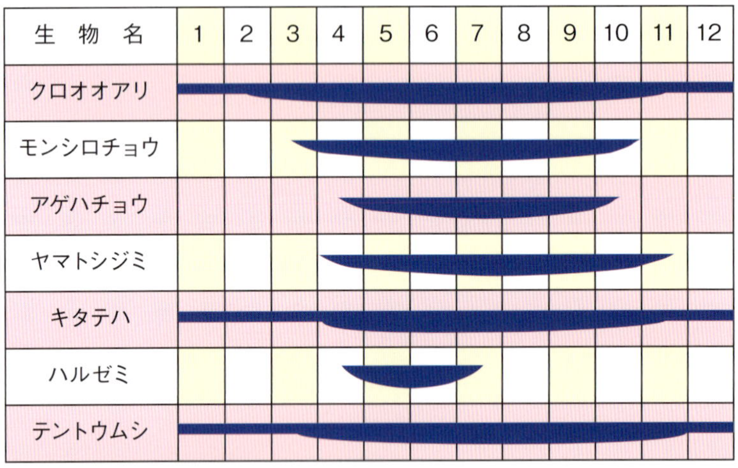

図6　成虫が見られる時期

これらの昆虫《こんちゅう》は春になると、さかんにエサを取るようになり、繁殖《はんしょく》活動を始めます。活動を始めた成虫たちの春の「仕事」は、**異性《いせい》と出会い、交尾《こうび》して、子孫《しそん》を残すこと**なのです。

アリやテントウムシのように、一年中成虫を見ることができる昆虫《こんちゅう》もいますが、ほとんどの昆虫は、春から秋にかけての温暖《おんだん》な時期にのみ活動します。

参考　昆虫はどこで春を感じとるか

昆虫《こんちゅう》はおもに「一定期間の低温がつづいたあとに温度が上昇《じょうしょう》していく」ことや、「昼の長さがある一定時間より長くなった」ことから春を感じ取っています。たとえば、ヤママユガ類《るい》のさなぎには、頭部に光を通す部分があり、ここにとどく太陽の光を脳《のう》のセンサーが感じ取って、昼の長さが一定時間より長くなると休眠《きゅうみん》から覚《さ》めます。また、マダラガやモンシロチョウのように、人工的に気温を上げても休眠《きゅうみん》から覚《さ》めず、一定期間低温にさらされて（冬の寒い時期を越《こ》して）、はじめて活動を開始するものもいます。春咲《はるさ》きの植物が開花するしくみとそっくりだということに気づいたでしょうか？

Ⅲ　その他の動物たちの春

◉は虫類・両生類が休眠から目覚める

気温の上昇《じょうしょう》とともに、地中の温度も上がっていきます。すると、休眠《きゅうみん》から覚《さ》めた**カエル・イモリ**などの両生類や**ヘビ・トカゲ・カメ**などのは虫類が、地面の中や、石・倒木《とうぼく》の下からはい出てきて、さかんに繁殖《はんしょく》を始めます。**ヒキガエル**は2～4月ごろ、**アマガエル**は5～7月ごろ、池や田んぼ、沼《ぬま》などに移動《いどう》して産卵《さんらん》します。ヒキガエルの生殖腺《せいしょくせん》は冬眠《とうみん》に入る前にほぼ成熟《せいじゅく》していて、地上に出てくるとすぐに繁殖《はんしょく》を始められるようになっています。

図7　ヒキガエルの交尾《こうび》

◉鳥の子育てが始まる

ウグイス・ヒバリ・シジュウカラ・メジロなどの鳥類も繁殖《はんしょく》シーズンに入り、ふだんとは異《こと》なる、よく通る声でさえずり始めます。さえずるのはふつうオスの方で、同じなかまのメスをひきつけると同時に、他のオスに自分のなわばりを知らせているのです。

また、3月から4月にかけて、**カッコウ・ツバメ・ホトトギス・オオルリ**などの「夏鳥《なつどり》」が、子育てのために南方から渡《わた》ってきます。彼らは日本で繁殖《はんしょく》して夏をすごし、秋になるとふたたび南方に帰っていくのです。

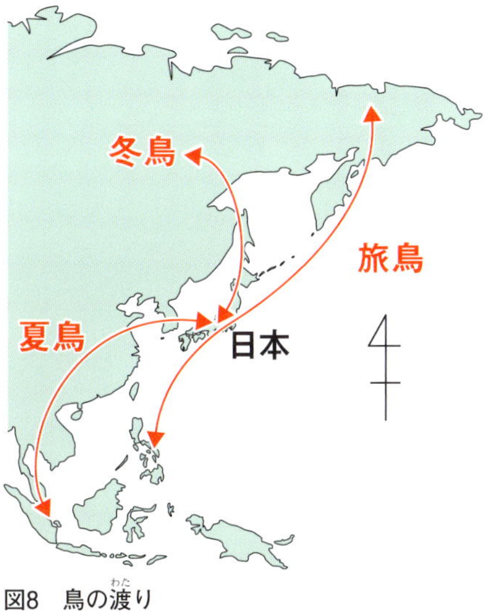

図8　鳥の渡《わた》り

図9　ツバメ

参　考　日本の渡り鳥

夏鳥とは逆《ぎゃく》に、この他、夏の間に北方（繁殖地《はんしょく》)でひなを育て、秋になると日本にやってきて、日本で冬を過《す》ごし、春に再び北方に帰って行くハクチョウ・ガン・ツグミ・ナベヅルなどを「冬鳥《ふゆどり》」といいます。冬鳥と同様に夏は北方でひなを育てますが、冬は日本よりももっと南に行くため、秋に一時的に日本に立ち寄《よ》るものは「旅鳥《たびどり》」（シギ・チドリなど）といいます。また季節によって夏は山地、冬は平地というように短い距離《きょり》を移動《いどう》するものを「漂鳥《ひょうちょう》」といいます。これらに対して、まったく移動《いどう》せず、同じ場所でくらすものを「留鳥《りゅうちょう》」といいます。

Step 2　夏

I　夏に咲く花

図10　ヒマワリの花

◉活動と休養が混ざり合う夏

日本では、季節は春から梅雨《つゆ》を経《へ》て夏へと移《うつ》り変わっていきます。

だいたい7月半ばごろに**梅雨**《つゆ》が明けると、1日の最低気温が25℃以上の**熱帯夜**《ねったいや》や、最高気温が30℃を超《こ》える**真夏日**が多くなります。

この時期には、植物の新芽《しんめ》が生長して葉の色が濃《こ》くなり、強い日射《ひざ》しをうけてさかんに光合成を行い、生長し、栄養《えいよう》をたくわえます。植物が茂《しげ》っていくと、植物を食べる昆虫《こんちゅう》や昆虫《こんちゅう》を食べる小動物の動きも活発《かっぱつ》になっていきます。

一方で、は虫類や両生類の一部は暑さと乾燥《かんそう》をさけるために、「**夏眠**《かみん》」という活動を抑《おさ》えた状態《じょうたい》になります。鳥のさえずりも終わり、羽のぬけかわる時期になった渡《わた》り鳥も体力を消耗《しょうもう》させて休むため、鳥たちの活動もにぶったように感じます。夏は「**生長**」と活発《かっぱつ》な「**活動**」の時期であると同時に、一部の生物にとっては「**休養**《きゅうよう》」の時期でもあるのです。

◉夏に咲く花

夏から秋にかけては、春と同じようにさまざまな種類《しゅるい》の花が咲《さ》きます。春咲《はるさ》きの花のように休眠してから開花するのではなく、開花の1～2か月前から花芽《かが》が作られ始め、そのまま成長して花を咲《さ》かせます。夏や秋に花を咲《さ》かせる植物の多くは、夏至《げし》がすぎて昼の時間が短くなるのをきっかけに、花芽《かが》を作り始める**短日植物**《たんじつ》のなかまです。

アサガオ
ヒマワリ
ホウセンカ
ヤマユリ
ダリア
カボチャ
ハイビスカス
トウモロコシ
キュウリ
ハス

図11　夏の花

Ⅱ　夏の昆虫たち

図12　クヌギに集まる昆虫《こんちゅう》たち

夏になると、気温が上がり、昆虫《こんちゅう》たちが活発《かっぱつ》に活動するようになります。雑木林《ぞうきばやし》では、クヌギ・コナラなどの幹《みき》から出る樹液《じゅえき》を求めて、さまざまな昆虫《こんちゅう》が集まります。昼は**ゴマダラチョウ**や**キタテハ**、**ゾウムシ**、**ハナムグリ**など、夜は**カブトムシ**・**クワガタムシ**・**コガネムシ**などがやってきます。

街灯《がいとう》などの明かりにも、多くの昆虫《こんちゅう》が引きよせられて集まってきます。**ガ**のなかま・**ヨコバイ**・**クサカゲロウ**・**カメムシ**なども、夜に活動する昆虫《こんちゅう》たちです。

セミのなかまは、梅雨《つゆ》明けから秋のはじめころまで鳴き続《つづ》けますが、種類《しゅるい》によって鳴く時期は異なります。他のセミに先がけて鳴き始めるのが**ニイニイゼミ**、7月半ばごろになると**アブラゼミ**が鳴き出し、朝夕の気温が下がり始めると**ヒグラシ**が、最後に**ツクツクボウシ**が鳴きます。

図13　街灯《がいとう》に集まる昆虫《こんちゅう》たち

また、5月下旬《げじゅん》から7月にかけて、水辺《みずべ》の草むらでホタルが飛びかっているのを見ることができます。日本は40種くらいのホタルが生息《せいそく》していますが、なかでも有名なのは**ゲンジボタル**と**ヘイケボタル**でしょう。ホタルがもっとも活発《かっぱつ》に活動するのは、日没《にちぼつ》後の1 ～ 2時間ですから、観察《かんさつ》する時はこの時間帯を選びます。

家屋や神社の縁《えん》の下、大木の下、公園のベンチの下など、雨のあたらない乾燥《かんそう》した砂地には、直径1 ～ 6cmのすり鉢型《はちがた》の穴《あな》が見られることがあります。これは**アリジゴク**（ウスバカゲロウの幼虫《ようちゅう》）の巣です。地面を移動《いどう》する小動物（主にアリなどの昆虫《こんちゅう》）が穴《あな》に落ちると、壁《かべ》がくずれて登りにくくなっており、アリジゴクはこれをとらえて体液《たいえき》を吸《す》い、成長します。6 ～ 7月ごろには巣《す》の中でさなぎになり、7 ～ 9月ごろに羽化して成虫、つまりウスバカゲロウになります。

図14　セミは夏になると幼虫《ようちゅう》が土から出て成虫へ

図15　（左）ウスバカゲロウの幼虫《ようちゅう》であるアリジゴクと（右）巣《す》

Step 3　秋

Ⅰ　秋の植物

図16　秋のススキ

図17　紅葉《こうよう》・黄葉した山

図18　イノコヅチの種子《しゅし》

図19　ヌスビトハギの種子《しゅし》

◉モミジ狩りと実りの秋

8月を過ぎると次第《しだい》に気温が下がりはじめ、9月にはいくつかの台風が日本に接近《せっきん》し、秋雨《あきさめ》と呼ばれる長雨も続《つづ》きます。10月に入ると気候《きこう》も安定し、「秋晴れ」の空の下で、さまざまな植物が「**実りの秋**」を迎《むか》えることになります。

春から夏に花を咲《さ》かせた植物は、この時期に実をつくり（結実《けつじつ》）、さまざまな方法で種子《しゅし》をまきちらします。畑や田んぼでは、イネをはじめとした穀物《こくもつ》が実り、秋野菜が実をつけ、キノコのなかまも収穫《しゅうかく》の時期を迎《むか》えます。まさに「**収穫《しゅうかく》の秋**」の訪《おとず》れです。

一方、落葉樹《らくようじゅ》は冬に備《そな》えて紅葉《こうよう》して葉を落とし、落葉樹《らくようじゅ》も常緑樹《じょうりょくじゅ》も冬芽《ふゆめ》を形成しはじめます。

昆虫《こんちゅう》や両生類・は虫類・ほ乳類《にゅうるい》の一部など、休眠《きゅうみん》する動物は、冬越しのしたく、つまり巣づくりや巣穴《すあな》の整備と、皮下脂肪《ひかしぼう》をつけるためにたくさんの栄養《えいよう》をとることを始めます。秋は「**実り**」と「**冬じたく**」の季節なのです。

◉さまざまな方法で子孫を広げる植物

多くの種子《しゅし》植物は実（果実）を作ります。このなかにある種子《しゅし》が、風にのる・はじける・動物の体につく・フンに混《ま》じるなど、さまざまな方法で運ばれて、自分のなかま（子孫）を増やしていくのです。

動物に食べられて、フンとともに運ばれる

果実《かじつ》はめしべのつけねの子房《しぼう》が成長したもので、種子のまわりが果《か》肉《にく》でおおわれています。果肉が熟《じゅく》すると、独特《どくとく》な色とにおいで動物たちを引き寄《よ》せます。果肉が食べられたあと、消化《しょうか》されずに残った固い種子がフンとともに体外に排出《はいしゅつ》されることで、他の場所に運ばれるのです。

図20　オナモミの種子《しゅし》

動物の体にくっついて運ばれる

イノコヅチ・**ヌスビトハギ**・**オナモミ**などの種子《しゅし》は、実の表面にトゲやねばねばした液《えき》がついていて、動物の体にくっついて運ばれていきます。

風の力で運ばれる

タンポポ・**カエデ**・**マツ**などの実はとても軽く、「羽」や綿毛などがついていて、風に運ばれて種子をまき散らします。

自分ではじけて飛び散る

ホウセンカや**カタバミ**の種子は、まわりの皮が自然にはじけて、種子をまきひろげるようなしくみになっています。

地面を転がっていく

クリ・**クヌギ**・**トチノキ**などの実は丸くて重みがあります。これは地面に落ちたときに転がりやすく、他の場所に広がっていくからです。

図21　カエデの種子《しゅし》

図22　ホウセンカの種子《しゅし》

図23　クリなどの種子《しゅし》（ドングリ）

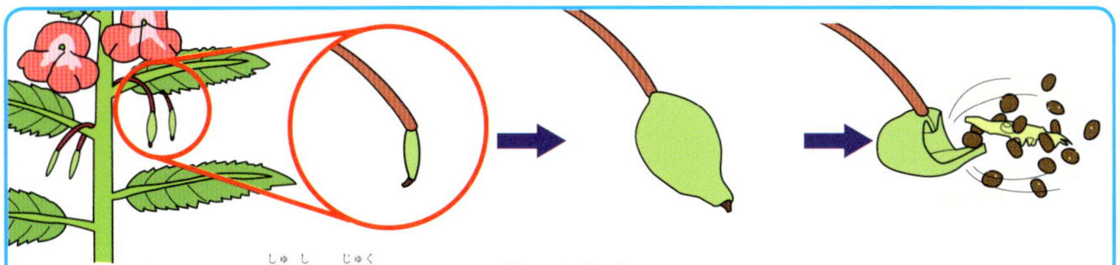

図24　ホウセンカの種子《しゅし》が熟《じゅく》してはじけ飛ぶようす

◉冬支度に入る植物

夜の長さがある一定時間以上をこえると、**秋の七草**・**コスモス**・**ヒガンバナ**などが花を咲《さ》かせるようになります。一方、朝の気温が8～9℃を下回るころになると、落葉樹《らくようじゅ》が紅葉《こうよう》（黄葉）し、やがて葉を落として冬芽《ふゆめ》をつけ、冬に備《そな》えます。落葉は、冬のあいだ、**葉からの水分の蒸発《じょうはつ》をふせぐためのしくみ**です。

夜間の気温が低くなり、光合成のはたらきが弱まると、葉緑体《ようりょくたい》（光合成をする器官《きかん》）が分解《ぶんかい》されはじめます。すると葉のつけ根に「離《り》層《そう》」という部分ができて、落葉の準備《じゅんび》が整《ととの》います。

もともと葉には、葉緑体《ようりょくたい》の他に少量の黄色い色素《しきそ》が含《ふく》まれているため、葉緑体《ようりょくたい》が分解されると、葉が黄色く見えるようになるのです（紅葉のしくみはまったく異なります）。

日本には、カエデ・ツタ・カキ・ナナカマドなど、紅葉する木がたくさん生えているため、野山は赤や黄色で美しく彩《いろど》られます。

秋の七草
ハギ、ススキ、クズ、フジバカマ、オミナエシ、キキョウ、ナデシコを秋の七草という。

参　考　**紅葉のしくみ**

葉の葉緑体《ようりょくたい》は光合成によってデンプンを作り、夜間にはそのデンプンを糖《とう》に変えて体全体に送ります。ところが、葉のつけねに離層《りそう》ができると、糖《とう》が葉から茎《くき》に流れていかなくなります。すると葉の中にたまった糖《とう》が、フラボノールという黄色の色素《しきそ》をアントシアンという赤色の色素《しきそ》に変えてしまい、葉の色が赤くなるのです。カエデ、ニシキギ、ウルシなどの糖分《とうぶん》の多い樹木ほど美しい赤色になります。また、昼間は気温が高いほど光合成のはたらきがさかんになって多くのデンプンがつくられ、夜は気温が低いほど離層《りそう》の形成が進むため、昼と夜の温度差が大きいほど、紅葉《こうよう》は早く進むことになります。

図25　紅葉《こうよう》と黄葉

図26　スズムシ

Ⅱ　動物にとっての秋

◉秋に鳴く虫たち

卵《たまご》の状態《じょうたい》で冬越《ふゆご》しをする昆虫《こんちゅう》にとっては、秋が繁殖《はんしょく》シーズンになります。**スズムシ・クツワムシ・カンタン**など、秋に鳴《な》く昆虫《こんちゅう》たちは、卵《たまご》で冬を越《こ》し、夏に成長して、秋に成虫になるという一生を送っています。

これらの昆虫《こんちゅう》が鳴くのは、夜に活動することが多いため、目で異性《いせい》を探《さが》すのが難《むずか》しいからです。オスたちは種類《しゅるい》ごとに異《こと》なる鳴き声を出すことで、同じなかまのメスを呼《よ》び寄《よ》せているのです。鳴き声を出すのは口ではなく前羽で、一方の羽の裏《うら》にある凹凸《おうとつ》部分を、もう一方の羽にこすりつけて音を出しています（この部分を発音器《はつおんき》といいます）。

秋の虫の鳴き声
スズムシ（リーンリーン）
クツワムシ（ガチャガチャ）
カンタン（ルルルルルー）
マツムシ（チンチロチンチロ）

◉活躍する分解者

落葉した木の葉（落ち葉）は、落葉樹《らくようじゅ》の森林の地面に重なって積《つ》もっていきます。掘《ほ》り返してみると、下の方ほど茶褐色《かっしょく》から黒色へと変化しているのがわかります。これは「**分解《ぶんかい》者**」と呼《よ》ばれるカビ・キノコや、細菌《さいきん》などの微生物《びせいぶつ》のはたらきによるものです。

森林の土の中にはたくさんの生物がすんでいますが、その大部分が落ち葉を分解《ぶんかい》するはたらきを助けます。ミミズや線虫《せんちゅう》は、口から消化《しょうか》液《えき》を出して落ち葉をとかし、ダニやムカデ、トビムシなどの昆虫《こんちゅう》類は落ち葉をかみ砕《くだ》いて細かくします。これらの土壌動物《どじょうどうぶつ》は、落ち葉の一部を栄養《えいよう》分として吸収《きゅうしゅう》し、残りの消化できない成分をフンとして出します。このフンをカビやバクテリアが分解《ぶんかい》することで、最終的に落ち葉だけでなく他の生物の死体やフンなども、植物が育つための肥《ひ》料《りょう》に変わるのです。

落ち葉を食べて細かくする（フンとして出す）	落ち葉をくさらせて土にする
ミミズ、ヤスデ、ムカデ トビムシ、ダニ、線虫、 ダンゴムシ	カビ バクテリア

図27　落ち葉の分解《ぶんかい》に加わる生物

上段左から
モグラ、ミミズ、ヤスデ

下段左から
ダンゴムシ、ダニ、線虫

図28　土壌動物《どじょうどうぶつ》

Step 4　冬

I　植物の冬越し

図29　動物の冬眠のようす
同じほ乳類のヤマネ・コウモリなどとは異なり、クマの体温は4〜6℃しか下がりません。眠っている間は何も食べず、排泄もしませんが、出産は行います。

◉休眠と準備の冬

冬になると昼の長さ（日照《にっしょう》時間）が短くなり、また北から冷たい空気が流れこむことによって、気温が下がります。気温の低下は、動物が生きていく上での大きな障害《しょうがい》の1つです。

とくに陸上にすむ変温動物の場合は、体温が気温にともなって低下し、ある温度以下になると体を動かすこともできなくなります。また、すべての生物全体の活動がにぶることによって食物が乏《とぼ》しくなります。

このため、ほとんどの動物は活動をできるだけ控《ひか》え、「**休眠**《きゅうみん》」の状態《じょうたい》で冬を越《こ》します。休眠《きゅうみん》とは、暑さ・寒さ・乾燥《かんそう》など生きていくのに不都合《ふつごう》な環境《かんきょう》のもとで、生物が一時的に活動を停止した状態《じょうたい》になる現象《げんしょう》です。

一方、ほ乳類《にゅうるい》や鳥類は、体温を一定の範囲《はんい》に保《たも》っていないと生きていけないため、寒くなると体毛をふやしたり、巣《す》の中にこもったり、渡《わた》り鳥のようにあたたかい地域《ちいき》へ移動《いどう》したりして、冬を越《こ》します。

このように冬のあいだは生物の活動がにぶるのですが、体のなかでは、次に来る春に備《そな》えてのさまざまな準備《じゅんび》が始まっています。つまり冬は、「**休眠**《きゅうみん》」と「**準備**《じゅんび》」の季節なのです。

図30　ロゼット
ロゼットとは地面にはりつくように葉を広げた状態《じょうたい》のことで、太陽の光があたる面積が広くなる、地熱で暖《あたた》まるなどの利点があります。多年草のタンポポのロゼットが有名です

◉寒さを乗り越える植物のしくみ

ほとんどの植物は冬になると生長が止まり、休眠状態《きゅうみんじょうたい》に入ります。1日の平均気温が5℃以上の期間を、植物が生長できる時期として、「植物期間」と呼《よ》ぶこともあります。休眠に入った植物は、さまざまな方法で冬の寒さや乾燥《かんそう》に耐《た》えて、春を待ちます。草花の冬越《ご》しの仕方は、大きく3つに分類することができます。

表2　植物の冬越《ご》しのしかた

●一年草	種子《しゅし》で冬を越《こ》す	春に種から芽《め》を出し、夏〜秋に開花して種を残し、冬に入る前に枯《か》れてしまう。ホウセンカ、アサガオ、イネ、トウモロコシ、ダイズなど。
●越年《えつねん》草	苗《なえ》やロゼットで冬を越《こ》す	秋に種から芽《め》が出て、冬は苗《なえ》のまま、あるいはロゼットで過《す》ごし、次の年の春〜夏に花をつけて、冬までには枯《か》れる。アブラナ、エンドウ、ナズナ、レンゲソウ、オオマツヨイグサなど。
●多年草	地下茎《ちかけい》や球根《きゅうこん》で冬を越《こ》す	秋には地上に出ている部分を枯《か》らし、冬は地下に残った地下茎《ちかけい》や球根《きゅうこん》で過《す》ごす。ハス、ススキ、ユリなど。

図31　樹木《じゅもく》の冬芽《とうが》

◉春に備える植物

休眠状態《きゅうみんじょうたい》の植物の体の中では、すでに春に向けての準備《じゅんび》が進んでいます。多年草の場合は、地下の茎《くき》や根《ね》の中に、樹木の場合は、**冬《とう》****芽《が》**の中に、花や葉の組織《そしき》が作られて、春の訪《おとず》れを待ち構《かま》えているのです。

樹木の冬芽《とうが》は、寒さや乾燥《かんそう》を防《ふせ》ぐために、**鱗片《りんぺん》**という皮に包《つつ》まれています。鱗片《りんぺん》には、文字通り何枚《まい》かの鱗《うろこ》のような皮が重なっているもの、綿毛《わたげ》でつつまれたもの、ねばねばした粘液《ねんえき》でおおわれたものなどがあります。

表３　おもな植物の冬越《ご》し

鱗片《りんぺん》の種類《しゅるい》	代表的な植物
何枚《まい》かの鱗片《りんぺん》が重なっている	サクラ・カエデなど
細かい毛（綿毛）でつつまれている	モクレン・コブシなど
鱗片《りんぺん》が粘液《ねんえき》でおおわれている	トチノキなど

Ⅱ　昆虫の越冬戦略

図32　カマキリの卵《たまご》

◉昆虫たちはどこへ行く

冬になると、急に昆虫《こんちゅう》たちの姿《すがた》を見かけなくなります。実際《じっさい》に、秋の終わりには多くの昆虫《こんちゅう》が一生を終えますが、土や朽《く》ち木の中にもぐりこんだり、落ち葉の下や葉の裏《うら》など、目につきにくい場所で休眠《きゅうみん》している昆虫《こんちゅう》も少なくありません。彼らは、気温や昼の長さの変化から冬の訪《おとず》れを感じ取り、寒さや乾燥《かんそう》などに耐《た》えられる状態《じょうたい》に変化して休《きゅう》眠《みん》します。昆虫《こんちゅう》の体は、気温とともにどんどん冷やされていきますが、0℃以下になっても凍死《とうし》することはほとんどありません。野外で越冬《えっとう》する昆虫《こんちゅう》の多くは体がこおらないしくみをもっており、中には－《マイナス》50℃という低温に耐《た》える種もいるのです。

テントウムシは成虫で冬越《ご》し

ガのなかまオビカレハは卵《たまご》で冬越《ご》し

バッタのなかまコノシタウマは幼虫で冬越《ご》し

図33　成長のどの段階《だんかい》（卵《たまご》、幼虫《ようちゅう》、さなぎ、成虫）で休眠《きゅうみん》するかは、昆虫《こんちゅう》の種類《しゅるい》によって決まっています

図34　アゲハのさなぎ

◉さなぎは冬をやり過ごす手段

多くの昆虫《こんちゅう》は、卵《たまご》やさなぎの状態《じょうたい》で冬をすごします。幼虫《ようちゅう》や成虫の状態《じょうたい》では活動のための熱や食料が必要ですが、卵《たまご》やさなぎならほとんど必要ないので、寒くて食料の乏《とぼ》しい冬をやりすごすのに都合が良いのです。

昆虫《こんちゅう》は変温動物なので、気温が下がると自動的に体温が下がり、活動が抑《おさ》えられます。しかし冬のあいだでも、好天が続《つづ》いて気温が上《じょう》昇《しょう》することがあります。もし一時的に温度が上昇《じょうしょう》することで休眠状《きゅうみんじょう》態《たい》がとけ、卵《たまご》やさなぎが活動を開始したら、再び温度が下がったときに死んでしまう可能性があります。

このようなことが起こらないように、「低温状態《じょうたい》が一定期間以上続《つづ》くこと」や昼の長さの変化など、いくつかの条件《じょうけん》が重ならなければ休《きゅう》眠《みん》から目覚《めざ》めないようなしくみをもっています。

休眠《きゅうみん》は、ただ冬の寒さを耐《た》え忍《しの》ぶだけではなく、無駄《むだ》な活動をしないで春の訪《おとず》れを待つための、自然の巧《たく》みなしくみといえるでしょう。

> **参　考　ミツバチは集団で冬越しする**
>
> 冬になっても休眠《きゅうみん》しない昆虫《こんちゅう》もいます。その代表がミツバチです。ミツバチは気温が下がっても、他の昆虫《こんちゅう》ほど極《きょく》端《たん》には活動がにぶくなりません。しかし、変温動物は自分では体温を保《たも》てないので、何らかの方法で体温を上げなくてはなりません。
>
> そのためにミツバチは、寒さが入りこみにくい巣《す》の中で越冬《えっとう》します。さらに巣の中で体を寄《よ》せ合って密集《みっしゅう》し、気温が大きく下がると筋肉《きんにく》をふるわせて体温を上げる（発熱する）ことで、熱を出します。何千匹ものミツバチの筋肉《きんにく》が1種の暖房装置《だんぼうそうち》となり、巣の中の温度を保《たも》つのです。

Ⅲ　は虫類の休眠とほ乳類の冬眠

◉冬眠のさまざまなタイプ

両生類やは虫類は変温動物なので、まわりの温度が下がると、体温もそれにつれて下がり、やがて休眠状態《じょうたい》に入ります。

それに対して、恒温動物《こうおんどうぶつ》には、小型のほ乳類《にゅうるい》の**リス**・**ヤマネ**・**コウモリ**のように冬眠《とうみん》するものがいます。これらの動物は、ふだんは体温を一定に保《たも》って活動しますが、ある程度《ていど》以下まで気温が下がると、少しずつ体温を下げ、やがて冬眠《とうみん》を始めます。

冬眠《とうみん》中は、体温が0℃まで下がっても体の機能《きのう》が停止《ていし》しないような特別なしくみをもっていることが確認《かくにん》されていますが、くわしいことはまだわかっていません。また、10～14日間隔で目を覚まします。

一方、**クマ**の場合は土に穴《あな》を掘《ほ》って冬を過《す》ごしますが、体温は少ししか下がりません。クマは「冬眠《とうみん》」の間、何も食べず、排泄もせずに眠り続けます。

表4　主な冬眠《とうみん》する動物

分類名（目）	冬眠する動物
カモノハシ目	ハリモグラ
ネズミ目	シマリス、ジリス、マーモット、ヤマネ、ゴールデンハムスター
コウモリ目	コウモリ
モグラ目	ハリネズミ、ハリテンレック
フクロネズミ目	フクロヤマネ、キタオポッサム
ネコ目	クマ

第1部 生命の世界

5 環境と生物

Step1 水の中の世界

I 花びんの水を観察してみよう

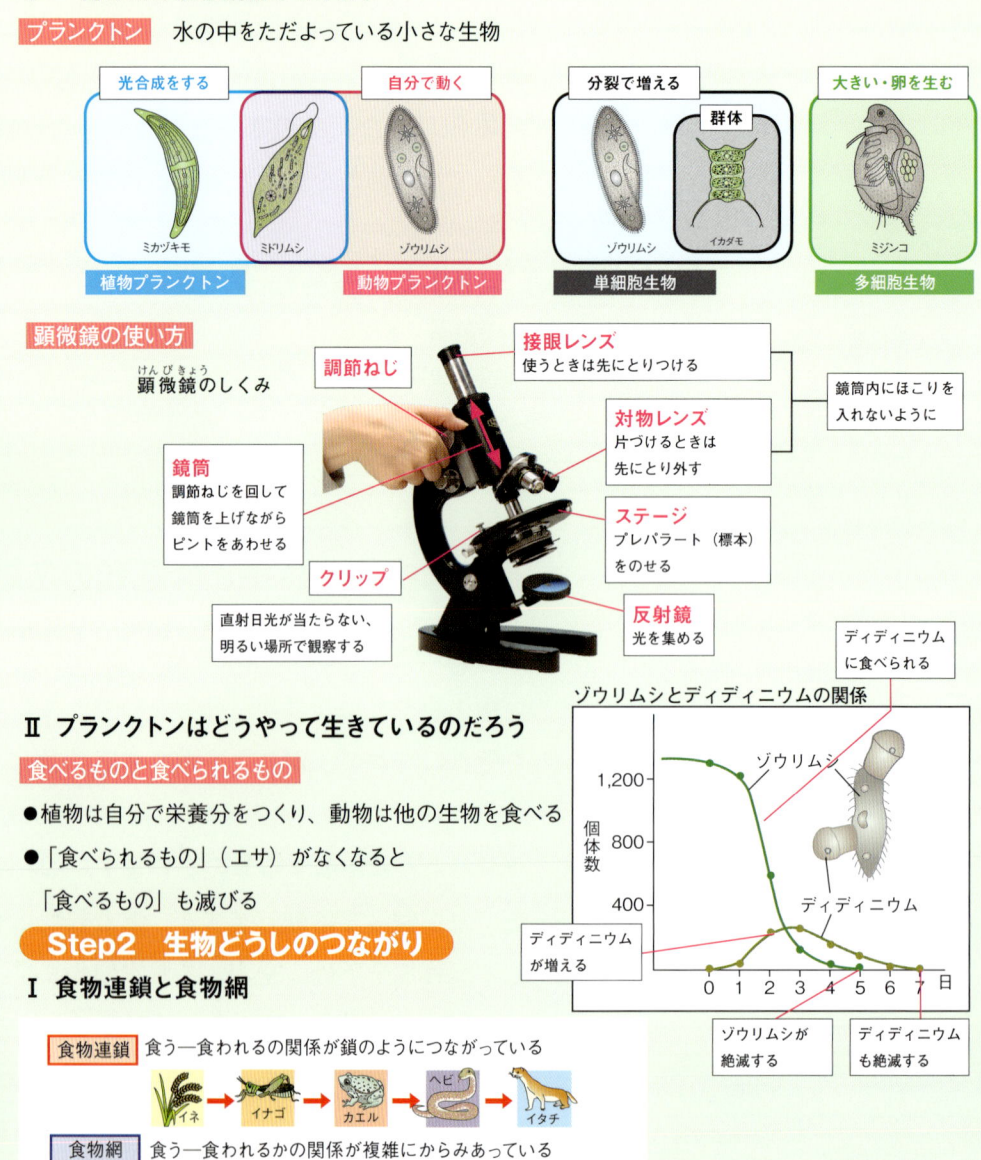

プランクトン 水の中をただよっている小さな生物

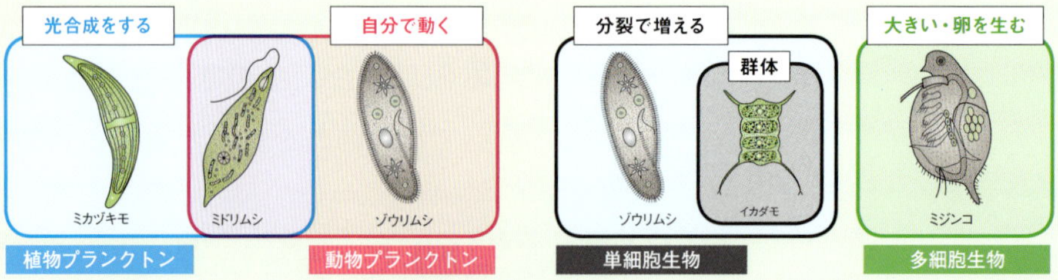

顕微鏡の使い方

顕《けん》微《び》鏡《きょう》のしくみ

II プランクトンはどうやって生きているのだろう

食べるものと食べられるもの

- 植物は自分で栄養分をつくり、動物は他の生物を食べる
- 「食べられるもの」（エサ）がなくなると
  「食べるもの」も滅びる

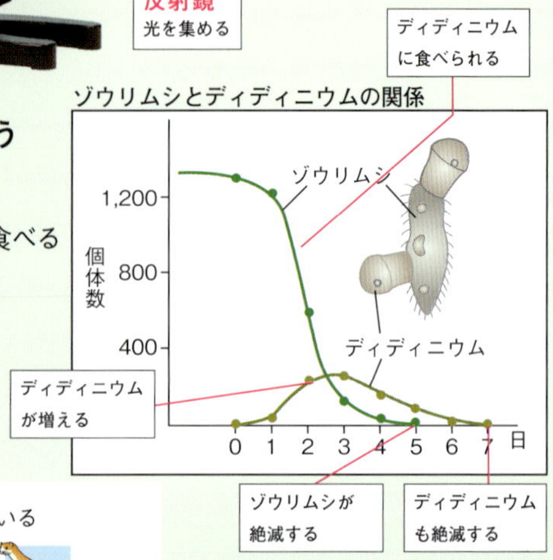

Step2 生物どうしのつながり

I 食物連鎖と食物網

食物連鎖 食う—食われるの関係が鎖のようにつながっている

食物網 食う—食われるかの関係が複雑にからみあっている

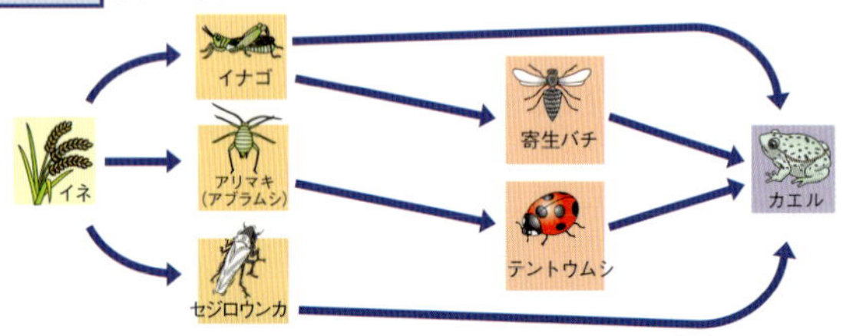

Ⅱ 生産者と消費者

生産者 自分で栄養を作る（植物・植物プランクトン）

消費者 他の生物をエサとして取り入れる（動物）

Ⅲ「分解者」の大切な役割

分解者 生物の死がいやフンを分解して、植物の肥料にかえる（カビ・キノコや細菌）

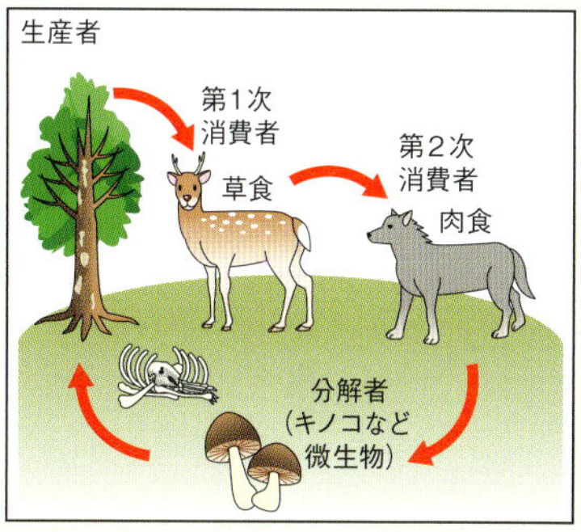

Ⅳ 自然界のつりあい

生態ピラミッド

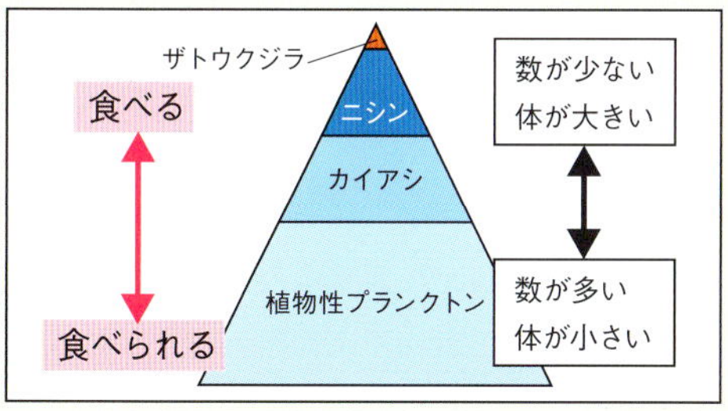

生態ピラミッドの復元力

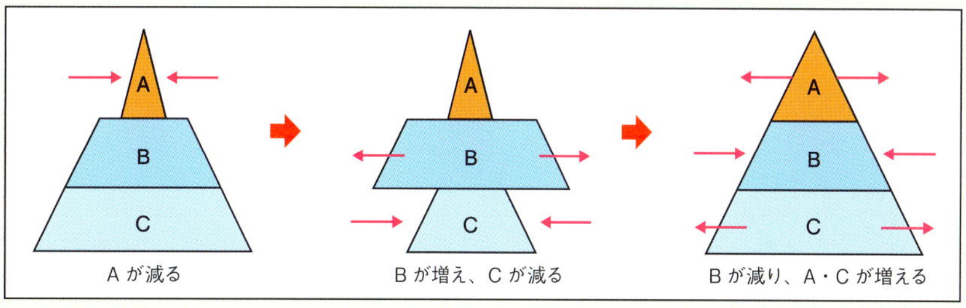

Step3 環境と生物のつながり

Ⅰ 生態系って何だろう？

生物どうしのつながり
水や生物の体をつくる物質の循環
光・温度・湿度などの環境条件

→ すべてのかかわりをまとめて「生態系」（エコシステム）という

Ⅱ 生態系のバランスが崩れるとき

- 地球の誕生以来、環境の変化などによって、何度も生物は絶滅をくりかえしてきた
- 現在進んでいる種の絶滅は、人間による環境破壊や乱獲によるもので、非常にスピードが速い

Ⅲ 生物どうしのさまざまな関係

ニッチ 生物が生態系のなかでしめる位置づけ。1つのニッチを奪い合って、種どうしのあいだに「生存競争」が起こる。生存競争を避けるために、生物どうしはさまざまな関係を築いている

食い分け	同じ場所に住む似た種が、異なるエサを食べることで共存する（ヒメウとカワウ）
すみ分け	住む場所を分けることによって競争を避ける（イワナとヤマメ）
なわばりと順位制	なわばりを守るアユ。個体間の優劣（順位）を決めて、争いを避ける（ニワトリ・サル）
共生	互いに助け合う関係（アリとアブラムシ）・一方だけが得をする関係（コバンザメとサメ）

外来種 昔から住んでいた在来種に対して、外から侵入してきたものを外来種という

Step 1 水の中の世界

図1　花びんの水の中にいる生物

Ⅰ　花びんの水を観察してみよう

「弱肉強食《じゃくにくきょうしょく》」ということばを知っていますか。ライオンがシマウマをおそってえじきにするように、力の強いものが弱いものを食べてしまうという自然界のきびしさを表したことばです。しかし、強いものが勝ち続《つづ》けるとしたら、いずれは草原にライオンだけが残って、シマウマはいなくなってしまうはずです。しかしライオンもシマウマも同じ草原に暮《く》らし続《つづ》けています。これはなぜなのでしょう。

アフリカの草原まで出かけていかなくても、身近《みぢか》なところに同じような生物どうしのつながり（関係）を見ることができます。たとえば、花びんの底《そこ》の方の緑色がかった水をスライドガラスの上に1滴《てき》たらして、顕微鏡《けんびきょう》で観察《かんさつ》してみましょう。ほんのわずかな水の中にたくさんの小さな生物がいることがわかるはずです。

◉プランクトンを育てて観察しよう

①口の広い透明《とうめい》な容器《ようき》に水道水を入れる。水道水にふくまれるカルキ（消毒薬《しょうどくやく》）をぬくため、口をあけたまま、日なたに一昼夜放《ほう》っておく。

②池や川底のどろや花びんの底に沈《しず》んでいる「おり（澱）」を少し入れ、日当たりと風通しのよいところに置《お》いておく。

③スポイトで1滴《てき》とって顕微鏡《けんびきょう》で観察《かんさつ》する。

図2　プランクトンネットで採集する

水の中には体長0.01mmから1mmくらいの小さな生物がたくさん住んでいます。魚のように水中をすいすい泳ぐことができず、水の流れに身をまかせてただよっている生物を「プランクトン」とよびます。

◉どんなプランクトンがいるのだろう？

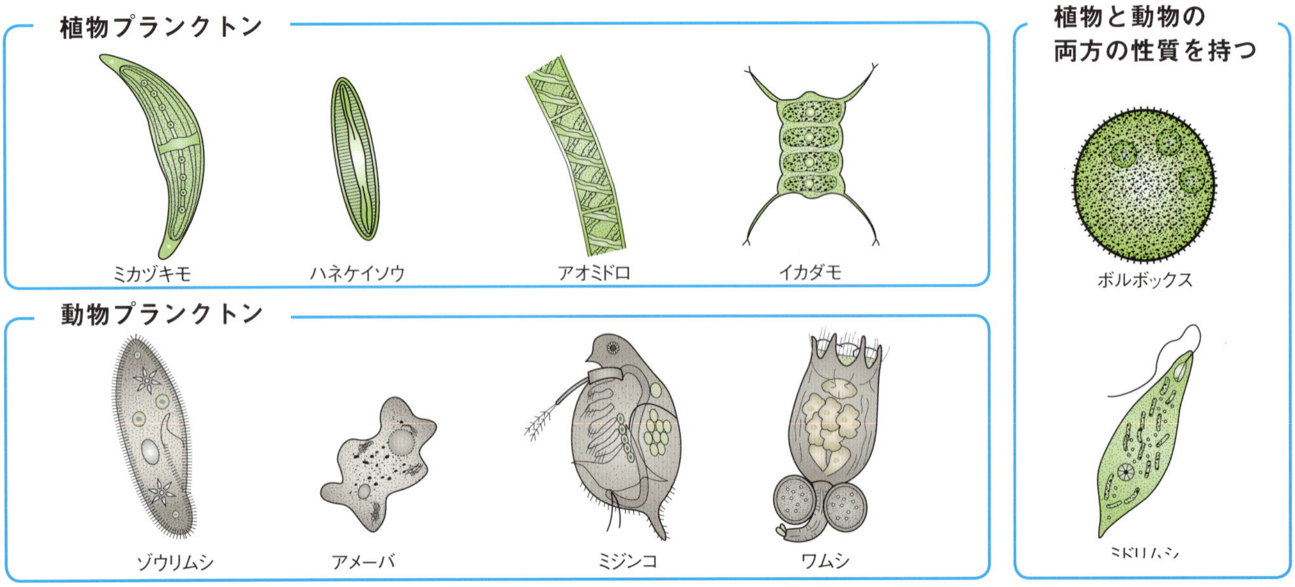

図3　いろいろなプランクトン

採集《さいしゅう》する場所によって、観察《かんさつ》できるプランクトンの種類《しゅるい》は違《ちが》います。

花びんの水よりも池や川底のどろを採集《さいしゅう》したほうが、たくさんの種類《しゅるい》のプランクトンを観察《かんさつ》することができます。また、海の水を採集《さいしゅう》すると、違《ちが》った種類《しゅるい》のプランクトンに出会うことができます。

池や川のなかのプランクトンを分類すると、次のようになります。

表1　プランクトンの分類

植物プランクトン	緑色で、ほとんど動かない（葉緑体《ようりょくたい》を持っているため光合成ができる）。	ケイソウ、ミカヅキモ、アオミドロ、イカダモ、クンショウモなど
動物プランクトン	べん毛、せん毛、脚《あし》などを持っていて、動くことができる。	アメーバ、ゾウリムシ、ミジンコ、ワムシ、ラッパムシ、ツリガネムシなど
植物と動物の両方の性質《せいしつ》をもつ	葉緑体《ようりょくたい》を持っているが、べん毛を使って動くことができる。	ミドリムシ、ボルボックス

多細胞《たさいぼう》生物	多数の細胞《さいぼう》でできている。比較的《ひかくてき》身体が大きい。卵《たまご》で増《ふ》える。	ミジンコ・ワムシなど
群体《ぐんたい》	単細胞《たんさいぼう》生物だが、いくつかの生物が集まってひとつの形を作っている。	アオミドロ・ボルボックス・クンショウモ・イカダモなど
単細胞《たんさいぼう》生物	１つの細胞《さいぼう》だけでできている。分れつによって増《ふ》える。	その他のほとんどのプランクトン

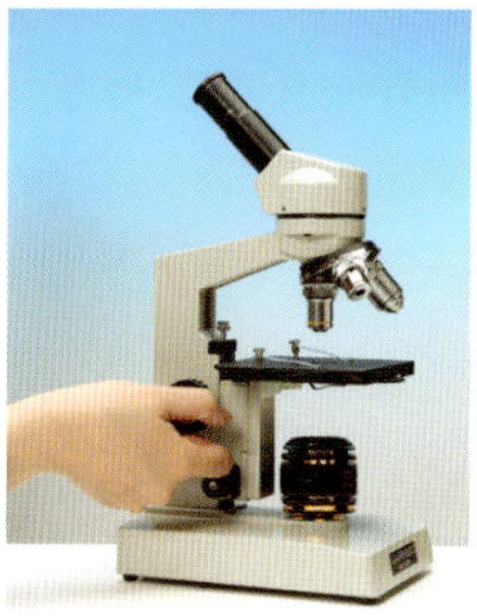

図4　顕微鏡《けんびきょう》のしくみ

◉顕微鏡の使い方

①**直射《ちょくしゃ》日光が当たらない明るい場所**で、水平な台に置《お》く。

②鏡筒《きょうとう》の中にほこりが入らないように**接眼《せつがん》レンズ→対物《たいぶつ》レンズの順でとりつける**。

③反射鏡《はんしゃきょう》を調節《ちょうせつ》して、視野《しや》が明るくなるようにする。

④ステージの上にプレパラートをのせ、クリップでとめる。

⑤プレパラート※と対物《たいぶつ》レンズが接触《せっしょく》しない程度《ていど》に鏡筒《きょうとう》を下げる。

※スライドガラスの上に標本《ひょうほん》をおき、カバーガラスをのせたもののこと

⑥接眼《せつがん》レンズをのぞきこみ、調節《ちょうせつ》ねじを回して**対物《たいぶつ》レンズを上げていきながら（プレパラートから離しながら）ピントを合わせる**（対物《たいぶつ》レンズを近づけるとカバーガラスを割ってしまう危険《きけん》がある）。

⑦観察《かんさつ》したいものを視野《しや》の中央に動かしてから、高倍率《こうばいりつ》の対物《たいぶつ》レンズにかえて観察《かんさつ》する（低倍率のレンズのほうが視野《しや》が広くて明るいので、目指す対象《たいしょう》を見つけやすい）。

⑧片付《かたづ》けるときは②と逆《ぎゃく》に、**対物《たいぶつ》レンズ→接眼《せつがん》レンズの順にとりはずす**。

※ステージ昇降《しょうこう》式の顕微鏡《けんびきょう》の場合は、⑥が「ステージを下げていきながら」にかわります。

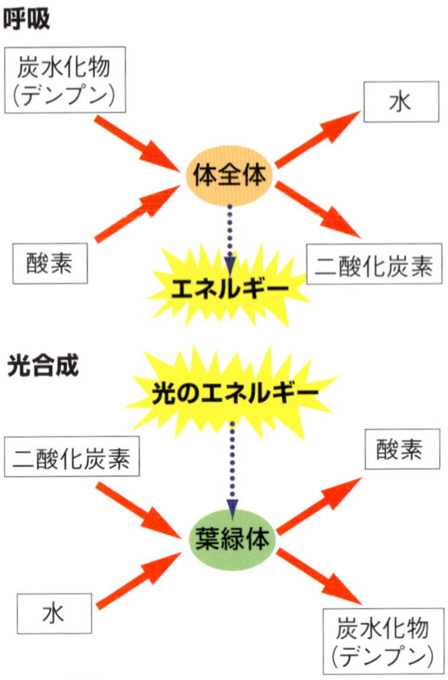

図5　呼吸《こきゅう》と光合成

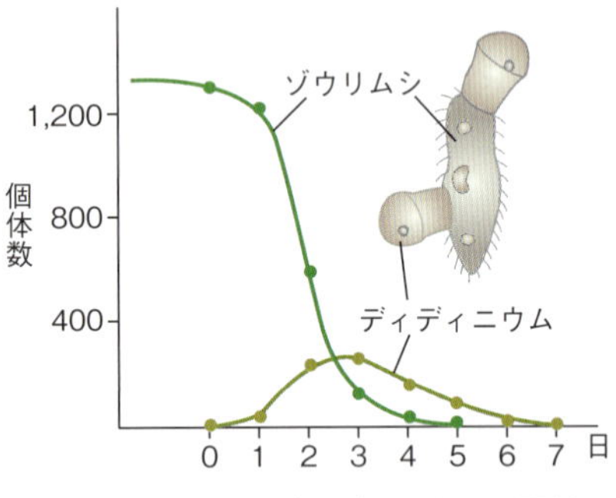

図6　ゾウリムシとディディニウムの関係

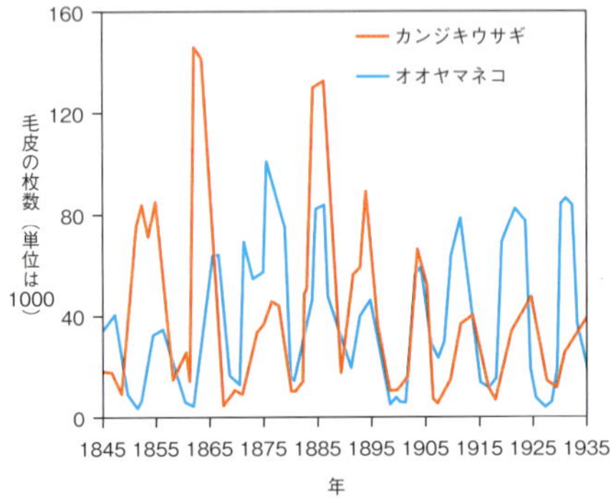

図7　カンジキウサギとオオヤマネコの関係

図8　オオヤマネコ

Ⅱ　プランクトンはどうやって生きているのだろう

◉動物は他の生物を食べて生きている

すべての生物は生きていくために栄養《えいよう》分を必要とします。

植物は二酸化炭素《にさんかたんそ》と水分を材料とし、太陽のエネルギーを利用して自分で栄養《えいよう》分を作り出すことができます（**光合成**）。

他方、動物は葉緑体《ようりょくたい》を持っておらず、自分で栄養《えいよう》分を作ることができないので、他の生物を食物としてとり入れなければなりません。

◉食べるものと食べられるもの

ディディニウムはゾウリムシを食べる動物プランクトンのなかまです。ゾウリムシを繁殖《はんしょく》させた容器《ようき》のなかにこのディディニウムを入れると、3～4日でゾウリムシを食べつくして全滅《ぜんめつ》させてしまいます。

ディディニウムのなかまの数は次第に増《ふ》えていくのですが、ゾウリムシが少なくなるにつれて、今度はディディニウムが減っていき、最後にはどちらも全滅《ぜんめつ》してしまいます。

動物は自分で栄養《えいよう》分を作ることができないため、なかまが増《ふ》えすぎると食べ物が足りなくなり、今度は自分たちが滅《ほろ》びることになるのです。ということはライオンもシマウマを食べつくすまで増《ふ》え続《つづ》け、やがてライオンも絶滅《ぜつめつ》してしまうのでしょうか?

◉食べるもの（強者）と食べられるもの（弱者）の共存

図7は、カナダのハドソン湾《わん》地区で、わなによってつかまえられた動物の毛皮の記録から作られたグラフです。

食べられるもの（カンジキウサギ）の数が増《ふ》えると、食べるもの（オオヤマネコ）の数は、それより少しおくれて増《ふ》えます。

オオヤマネコが増《ふ》えると、エサであるカンジキウサギが少なくなり、それより少しおくれてオオヤマネコの数がへります。

このように、自然界では「食べるもの」が「食べられるもの」をすべて食べつくすことはなく、どちらも**一定の周期《しゅうき》で増《ふ》えたり減ったりをくりかえしながら共存《きょうぞん》しています**。周期的に増減《ぞうげん》をくりかえしているのは、カンジキウサギのエサとなる植物が減ったり増《ふ》えたりする周期に関係していると考えられています。

自然界はディディニウムとゾウリムシを入れた容器《ようき》のように2種類《しゅるい》の動物だけが住む、閉《と》ざされた世界ではなく、植物やその他の動物やさまざまな自然環境《かんきょう》（水や空気や日光など）の複雑《ふくざつ》なつながりで成り立っています。それによって、特定の動物だけが増《ふ》えすぎたり、逆《ぎゃく》に絶滅《ぜつめつ》したりすることのないように、バランスがとれているのです。

Step 2 生物どうしのつながり

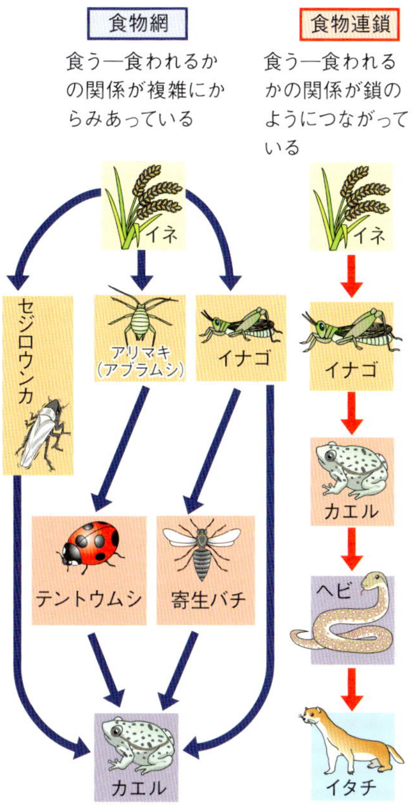

図9　食物連鎖と食物網

Ⅰ 食物連鎖と食物網

◉食物連鎖

生き物はおたがいに**「食う－食われる」という関係**でつながっています。つまり、他の生き物をエサとして食べると同時に、自分自身もまた他の生き物のエサになっているのです。このような生き物どうしのつながりを**「食物連鎖《しょくもつれんさ》」**といいます。１つの連鎖はふつう４～５の段階《だんかい》からなっていて、鎖《くさり》の最初の部分には植物がいます。

◉食物網

食物連鎖といっても、1本の鎖《くさり》のようにつながっていることはほとんどありません。ある生物が多くの種類《しゅるい》の生物を食べたり、多くの種《しゅ》類《るい》の生物が1種類《しゅるい》の生物を食べることもあるので、実際《じっさい》には何本もの鎖《くさり》がからみあった複雑《ふくざつ》な網《あみ》の目のような形になります。これを**「食《しょく》物網《もつもう》」**といいます。

したがって、ある1種類《しゅるい》の動物がなんらかの理由で激減《げきげん》したり絶滅《ぜつめつ》したりしても、すぐに自然界のバランスが崩《くず》れることはありません。

Ⅱ　生産者と消費者

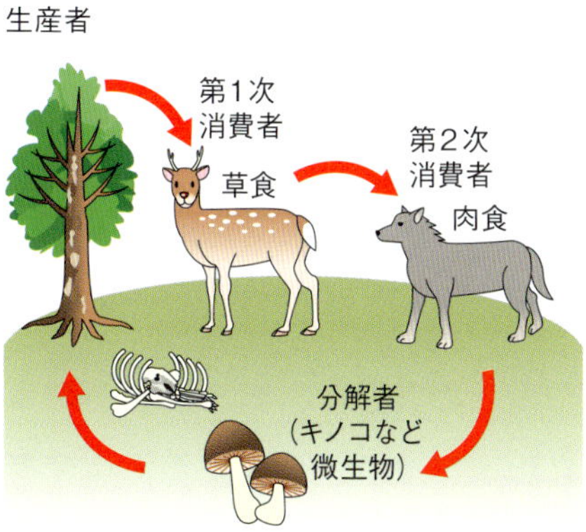

図10　生産者と消費者

食物連鎖《しょくもつれんさ》のなかではたす役割《やくわり》という点からみると、生物は大きく2つのグループに分けることができます。つまり、二酸化炭素《にさんかたんそ》と水と、水や土の中にふくまれる肥料《ひりょう》から自分で栄養《えいよう》分を作ることができるグループと、他の生物を食べることで生活のエネルギーを得ているグループの2つです。

生産者…自分で栄養《えいよう》を作ることができる（植物や植物プランクトン）

消費者…他の生物が作った栄養《えいよう》分をとり入れる（動物）

「消費者」はさらに次のようにグループ分けをすることができます。

第一次消費者…生産者（植物）を直接《ちょくせつ》食べる。植物プランクトンを食べる動物プランクトン、キャベツの葉を食べるモンシロチョウのアオムシのような草食の昆虫《こんちゅう》。その他の草食動物。

第二次消費者…第一次消費者を食べる生物。アブラムシを食べるテントウムシのように、草食昆虫《こんちゅう》を食べる肉食昆虫《こんちゅう》など。ミジンコを食べるメダカ、バッタを食べるカエルなど小型の肉食動物。

第三次消費者…第二次消費者を食べる生物。イワシを食べるマグロ、アザラシを食べるシャチ、ヘビを食べるタカなど大型の肉食動物。

図11　野生のキノコ

Ⅲ　「分解者」の大切な役割

生産者である植物は栄養分《えいよう》（有機物《ゆうきぶつ》）を作るために、水や二酸化炭素《にさんかたんそ》以外にも、窒素《ちっそ》・リン酸《さん》・カリウムなどの肥料《ひりょう》を必要とします。これらの物質《ぶっしつ》を無機物《むきぶつ》といいます。

農作物《のうさくもつ》を育てるときには必要に応じて人間が肥料《ひりょう》を与《あた》えますが、自然界では、落ち葉や動物のフン、死がいなどを細かくして、植物が根から吸収《きゅうしゅう》できる肥料《ひりょう》のもと（無機物）にする役割《やくわり》をはたす生物が絶対に必要です。この役割《やくわり》を担《にな》っている生物を**「分解者《ぶんかいしゃ》」**といいます。

分解者《ぶんかいしゃ》とは、**カビ・キノコのなかま**（菌類《きんるい》）や細菌《さいきん》のように、光合成はせず他の生物の死がいやフンを細かくする生物です。ミミズ・ダニ・トビムシなどもカビや細菌《さいきん》と同じようなはたらきをしますが、細かい無機物にまでは分解《ぶんかい》できないので、分解者《ぶんかいしゃ》のなかまには入れない場合もあり、「土壌《どじょう》動物」と呼ばれます。

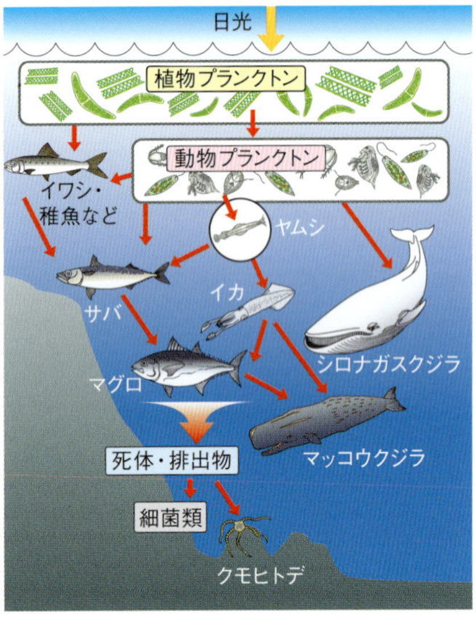

図12　水中の食物連鎖

Ⅳ　自然界のつりあい

◉食物連鎖の原則

食物連鎖《しょくもつれんさ》でつながっている生物どうしの間には、いくつかのきまりが見られます。

①**食物連鎖《しょくもつれんさ》の出発点にあるのは植物**：栄養分《えいよう》を作ることができるのは光合成を行う生産者だけ。

②**食うものは食われるものよりも体が大きい**：消費者どうしの間では食うものの方が体が大きく、素早《すばや》く動くことができる場合が多い。

③**食われるものは食うものよりも数が多い**：食われるものは体が小さいかわりに数が多く、多少減ってもすぐに全滅《ぜんめつ》したりはしない。

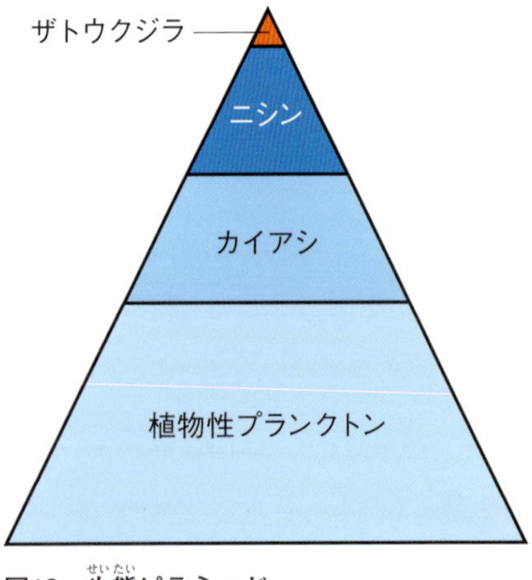

図13　生態《せいたい》ピラミッド

◉生態ピラミッド

ある食物連鎖《しょくもつれんさ》につながる生物の数や重さの合計は、食う－食われるという関係の中で決まってきます。食物連鎖《しょくもつれんさ》では一番下にある生産者（植物）の量がいちばん多く、より上の消費者（動物）になるほどその量が減《へ》っていきます。

例えば、ザトウクジラは1回につき約5000匹《びき》のニシンを食べますが、ニシンは1日に約7000匹《びき》のカイアシ類（動物プランクトン）を食べます。さらに1匹《ぴき》のカイアシ類は1日におよそ13万の植物プランクトンを食べます。つまりザトウクジラの1回の食事に必要な植物プランクトンは4～5兆《ちょう》もの数になるわけです。これを図に表すと、ピラミッド形になるので、このような図を**生態《せいたい》ピラミッド**とよんでいます。

図14　肉食動物が草食動物を食べる

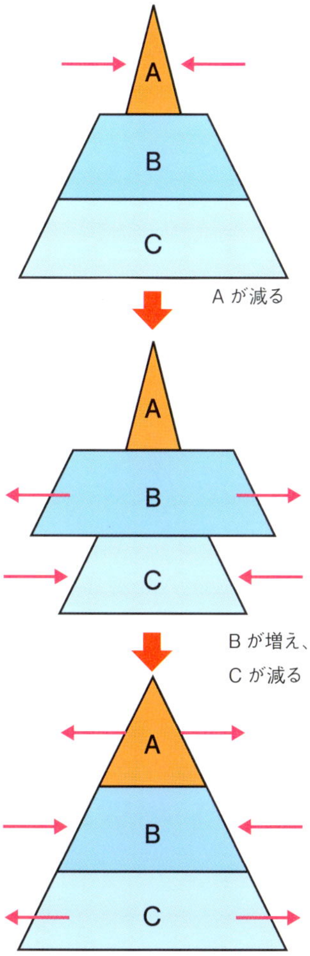

図15　生態ピラミッドの復元力

◉生物の数はやがてつりあう

ある地《ち》域《いき》の中で1つの食《しょく》物《もつ》連《れん》鎖《さ》につながっている生物の量は、長い時間を通して見るとあまり大きくは変わらず、ほぼ一定の状《じょう》態《たい》でつりあいが保《たも》たれています。これは、ある生物の下位にあって「エサ」になる生物の量や、逆に生物の上位にあって「天《てん》敵《てき》」になる生物の量が互《たが》いにはたらきあった結果、1つの生物だけが一方的に増《ふ》え続《つづ》けたり、減り続《つづ》けたりすることにはならないからです。

◉「つりあい」が崩れるとどうなるか

この「つりあい」が崩《くず》れることもあります。たとえば、人間がカンジキウサギの保《ほ》護《ご》のためにオオヤマネコの狩《しゅ》猟《りょう》を行ったらどうなるでしょうか。

天《てん》敵《てき》であるオオヤマネコがいなくなると、それまでビクビク暮《く》らしていたカンジキウサギが増《ふ》えていきます。するとカンジキウサギは地上に生える植物を食べ続《つづ》け、エサがなくなるとウサギの数は減っていきます。カンジキウサギを保《ほ》護《ご》しようと思って天《てん》敵《てき》を駆《く》除《じょ》したのに、かえって大きな被《ひ》害《がい》を与《あた》えてしまうわけです。

そこで、あわててオオヤマネコの狩《しゅ》猟《りょう》を止《と》めます。すると、今度はオオヤマネコがカンジキウサギを食べはじめ、おなかがふくれたら子づくりにはげみ、その増《ふ》えた子どもたちもウサギを食べます。今度はエサのカンジキウサギがどんどん減《へ》ってしまい……というわけです。

もちろん、実《じっ》際《さい》にはこんなに単《たん》純《じゅん》な食物連鎖になっているわけではありません。カンジキウサギが増《ふ》えすぎたら別の天《てん》敵《てき》がオオヤマネコの代わりをし、カンジキウサギが減り出したらオオヤマネコは別の動物を食べておなかを満たすようになります。

このように、生《せい》態《たい》ピラミッド全体の中で見れば、生産者・第一次消費者・第二次消費者のバランスが一時的に崩《くず》れても、ふたたび安定した状《じょう》態《たい》にもどす「**復《ふく》元《げん》力《りょく》**」が必ずはたらきます。

参　考　個体数ピラミッドと生体量ピラミッド

生物の個体数で比べると、たとえば大木にたくさんの昆虫が集まる場合などは、生産者より消費者の方が多いことになります。しかし「個体の重さ×個体数」で比べれば、やはりピラミッドの下にいくほど大きく（重く）なります。これを「生体量ピラミッド」といいます。

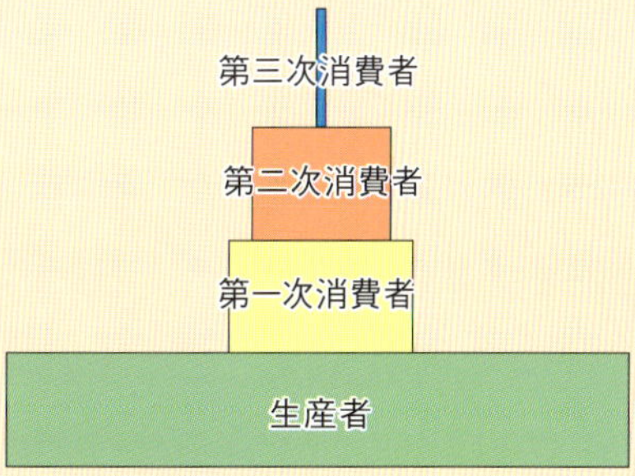

図16　個体数ピラミッド

ただし、森林を焼き払《はら》ってしまうような大きな変化（自然破《は》壊《かい》）の場合は、この限《かぎ》りではありません。また、化学物《ぶっ》質《しつ》（農《のう》薬《やく》など）の大量使用なども、自然の復《ふく》元《げん》力《りょく》では回復不可《か》能《のう》な影《えい》響《きょう》を与《あた》える危《き》険《けん》性《せい》があります。

Step 3 環境と生物のつながり

Ⅰ　生態系って何だろう？

図17　水辺で水を飲むオリックス

生物は生物どうしだけでつながりあっているわけではありません。

たとえば、生物が呼吸《こきゅう》するときは酸素《さんそ》を使って、二酸化炭素《にさんかたんそ》を出し、逆《ぎゃく》に植物が光合成を行うときは、二酸化炭素《にさんかたんそ》を原料として酸素《さんそ》を放出します。また日光のエネルギーがなければ、植物は栄養《えいよう》分を作ることができません。さらに忘《わす》れてはならないのが「水」の存在《そんざい》です。

◉水は生命の源

生物の体の60 ～ 90％は水分でできています。ところが水はつねにいろいろな形で身体から外に出ていく（呼吸《こきゅう》・汗《あせ》・尿《にょう》など）ので、生物は水を自分の体にとり入れることができないと死んでしまいます。

植物は地中から大量の水をすいあげています。例えば、穀物《こくもつ》1kgを収穫《しゅうかく》するのに1000kgの水を必要とすると言われています。一方、動物は直接《ちょくせつ》水を飲むほか、食物から水をとり入れています。

地球の表面のおよそ4分の3は、海におおわれています。海からは毎日大量の水が蒸発《じょうはつ》し、大気中に水じょう気を送り出しています。

蒸発《じょうはつ》した水の大部分は雨として海や陸に降《ふ》り注ぎ、川を流れ、再び海に戻《もど》ったり、一部は氷の状態《じょうたい》で極地《きょくち》や高山に残り、地下水としてたくわえられたり、生物の体内にとりこまれたりします。そして、生物がとりこんだ水はふたたび体外に放出されます。このようにして、**水は海・大地・大気および生物の体内をめぐっている**のです。

◉物質の循環と環境

生物の身体は水以外に炭素・窒素《ちっそ》・リンといったさまざまな物質《ぶっしつ》でできていますが、これらの物質《ぶっしつ》は生物（生産者・消費者・分解《ぶんかい》者）と生物をとりまく水・空気・土などの環境《かんきょう》のあいだで循環《じゅんかん》しています。

植物は空気や土や海からこれらの物質《ぶっしつ》をとり入れて栄養《えいよう》分を作り、その栄養《えいよう》分を動物がとりいれ、分解《ぶんかい》者が植物や動物のふんや死がいを土や水のなかに戻《もど》し……というように、すべての生物とそれをとりまく環境《かんきょう》は物質《ぶっしつ》やエネルギーの流れによってつながっていて、切っても切れない関係にあります。これら全部ひっくるめたまとまりを「**生《せい》態系《たいけい》（エコシステム）**」と呼《よ》んでいます。

「環境《かんきょう》問題」は、ただ「絶滅《ぜつめつ》種を保護《ほご》しよう」とか「河川を汚《よご》さないようにする」というだけではなく、こうした地球上のすべての「つながり」を理解することから始める必要があるのです。

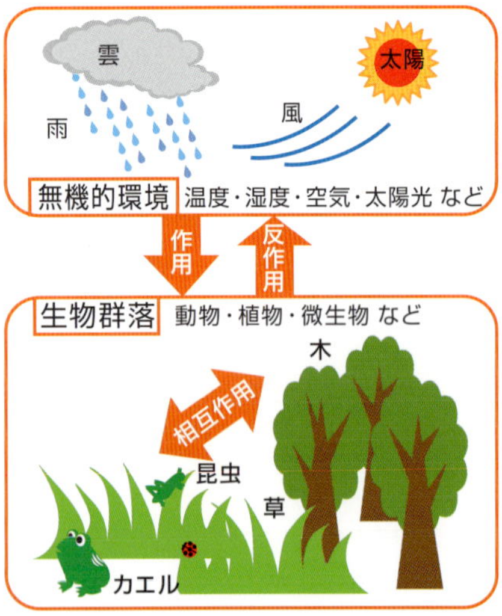

図18　生態系

参　考　エルニーニョになると海鳥が減るわけ

図19　エルニーニョ現象《げんしょう》

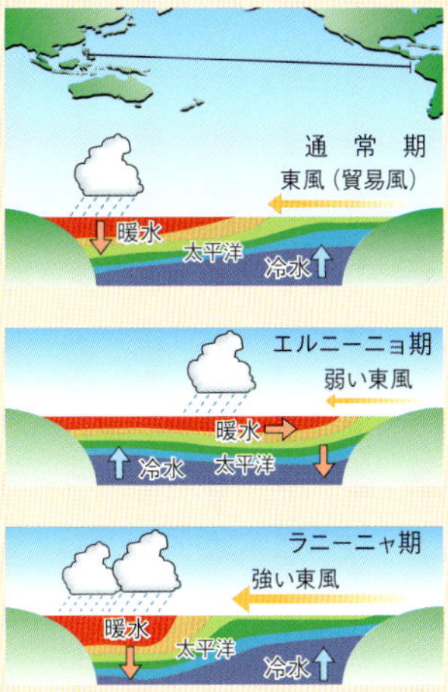

エルニーニョとは赤道上の太平洋の海面の水温が広い範囲《はんい》にわたって上昇《じょうしょう》する現象《げんしょう》です。エルニーニョが発生すると、世界各地に気象異変《いへん》をもたらすだけでなく、ペルー沖でのカタクチイワシ漁獲量《ぎょかくりょう》が減ったり、海鳥が見られなくなるといった生物の異変《いへん》をもたらします。その原因には食物連鎖《しょくもつれんさ》が関わっています。

ふだん、太平洋の赤道付近では西向きの風（貿易風《ぼうえきふう》）によって表面の温海水が西側に吹《ふ》き寄《よ》せられています。そのため、赤道太平洋の反対側（エクアドルからペルー沖)では、栄《えい》養素《ようそ》を豊富《ほうふ》にふくんだ海水が深海からわき上がります。これによってプランクトンが繁殖《はんしょく》し、それを食べる魚類やほ乳類《にゅうるい》、鳥類が増《ふ》えるのです。しかし、エルニーニョが発生すると、海の表面があたたかい海水におおわれて、深海からのわき上がりが止まります。その結果、プランクトンが繁殖《はんしょく》しなくなり、それを食べる小魚や大型の魚、ほ乳類《にゅうるい》、鳥類も減ってしまうのです。これも生物どうしのつながりが、生物以外の環境《かんきょう》変動によって変化する1つの例です。

Ⅱ　生態系のバランスが崩れるとき

図20　地球史上で起きた5つの生物大絶滅《ぜつめつ》

◉生物種はいつか滅びる

生物の誕生《たんじょう》以来、恐竜《きょうりゅう》やマンモスをはじめとして、たくさんの生物種が絶滅《ぜつめつ》してきました。その原因は、気象の変化・大きな地殻変動《ちかくへんどう》(火山活動や海底《かいてい》の隆起《りゅうき》)・巨大隕石《きょだいいんせき》の衝突《しょうとつ》などであったと考えられていますが、これまでに少なくとも5回は地球規模《きぼ》での大量絶滅《ぜつめつ》が起こり、地球上の全生物の75～95%が姿《すがた》を消したといわれています。

生命の死、種の絶滅《ぜつめつ》。それは悲《かな》しいことかも知れませんが、避《さ》けることのできない**「自然界の掟《おきて》」**ともいえます。恐竜《きょうりゅう》が絶滅《ぜつめつ》することによって、恐竜《きょうりゅう》の後継者《こうけいしゃ》といえる鳥類が繁栄《はんえい》し、また恐竜絶滅《きょうりゅうぜつめつ》の時代を生き延《の》びた小型のほ乳類《にゅうるい》が私たち人間の祖先《そせん》となったのですから。

◉「自然の掟」と「人間の都合」

しかし、過去の大量絶滅《ぜつめつ》は何万年～何十万年もかけて起こったできごとであり、1年につきせいぜい10～100種類程度《しゅるいていど》。それに対して、現在《げんざい》進行している種の絶滅《ぜつめつ》は、年に4万種というおそるべき速さで進んでいるといわれています。

その原因のほとんどは、**大気汚染《おせん》**や**海洋汚染《おせん》**、**森林の破壊《はかい》**、人間による**乱獲《らんかく》**（1914年に絶滅《ぜつめつ》したリョコウバトなどが有名）により、**生態《せいたい》系のバランスが崩《くず》れた**ことにあります。

「**自然界の掟《おきて》**」は、ある生物種を滅《ほろ》ぼすかわりに他の生物種を生み出し、さらに種の進化をもたらすきっかけにもなります。しかし、「**人間の都合**」は生態《せいたい》系のバランスを回復不可能な形で崩《くず》してしまい、生命そのもの・地球環境《かんきょう》全体を危機《きき》に追いやる可能性があります。

図21　毛皮をとるために乱獲《らんかく》されたラッコ

◉種の多様性はどうして大切なのか

地球上に住む多くの生物は、さまざまな場所でお互《たが》いに関係しあって生きているため、生態系《せいたい》（自然界のバランス）は保《たも》たれています。ところが、長い期間にわたる環境《かんきょう》の変化、たとえば太陽活動の周期的な変化などによって少しずつ気温が上がったり下がったりすると、それまでの環境《かんきょう》に適応《てきおう》していた生物が生きていくことができなくなります。

しかし、仮《かり》にある種の生物が絶滅《ぜつめつ》すると、その種の占《し》めていた地位（「ニッチ」）に別の種類《しゅるい》の生物が入り込《こ》み、数を増《ふ》やして新しい生態《せいたい》系を作ります。このように「生物の多様性」のおかげで、さまざまな地球環境《かんきょう》の変動を乗り越《こ》えて、生態《せいたい》系はつりあいを保《たも》ってきました。

Ⅲ　生物どうしのさまざまな関係

◉ニッチとはなにか

ニッチ（niche）とはもともと、彫像《ちょうぞう》や飾《かざ》り物をおくための建物の壁《かべ》の「くぼみ」のことです。生物学で**「ニッチ」**という場合は、**ある生物種が生態《せいたい》系の中で占《し》める位置づけ**のことを意味します。「ニッチ」には温度や湿度《しつど》などの環境条件《かんきょうじょうけん》、食べ物・天敵《てんてき》・競争者との関係などがふくまれています。

図22　昼活動するワシ

ふつう、1つのニッチには1つの種の生物だけがいます。もし同じような生活環境《かんきょう》を好み、同じ物を食べる生物が2種類《しゅるい》以上いると、1つのニッチを奪《うば》い合います。これが**種のあいだの生存競争**です。

競争の結果、どちらかが全滅《ぜんめつ》することもあれば、「**食い分け**（別のエサだけを食べるようになる）」や「**すみ分け**（別々の場所にすむ）」によって共存することもあります。この場合、生き残った種は、生《せい》態《たい》系の中で自分たちの居場所を確保《かくほ》したことになり、これを「**ニッチ（生態《せいたい》的地位）を獲得《かくとく》する**」と言います。生物どうしはさまざまな形で「ニッチ」を獲得《かくとく》し、お互《たが》いに共存する手段を生み出してきました。

図23　夜活動するフクロウ

◉食い分け

ヒメウと**カワウ**という鳥は、同じ河口のがけの上に巣《す》を作り、同じ海でエサをとります。ヒメウは浅《あさ》いところでイカナゴやニシンなどを食べますが、カワウは沖のほうまで出て行って、海底にいるヒラメ、ハゼ、エビなどをエサとして食べることによって、共存《きょうぞん》しています。

また**ワシ**や**タカ**と**フクロウ**は同じエサを食べますが、ワシやタカは昼間活動し、フクロウは夜行性《やこうせい》なので、昼夜で「食い分け」をしているのです。

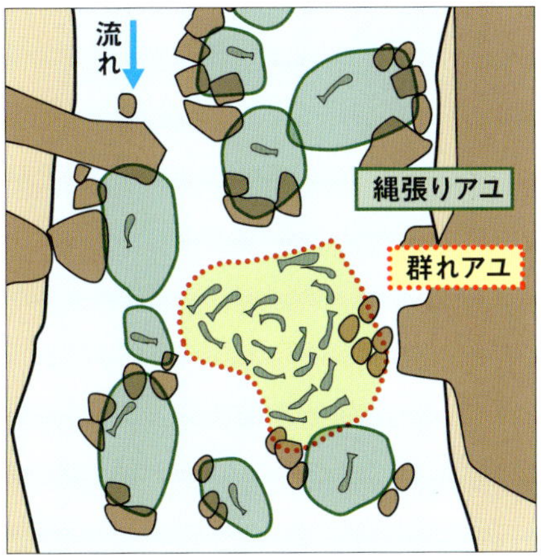

図24　アユのなわばり

参　考

アユの友《とも》釣《づ》り

自分のなわばりを守ろうとする性質《せいしつ》を利用した漁法《ぎょほう》が「アユの友《とも》釣《づ》り」です。おとりアユを鼻《はな》輪《わ》で糸につなぎ、そのうしろに流《なが》し針《ばり》をつけて泳がせます。すると「なわばりアユ」はおとりアユに体当たりしてくるので、これを流《なが》し針《ばり》でひっかけて釣《つ》り上げます。

図25　アリとアブラムシ

◉すみ分け

イワナと**ヤマメ**は同じサケ科の魚で、どちらも川の上流の流れの速いところで生活しており、エサの種類《しゅるい》などがよく似《に》ています。両者が同じ川にいる場合は、夏期の水温が13～15℃のところを境《さかい》に、それより上流（低温）はイワナ、それより下流（高温）はヤマメというように住み分けることで、競争が起こるのを防《ふせ》いでいます。

◉なわばりと順位制

ある種の動物は、エサや住《すみ》処《か》を確保《かくほ》するために、他の動物を近づけないようにしています。これを「**なわばり**」といいます。体が大きくて強い**アユ**はなわばりをもち、川底の石についたケイソウやランソウを食べています。なわばりを作れなかったアユは「**群《む》れアユ**」となって、川底が砂地《すなじ》になっている（藻類《そうるい》が生えていない）場所などで生活します。

ニワトリはお互《たが》いに「**つつきあい**」をして、強いものと弱いものの順位を決めます。いったん順位が決まると、弱いものは絶対に強いものをつつかなくなります（一番弱い個体は全員からつつかれます）。**サル**の世界にも同じような「**順位制**」があります。これは同じ種のなかでのムダな争《あらそ》いを防《ふせ》ぐための仕《し》組《く》みと考えられています。

◉共生

異なる種類《しゅるい》の生物がいっしょに住み、両方または片方《かたほう》が利益《りえき》を受けるような関係を「**共生**《きょうせい》」といいます。

アリは**アブラムシ**が出す蜜《みつ》をなめるために、アブラムシを食べにくる**テントウムシ**を追《お》い払《はら》います。この場合は、両方が利益《りえき》を受けています。一方、コバンザメがサメやウミガメにくっついて移動《いどう》し、外敵《がいてき》から身を守っているのは、コバンザメだけが一方的に利益《りえき》を得る関係の代表例《だいひょうれい》です。

◉外来種はなぜ繁殖するのか

ある環境《かんきょう》に昔から生息《せいそく》している生物を「**在来種**《ざいらいしゅ》」、なんらかのきっかけで（多くの場合は人間の手で）そこに持ち込《こ》まれた生物を「**外**《がい》**来種**《らいしゅ》」といいます。**カントウタンポポ**（在来種《ざいらいしゅ》）と**セイヨウタンポポ**（外《がい》来種《らいしゅ》）などが有名です。よそからやってきた生物のほとんどは新しい環《かん》境《きょう》には適応《てきおう》できませんが、セイヨウタンポポのように特に生命力・繁殖《はんしょく》力の強い種は、在来種《ざいらいしゅ》をおしのけて勢力《せいりょく》をのばしていくのです。**ニジマス**や**ブラックバス**も「外来種《がいらいしゅ》」の代表です。ニジマスはせっかく「すみ分け」をしていたイワナとヤマメの住《すみ》処《か》に侵入《しんにゅう》していきました。このように、外来種《がいらいしゅ》が持ち込《こ》まれるとこれまでの生態《せいたい》系が崩《くず》れていくことがあります。これも人間による生態《せいたい》系の破壊《はかい》の一例といえるでしょう。

第2部
地球と宇宙

1 気象の観測

Step1 天気ってなぁに？

Ⅰ 天気を記録してみよう！

天気	快晴《かいせい》	晴	くもり	きり	雨	雪
天気記号	○ 雲量0〜1	⦶ 雲量2〜8	◎ 雲量9〜10	⊙	●	⊛

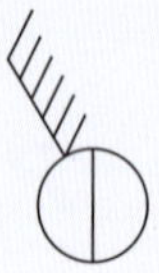

風力 風速を 0 〜 12 の段階に分け、矢羽根の数で表す

風向 風が吹いてくる方角を 16 方位で表す

Ⅱ 天気予報の歴史

昔の人は「空のようす」（夕焼けの次の日は晴れ）・「音などの身近な現象」（遠くの音がよく聞こえると雨）・「動物のようす」（カエルが鳴くと雨）などから、天気を予測していた

Step2 明日の天気を予想してみよう！

Ⅰ 1日の気温の変化を測ってみよう！

百葉箱《ひゃくようばこ》

- 地上 1.2 〜 2m・外の空気が当たらない所（百葉箱の中）で測る
- 日の出前が一番気温が低く、14 時頃に気温が最高になる
- 晴れの日は昼夜の温度差が大きく、雨の日は温度変化が小さい

Ⅱ 気温の変化はどうして起こる？

- 風向も気温に影響を与える（北風が吹くと、気温は下がる）

Step3 季節でちがう天気の特徴

Ⅰ 冬の天気

2006年12月29日日本付近の天気のようす（衛星画像）

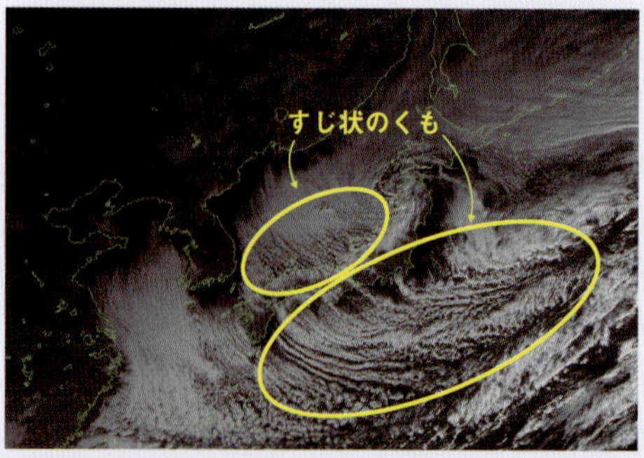

2006年12月29日日本付近の天気図

- 西に高気圧、東に低気圧（西高東低の気圧配置）
- 太平洋側は晴れの日が多い
- 日本海側や東北・北海道では雪が降る

高気圧 空気が下降している。天気がよい

低気圧 空気が上昇している。雲ができ、雨が降る

Ⅱ　春の天気

2007年3月4日日本付近の天気のようす

おだやかな春の陽気（晴れ）➡

2007年3月5日日本付近の天気のようす（衛星画像）

低気圧におおわれる（雨）➡

2007年3月6日日本付近の天気のようす（衛星画像）

冬型の気圧配置（寒い）

春の天気　低気圧や小型の高気圧が次々に　通過していくため、天気がかわりやすい

梅雨前線　西から東に帯のような雲が集まる。５月頃、沖縄が「梅雨入り」し、しだいに梅雨前線は北上していく

前　線　→ あたたかい空気と冷たい空気の境目

2006年6月18日日本付近の天気のようす（衛星画像）

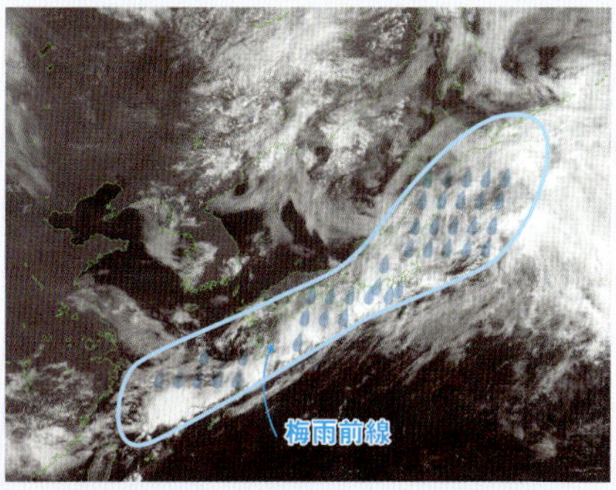

Ⅲ　夏の天気

2007年8月15日日本付近の天気のようす（衛星画像）

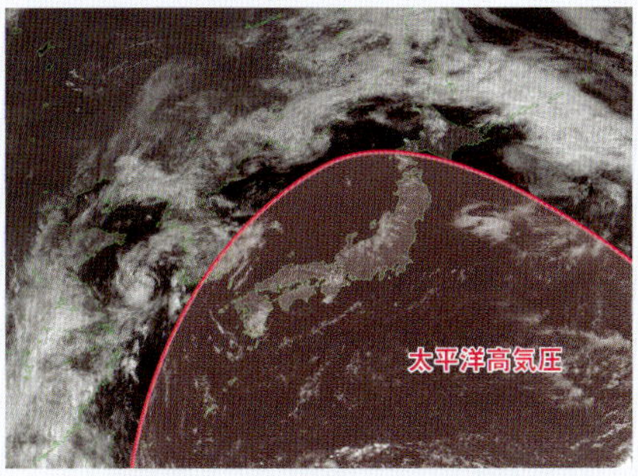

2007年9月5日18時台風9号

太平洋高気圧におおわれ、天気がよい

夕立　夕方、入道雲ができて強い雨が降る

台風　赤道付近で発生した低気圧が発達し、風速が秒速 17.2m 以上になったもの

反時計回りにうずを作る→進行方向の右が危険

台風の進路

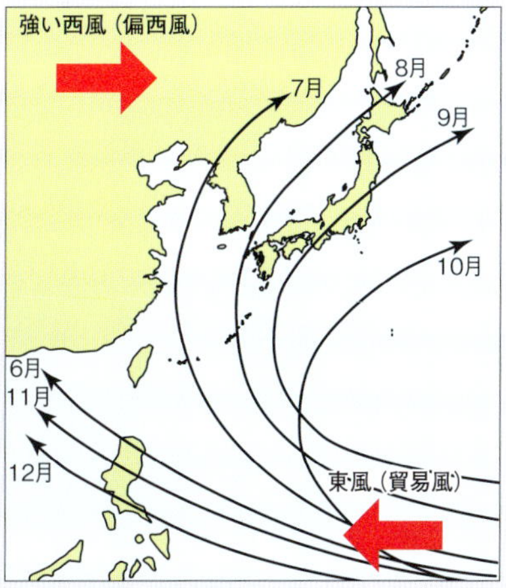

Ⅳ　秋の天気

- 台風が日本を直撃しやすいのは８～９月
- 梅雨と同じように「秋雨前線」ができて、長雨が降る

2007年9月17日日本付近の天気のようす（衛星写真）

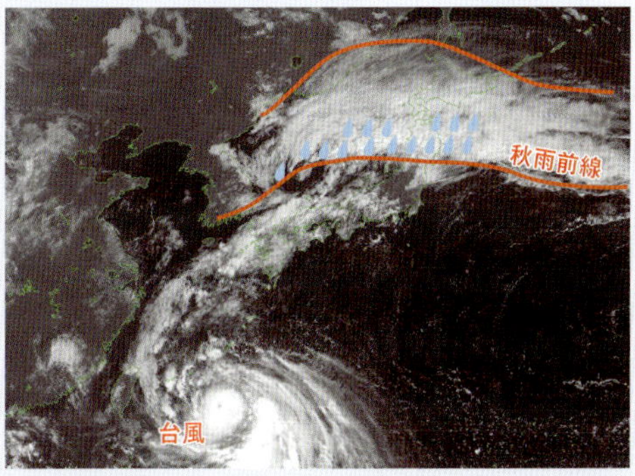

Step 1 天気ってなぁに？

図2　快晴《かいせい》のときのようす

図3　晴れのときのようす

図4　くもりのときのようす

図5　きりのときのようす

Ⅰ 天気を記録してみよう！

「今日の天気は？」と聞かれれば、「晴れ！」とか「雨…」とかほとんどの子が答えられますよね？ でも、たまには晴れているのか、くもっているのか、雨がふっているのか、はっきりしない天気のこともあります。そこで、まずはその**「晴れ」**とか**「くもり」**とか**「雨」**とかいう天気がどのように決まっているのかを見てみましょう。

気象庁《きしょうちょう》では、国内用としての天気を、快晴《かいせい》・晴れ・うすぐもり・くもり・煙霧《えんむ》・砂《さ》じんあらし・地《じ》ふぶき・霧《きり》・霧雨《きりさめ》・雨・みぞれ・雪・あられ・ひょう・雷《かみなり》の15種類に分けていますが、とりあえず下の6つを覚えておけば十分。まずは新聞などにのっている天気図から「各地の天気」を読みとってみましょう。

表1　主な６種類の天気

天気	天気記号	
快晴《かいせい》	○	雲量《うんりょう》（※1）が１以下の状態《じょうたい》
晴	⦶	雲量《うんりょう》が２以上８以下の状態《じょうたい》
くもり	◎	雲量《うんりょう》が９以上であって、雨や雪などがふっていない状態《じょうたい》
きり	⊙	小さな水滴《すいてき》が空気中に浮《う》いていて 1km より短い距離《きょり》までしか見わたせない状態《じょうたい》
雨	●	空からこおっていない直径 0.5mm 以上の水滴《すいてき》が落ちてきている状態《じょうたい》
雪	⊛	空から水がこおった氷の結晶《けっしょう》が落ちてくる現象《げんしょう》

※1　雲量《うんりょう》…空全体に占《し》める雲の割合《わりあい》のこと。空を10分の1ずつに区切って、そのうちいくつの部分が雲におおわれているかで決めている。

図1　主な天気記号（天気記号には気象庁《きしょうちょう》で使う国際式天気記号《こくさいしきてんききごう》と一般《いっぱん》に使われている日本式天気記号がありますが、ここでは日本式天気記号で示《しめ》しています）

図6　雪《ゆき》のときのようす

天気のもう1つ重要な要素《ようそ》が「**風**」です。テレビの天気予報などで「明日は冷たい北風が吹《ふ》くでしょう」とか「風力6の強い風」といったことばを聞いたことがありませんか。

風のようすは「**風向**《ふうこう》」（どちらから吹《ふ》いてくる風か）と「**風力**」（風の強さを13段階に分けたもの）の2つで表されます。

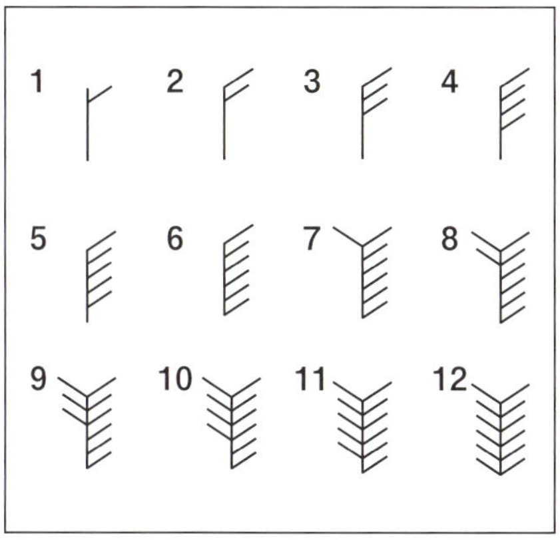

図7　風力の表し方

表２　風力階級表

風力	陸や海の様子
0	けむりはまっすぐ昇《のぼ》る。水面は鏡《かがみ》のようにおだやか。
1	けむりはたなびくが、風向計での計測はできない。うろこのようなさざなみ。
2	木の葉が動き、計測《けいそく》ができるようになる。一面にさざなみ。
3	葉っぱは絶《た》えず動く。軽い旗《はた》がはためく。白波《しらなみ》が現《あらわ》れ始める。
4	小枝がゆれ、砂ぼこりが立ち、小さなゴミや落ち葉が宙《ちゅう》に舞《ま》う。小さな波が立つ。
5	葉のあるかん木（人の背より低い木）がゆれ始める。水面に波頭《なみがしら》が立つ。
6	木の大枝がゆれ、かさがさしにくくなる。電線《でんせん》がうなる。白くあわ立った波頭《なみがしら》が広がる。
7	大きな木の全体がゆれ、風に向かって歩きにくい。波頭《なみがしら》がくだけて白いあわが風に吹《ふ》き流される。
8	小枝がおれる。風に向かって歩けない。大波のやや小さいもの。波頭《なみがしら》がくだけてけむりのようになり、あわはすじを引いて吹《ふ》き流される。
9	屋根瓦《かわら》が飛ぶ。人家に被害《ひがい》が出始める。大波。あわがすじを引く。波頭《なみがしら》がくずれて逆巻《さかま》き始める。
10	内陸部ではまれ。根こそぎ倒《たお》される木が出始める。人家に大きな被害《ひがい》が起こる。のしかかるような大波。白いあわがすじを引いて海面は白く見え、波は激《はげ》しくくずれて視界《しかい》が悪くなる。
11	めったに起こらない。広い範囲《はんい》の被害《ひがい》をともなう。山のような大波。海面は白いあわですっかりおおわれる。波頭《なみがしら》は風に吹《ふ》き飛ばされてけむりのようになり、視界は悪くなる。
12	被害《ひがい》が更《さら》に甚大《じんだい》になる。大気はあわとしぶきに満《み》たされ、海面は完全に白くなる。視界《しかい》は非常に悪くなる。

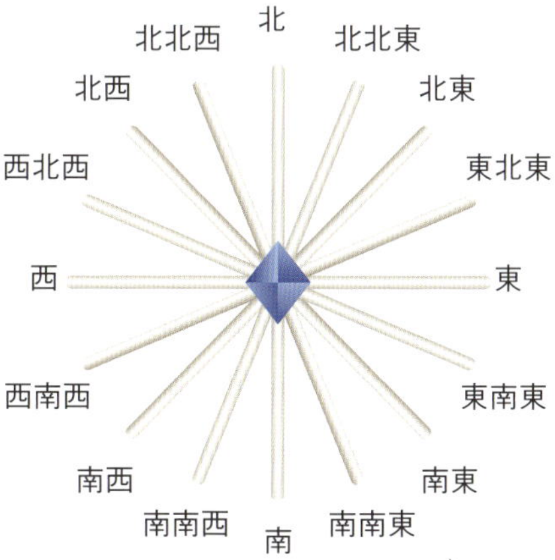

図8　16方位…風向は16方位で風の吹《ふ》いてくる方向を表す

天気図に記入するときは、観測《かんそく》地点に「**天気記号**」（表1）をかき、そこから「**風が吹《ふ》いてくる方角**」(図8)に線を引きます。その線に「**風力**」の数だけ矢羽根《やばね》（枝分かれしたななめの線）をつければ完成です。

たとえば、図9は「**天気＝晴れ・風向＝北北西・風力＝6**」を表しています。

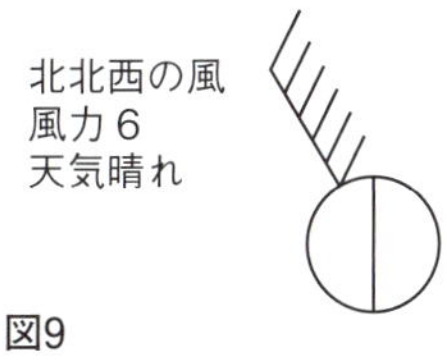

図9

参　考　天気図用紙

大きな本屋さんに行くと「天気図用紙」を買うことができます。これは、日本をふくむ東アジアと北太平洋西部の地図で、陸上の観測所《かんそくじょ》があるところには円が描《えが》かれています。ここに天気記号や気温、風力（本文表2）、風向（本文図8）、気圧《きあつ》などを書きこみ、天気を予想《よそう》するのに使います。気圧《きあつ》が同じところに等圧線《とうあつせん》を書き入れたり、気圧《きあつ》が低くなっているところに低気圧《ていきあつ》、高くなっているところに高気圧《こうきあつ》の記号を入れたり、前線を書き入れたりすると、本格的な天気図を作ることができます。

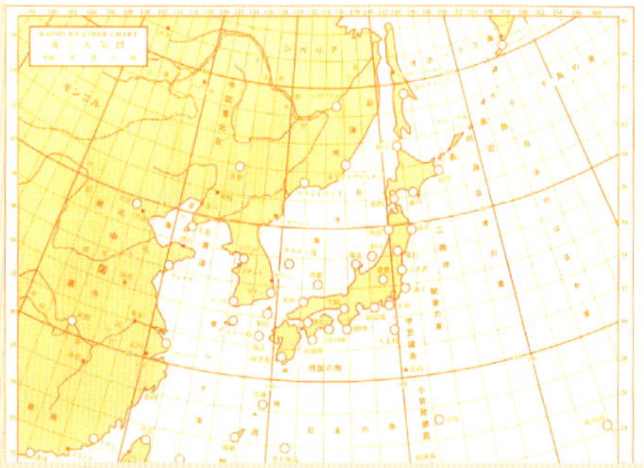

図10　天気図用紙

Ⅱ　天気予報の歴史

今は、全国各地にある自動気象観測《かんそく》所から送られてくるデータ（気温や風や降水量など）を集める**アメダス**や、**気象衛星《きしょうえいせい》**によって、正確《せいかく》な天気予報を知ることができます。

しかし大昔から人々は、身の回りの出来事や目に見える景色《けしき》などから天気を予測《よそく》する方法を工夫してきました。そのなかで「的中する確率《かくりつ》」の高いものは、今日まで「天気に関することわざ」として伝《つた》え残されています。

表3　天気予報に関することわざや言い伝え

夕焼《や》けの見えた次の日は晴れ	夕日が沈《しず》むのは西。夕焼《や》けが見えるのは、西の方が晴れて東の方がくもっているとき。普通《ふつう》、日本では西の方から天気が変わっていく。
朝焼《や》けの見えた日は雨	朝日が上ってくるのは東。朝焼《や》けが見えるのは、東の方が晴れて西の方がくもっているとき。やがてくもっている西の方の天気が向かってきて天気が悪くなる。
高い山に笠雲《かさぐも》がかかると雨	山の近くで上昇気流《じょうしょうきりゅう》（上に上がっていくような空気の流れ）が起こり、しめった空気が山をはい上がって、山頂《さんちょう》近くに笠《かさ》をさしたような雲ができる。これを笠雲《かさぐも》といい、空気が湿《しめ》っていることから、これができると雨がふることが多い。
太陽や月にかさがかかると雨	太陽や月のまわりにきれいな輪《わ》がかかっているように見えることがある。これは低気圧《ていきあつ》や前線の前にできるうす雲のせい。この雲が出ると、次第《しだい》に雨がふりやすくなる。
遠くの音がよく聞こえると雨	音は、空気中の湿度《しつど》（しめりけ）が高くなると、伝わりやすくなる。雨がふりやすい空模様《そらもよう》になると、湿度《しつど》が高くなり、遠くの音がよく聞こえるようになる。
猫《ねこ》が顔を洗《あら》うと雨が近い	晴れの日が続くと空気が乾燥《かんそう》して猫《ねこ》の目や鼻がかわく。そのため、猫《ねこ》が顔を洗《あら》う。日本の春や秋は天気が変わりやすく、晴れの日はあまり長く続かないので、もうそろそろ雨がふるかもしれないということ。同じようなものに、「池の魚が水面でパクパクすると雨が近い」というのもある。
ツバメが低く飛ぶと雨	天気が悪くなると、湿度《しつど》が高くなり、ツバメのエサとなるような虫が低く飛ぶ。ツバメもこの虫を取ろうとして低く飛ぶようになる。
カエルが鳴くと雨	カエルは湿《しめ》り気が好きで、特にアマガエルは湿度《しつど》や気圧《きあつ》を感じ取って、雨がふる前に交尾《こうび》をするため、よく鳴き始める。

図11　夕焼け

「科学的」に聞こえるものも、「ホントかな?」と思うものもありますが、作物《さくもつ》を育てたり、船に乗ることを仕事にしてきた人たちにとって、天気予報は命にかかわる大切なことがらでした。

天気に関することわざ・言い伝えは、**①空のようすからわかること、②音などの身近な現象《げんしょう》からわかること、③動物のようすからわかること**の3つに分けられるようです。この他にも「○○山に雲がかかったら雨」というような「地域限定《ちいきげんてい》」の予報もあります。皆《みな》さんの住んでいる地方にはどんな言い伝えがあるか、調べてみてくださいね。

図12　朝焼け

図13　笠雲《かさぐも》

図15　月にかかったかさ

図14　太陽にかかったかさ

参　考　ジェット気流

　昔のことわざや言い伝えにも出てきましたが、日本付近では「天気は西から変わりやすい」のです。これはなぜでしょう？ これは、日本と同じくらいの緯度《いど》（地球上の南北の位置）のところでは、西より（西から東に流れる方向）の偏西風《へんせいふう》という風が1年を通して吹《ふ》いていることが原因《げんいん》です。偏西風《へんせいふう》は季節によってそのコースや風の強さが変わりますが、西から東に向けて吹《ふ》いていることに変わりはありません。すると、西にあった空気が運ばれてくるので、西の天気が東の方に移動《いどう》してくることが多いのです。偏西風《へんせいふう》の中でも上空5 ～ 15kmあたりに特に強い風が吹《ふ》いていて、この空気の流れのことをジェット気流と呼《よ》んでいます。普通《ふつう》、ジェット気流の風速は秒速50 ～ 60mくらいです。夏は弱まりますが、ジェット気流が強くなる冬には秒速80 ～ 100mにもなります。ここでジェット気流のすごさを理解《りかい》してもらうために次の表4を見て下さい。

　この表4はある年の2月の実際《じっさい》の飛行機の時刻表《じこくひょう》です。この表を見ると、あることに気が付きませんか？ そうです、東京から福岡《ふくおか》に行くときにかかる時間は1時間45分なのに、福岡《ふくおか》から東京に行くときにかかる時間は1時間25分で20分も早いということです。これは、飛行機がジェット気流に逆って飛ぶ（※1）（東京→福岡《ふくおか》）か、ジェット気流に流されながら飛ぶ（福岡《ふくおか》→東京）かのちがいです。東京福岡《ふくおか》間の距離《きょり》は566マイル、つまり、約1000kmですから、行きと帰りで飛行機の速さがだいたい同じだとすると…、

表4　東京→福岡《ふくおか》、福岡《ふくおか》→東京の飛行機の時刻表《じこくひょう》

東京	福岡	福岡	東京
0630	0815	0710	0835
0725	0910	0815	0940
0830	1015	1000	1125
0935	1120	1050	1215
1130	1315	1215	1340
1305	1450	1405	1530
1420	1605	1535	1700

5年生になったらジェット気流のだいたいの速さを計算してみてください。ちなみに、後で出てくる台風の進路が日本付近で急に東の方へ変わることや、春先に中国内陸部の黄土《おうど》地帯から黄砂《こうさ》が日本まで運ばれてくるのも偏西風《へんせいふう》（ジェット気流）の仕業《しわざ》だといわれています。また、この偏西風《へんせいふう》（ジェット気流）が南北に大きく蛇行《だこう》（曲がりくねって進むこと）することがあり、ブロッキングと呼《よ》ばれています。ブロッキングが起こると大規模《だいきぼ》な高気圧《こうきあつ》が同じ場所に居座《いすわ》り、アメリカの熱波《ねっぱ》や、ヨーロッパの猛暑《もうしょ》（※2）、日本付近の長雨など世界中に異常気象《いじょうきしょう》をもたらすことが知られています。

※1　実際《じっさい》にはできるだけジェット気流の影響《えいきょう》を受けないように低く飛ぶそうです。
※2　猛暑《もうしょ》と熱波…猛暑《もうしょ》とは、激《はげ》しい暑さの意味。季節に関係なく、異常《いじょう》に暑い日が１日でもあれば使うことばです。それに対して熱波とは、夏に気温が異常《いじょう》に上昇《じょうしょう》し、それが何日間も持続する現象《げんしょう》です。でも、あまり使い分けられてはいないようです…。ちなみに、あたたかい空気がおしよせて、気温が急に上がることを暖波《だんぱ》、逆《ぎゃく》に冷たい空気が移動《いどう》してきて、気温が急に下がることを寒波といいます。

Step 2 明日の天気を予想してみよう！

図16　百葉箱《ひゃくようばこ》

Ⅰ　1日の気温の変化を測ってみよう！

天気予報を聞いたり、天気のことわざを調べたりするのも大切な勉強ですが、まずは身近なところから気象観測《かんそく》を始めてみましょう。

学校の校庭などに、図16のようなブキミな白い箱が設置《せっち》されているのを見たことはありませんか?　これは「**百葉箱**《ひゃくようばこ》」といい、なかには気温や湿度《しつど》をはかるための道具が入っています。

温度計さえあれば、かんたんに**気温（空気の温度）**を測《はか》ることはできますが、一口に「気温」といっても、測《はか》る場所によって違《ちが》うので、世界気象機関《きかん》（WMO）や気象庁の取り決めによれば、「**地上1.25～2m**の高さで、直接**外の空気が当たらないところ**で測《はか》る」（気象庁の規定では「地上1.5m」）ことになっています。では実際に、1時間ごとの気温の変化を調べて、折れ線グラフにまとめてみましょう。

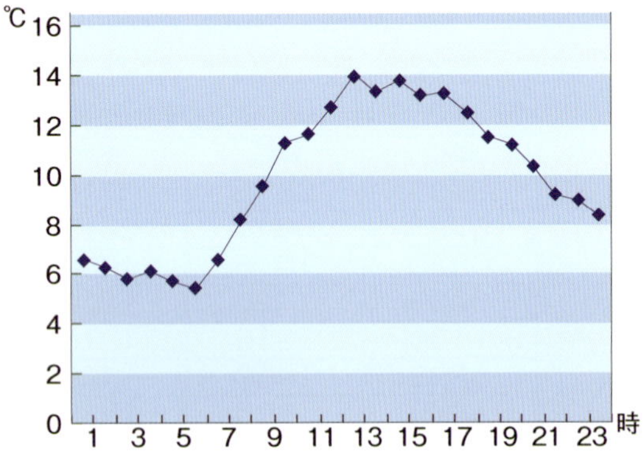

図17　2007年4月5日（晴れ）の気温の変化

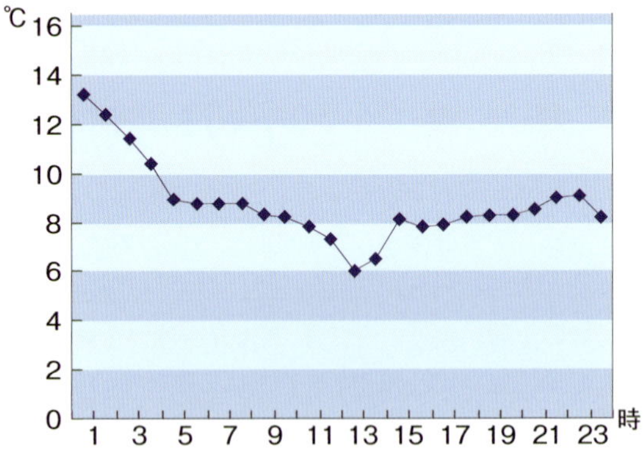

図18　2007年4月3日（雨）の気温の変化

図17は、よく晴れた春の日の1日の気温の変化です。グラフからどのようなことがわかるでしょうか。

- **6時頃《ころ》（日の出前）が、一番気温が低い**
- **13時～15時頃《ころ》が、一番気温が高い**
- **午前中は気温の変化が大きいが、夕方からは変化が小さい**

天気のよい日はふつう、14時（午後2時）頃《ころ》に気温が最高になります。

この日の天気は「快晴《かいせい》」でしたが、夕方から少し雲がでて「晴れ」にかわりました。気温の変化が小さくなったのは、この雲のせいです。

その2日前の気温の変化を表したのが図18です。図17と比べて、

- **1日じゅう、あまり気温が変化していない**

ことがわかります。この日の天気は雨。朝5時から雨がふり続け、昼過ぎに雨がやんで少し気温が上がりましたが、夕方からはまた雨でした。このように気温の変化と天気のあいだには深い関係があります。

Ⅱ　気温の変化はどうして起こる？

地球は太陽からの光（熱）によってあたためられているので、天気（雲のようす）によって気温の変化のしかたが違《ちが》うのは当然ですね。雨雲が空をおおっていれば、太陽からの光が地面に届《とど》かないので気温は上がりませんが、**雲は地面から逃《に》げていく熱をさえぎってくれる**ので、夜になってもあまり気温が下がらないのです。

では次の2つのグラフはどうでしょうか。

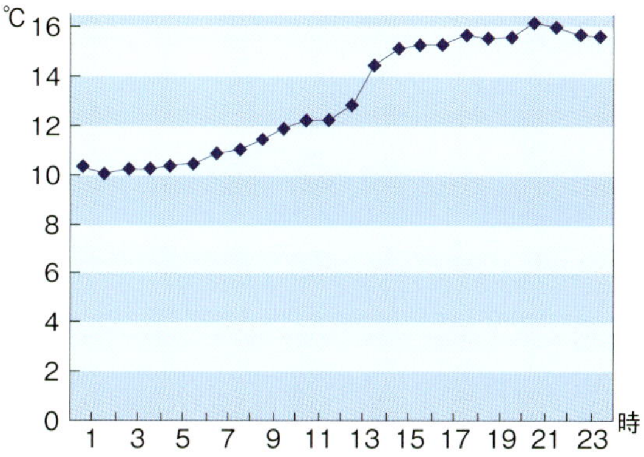

図19　2007年3月31日の気温の変化

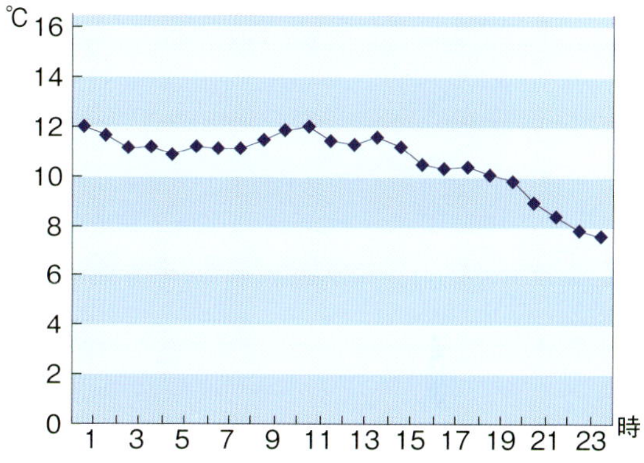

図20　2007年4月16日の気温の変化

■表5　3月31日と4月16日の風の向きの変化

	1時	3時	5時	7時	9時	11時	13時	15時	17時	19時	21時	23時
3/31	東南東	東	東南東	東南東	東南東	南南西	東南東	南南西	南南西	南西	南西	南西
4/16	北東	北北東	北北東	北北東	北	東北東	北北東	北北東	北北東	北北東	北	北

3月31日は1日じゅう南からの風が吹《ふ》き、4月16日は北風が吹《ふ》いています。北半球では基本的に**北側の空気は冷たく、南側の空気はあたたかい**ので、北風が吹《ふ》くと気温は下がります。図19と図20は、風向によってこのような気温の違《ちが》いが生じたのです。

天気の変化には、これ以外にも、気圧や湿度《しつど》（空気のしめり気）、地形や海流など、さまざまな要因《よういん》が関係していますが、詳《くわ》しいしくみについては『応用編《おうようへん》Ⅰ』で学習することにしましょう。

参　考　気温に関する豆知識《まめちしき》

・１日の最高気温が30℃以上の日を「真夏日」、35℃以上の日を「猛《もう》暑日」、逆《ぎゃく》に最高気温が0℃未満の日を「真冬日」、また夜間の最低気温が25℃以上の日を「熱帯夜《ねったいや》」といいます。

・「35℃以上」と聞くとものすごく暑い夏の日を思い浮かべますが、2022年に東京では６月25日から７月３日まで猛暑日が９日続き、結局１年間で16日も猛暑日を記録《きろく》しました。

・日本の最高気温は41.1℃で、2018年７月23日に埼玉県熊谷市で、2020年８月17日に静岡県浜松市で記録されました。ちなみに最低気温は1902年１月25日に北海道旭川市で観測《かんそく》された−《マイナス》41.0℃だといわれています。

・さらに世界に目を向けると、最高気温はイラクで観測《かんそく》された58.8℃、最低気温はなんと−《マイナス》89.2℃‼ ちょっと想像《そうぞう》もつかないような寒さですね。ちなみに観測《かんそく》された場所は南極のボストーク基地です。なるほど〜。

Step 3 季節でちがう天気の特徴

Ⅰ　冬の天気

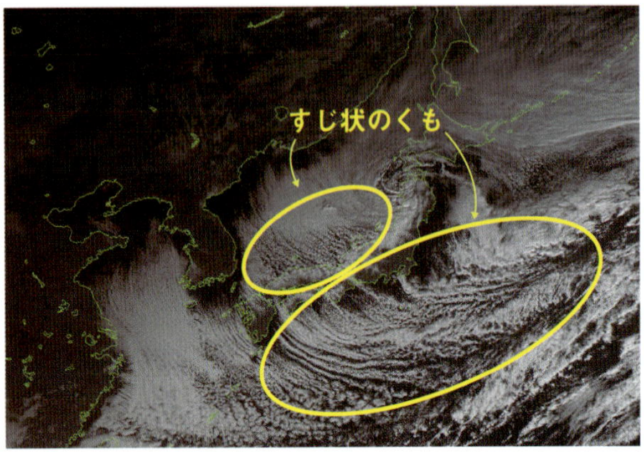

図21　2006年12月29日日本付近の天気のようす（衛星画像）

図22　2006年12月29日日本付近の天気図

◉すじ状の雲

11月下旬《げじゅん》から2月頃《ごろ》まで、太平洋側では晴れの日が多く、日本海側や東北・北海道では雪の日が続きます。図21の雲のようすを見てみましょう。日本海と日本の東の太平洋の上に、刷毛《はけ》でさっとはいたような雲がありますね。これが冬の天気に特徴《とくちょう》的な「**すじ状の雲**」です。

この雲が見られるときは、日本の西側に高気圧、東側に低気圧が発達していることが多く、**「西高東低《せいこうとうてい》」の冬型の気圧配置**と言います。

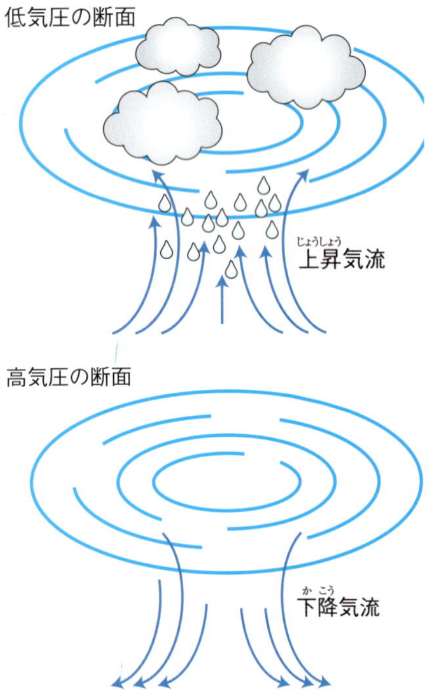

図23　高気圧と低気圧

◉高気圧と低気圧

高気圧とは、その場所の上空にある空気が下に向かって移動《いどう》している（これを**「下降《かこう》気流」**といいます）ところ、**低気圧**は逆《ぎゃく》に空気が上に向かって移動《いどう》しているところ（**「上昇《じょうしょう》気流」**）です。

あたたかい空気は軽くなって上昇《じょうしょう》するため、高気圧はまわりより空気が冷たいところ、低気圧は空気があたたかいところにできやすく、また、上昇《じょうしょう》した空気の中の水じょう気が雲をつくるため、高気圧におおわれた場所は天気がよく、低気圧が近づくと天気が悪くなります。

衛星画像で見たときに**黒くなっているところは高気圧、白い雲がかたまっているところが低気圧**です。

Ⅱ　春の天気

3～4月になると、天気が変わりやすく、寒い日とあたたかい日が交互《こうご》に繰《く》り返されるようになります。

たとえば2007年3月4日（図24）は、日本の上空にある高気圧のおかげで、よく晴れて気温も上がり、おだやかな春の陽気《ようき》となっていま

図24　2007年3月4日日本付近の天気のようす（衛星画像）

図25　2007年3月5日日本付近の天気のようす（衛星画像）

す。しかし翌日《よくじつ》（3月5日）には、西にあった低気圧が移動《いどう》して日本全体をおおい、雨をともなう強い風が吹《ふ》きました（図25）。さらにその翌日は、北から冷たい空気が流れ込《こ》み、真冬のように寒い1日となりました。

◉４日周期で天気が変わる

図26は東に低気圧、西に高気圧、つまり「**西高東低《せいこうとうてい》**」**冬型の気圧配置**になっています。これが3月下旬《げじゅん》～4月上旬《じょうじゅん》の桜《さくら》の咲《さ》く時期ならば**「花冷え」**と呼ばれます。

雪が降《ふ》る場合もありますが、2日ほどするとまた西から高気圧が移動《いどう》してきて、低気圧の雲を東に追いやり、天気は回復していきます。このように、春の天気はだいたい4～5日の周期で変化しています。図24～28の雲の画像から、春の天気のうつりかわりを読みとることができるでしょうか。

◉春一番

春先（2～3月）にかけて日本海を低気圧が発達《はったつ》しながら通過《つうか》することがあり、この低気圧に向かって強い南風が吹《ふ》きます。このような南風の中で、立春《りっしゅん》（2月4日）～春分《しゅんぶん》（3月21日）の間に初めて吹《ふ》く毎秒8m以上の風を**「春一番」**と呼んでいます。

◉梅雨入り

5月になると、南西諸島《なんせいしょとう》や沖縄《おきなわ》のあたりに西から東に帯《おび》のように雲がまとまり始め、全国的にも次第《しだい》に雨の日が多くなってきます。

これは、日本の南方にあった暖《あたた》かく湿《しめ》った空気が、だんだんと北に向かって押《お》し上げられてきて、冷たい空気とぶつかるからです。このように1か所にまとまった雲

図26　2007年3月6日日本付近の天気のようす（衛星画像）

図27　2007年3月7日日本付近の天気のようす（衛星画像）

図28　2007年3月8日日本付近の天気のようす（衛星画像）

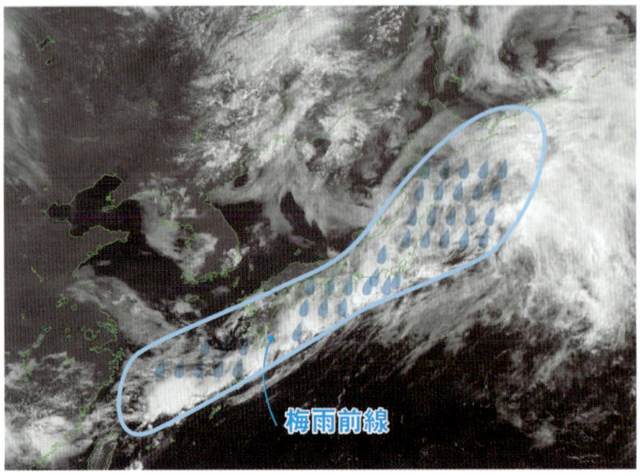

図29　2006年6月18日日本付近の天気のようす（衛星画像）

を作る、**暖《あたた》かい空気と冷たい空気の境目《さかいめ》**のことを**「前《ぜん》線《せん》」**と呼びます。

この時期に日本付近にできる「前線」を**「梅雨前《ばいうぜん》線《せん》」**と言います。**「梅雨前線《ばいうぜんせん》」は南から北へと少しずつ北上していく**ため、南西諸島や沖縄《おきなわ》から順に「梅雨《つゆ》」の季節になっていきます。「梅雨《つゆ》」に入ったことを**「梅雨《つゆ》入《い》り」**と言い、気象庁から「梅雨入《つゆい》り」宣言が発表されます。

Ⅲ　夏の天気

梅雨《つゆ》がすぎると、暑い日が続《つづ》くようになります。

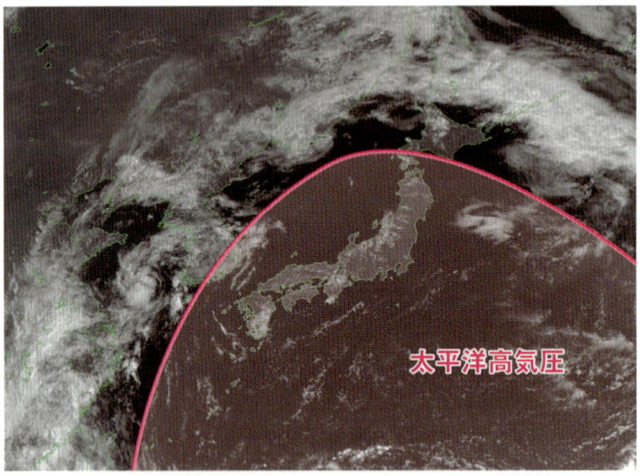

図30　2007年8月15日日本付近の天気のようす（衛星画像）

図30は日本の夏の典型的《てんけいてき》な天気のようすを表したものです。日本全体が晴れわたっている（雲がない）のは、**太平洋高気圧**という範囲《はんい》の広い高気圧が、梅雨前線《ばいうぜんせん》を押《お》し上げたからです。

この高気圧は、ふだんは日本の南の海上にありますが、夏になると北上してきて、8月～9月頃《ごろ》まで日本の上空に居《い》すわるため、天気のよい日が続きます。ただし南の海上からやってきた高気圧なので、海の水じょう気をたくさん含《ふく》んでいます。だから日本の夏は、じめじめとした蒸《む》し暑い日が続くのですね。

◉夕立～夏の風物詩

午前中、太陽の光で地面近くの空気があたためられて上昇《じょうしょう》気流が生まれ、**積乱雲《せきらんうん》（入道雲《にゅうどうぐも》）**をつくって、午後から夕方に強い雨を降《ふ》らせることがあります。これが**「夕立」**です。夕立は2時間程度《ていど》で止《や》み、地面からの水の蒸発《じょうはつ》によって温度が下がるため、さわやかな夏の夜を過《す》ごすことができます。

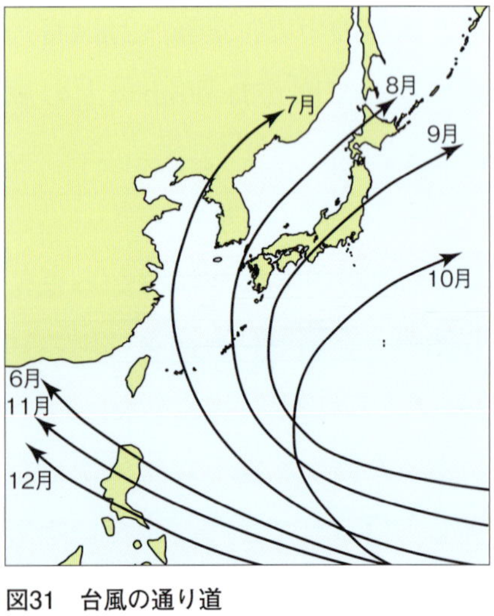

図31　台風の通り道

◉台風

赤道付近の海上で生まれた低気圧（熱帯《ねったい》低気圧）がどんどん大きくなって、**最大風速が毎秒17.2m以上になったもの**を**「台風」**と呼びます。

赤道付近では**東風（貿易風《ぼうえきふう》）**に流されて西の方に動きますが、北上するにつれて、強い**西風（偏西風《へんせいふう》）**の影響《えいきょう》を受け、東へと進路を変えます。ただし8月頃《ごろ》は、日本上空の偏西風《へんせいふう》が弱く、また太平洋高気圧の勢力が強いため、台風はふらふらと方向が定まらない進路を取ることが多く、9月になると本格的に日本に上陸して、強い雨と風や、高《たか》

図32　2007年9月5日18時台風9号

潮《しお》によって、各地に大きな被害《ひがい》をもたらすようになります。図32は2007年の台風9号の衛星画像です。よく見ると、台風のまわりの雲が時計と反対まわりにうずを巻いているように見えます。

これは**地球の自転**によるもので、台風に限《かぎ》らず、北半球の低気圧はすべて**反時計まわりのうず**をつくります。風も低気圧（台風）の中心に向かって反時計まわりに吹《ふ》き込《こ》むため、台風の進路の右側は、台風本体の移動《いどう》と風向きが重なって、強い風が吹《ふ》きます。

Ⅳ　秋の天気

夏が終わると、太平洋高気圧が南に下がっていき、ふたたび梅雨《つゆ》の頃《ころ》と同じような天気になります。このときにできる前線を**「秋雨前《あきさめぜん》線《せん》」**と呼びます。

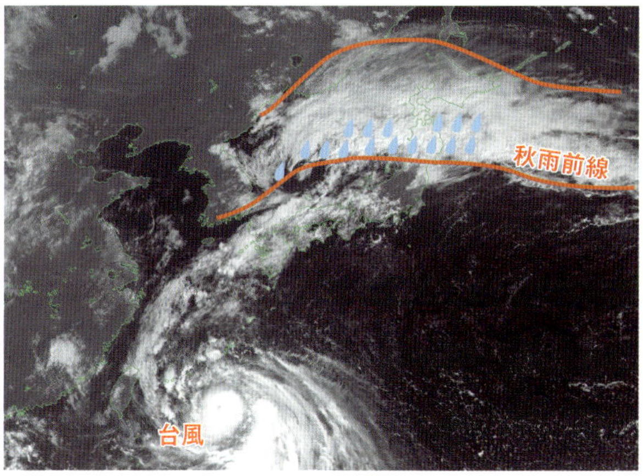

図33　2007年9月17日日本付近の天気のようす（衛星写真）

9月は台風が発生しやすい時期でもあるため、2つ以上の台風が日本に接近したり、台風が秋雨前線《あきさめぜんせん》に大量の水じょう気を送ることにより、大雨が降ることがあります。

秋雨前線《あきさめぜんせん》が日本付近に居座《いすわ》って、何日間も雨が降《ふ》り続くことがあり、**「秋の長雨」**と呼ばれています。ただし、秋雨前線《あきさめぜんせん》が弱まり、春のように西から高気圧が続けて来るようになると、「秋晴れ」と呼ばれるさわやかな晴天となります。

参　考　日本を取り囲む気団

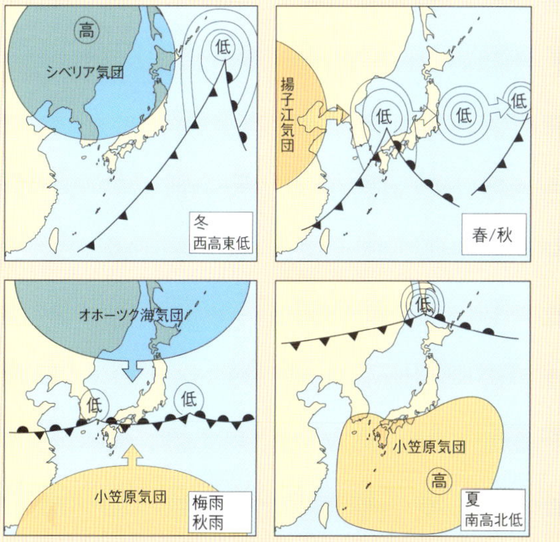

日本の天気は、日本の北西にある「シベリア気団」という冷たい空気の固まりと、日本の南東の太平洋上にある「小笠原《おがさわら》気団」というあたたかくて湿《しめ》った空気の固まりの2つによって大きく変化します。

ごく簡単《かんたん》にいうと、冬はシベリア気団が元気になって日本上空を冷たく乾《かわ》いた空気でおおいつくし、逆《ぎゃく》に夏は小笠原《おがさわら》気団が元気バリバリで日本上空まで進出してきます。このように大きな空気の固まりにおおわれているときは天気が安定しています。春と秋はその中間で、2つの気団が日本をはさんでにらみ合いをつづけます。こういうときは2つの気団のあいだを低気圧や小さな高気圧（移動《いどう》性高気圧）が交互《こうご》に通過《つうか》するため、晴れたり雨が降《ふ》ったりすることをくり返すのです。くわしい気象のしくみについては、『新しい教養のための理科　応用編《おうようへん》Ⅰ』で学習することにしましょう。

ちなみに「四季」というと、ふつうは「春・夏・秋・冬」の4つをさしますが、「梅雨前線《ばいうぜんせん》」と「秋雨前線《あきさめぜんせん》」によって長雨が続く時期を１つの季節として、1年の天気の変化を「春」「梅雨《つゆ》」「夏」「秋雨」「秋」「冬」の6つに大きく分けることもあります。

第2部 地球と宇宙

2 星空の観察

Step1　空には無数の星がある

Ⅰ　夜空の星をながめてみよう

恒星　太陽のように自ら光っている星。肉眼で観測できる恒星は約5000個

惑星　地球や金星のように自らは光を出していない星

衛星　月のように、他の惑星のまわりを回っている星

（月や金星は太陽の光に照らされて光っている）

Ⅱ　星の明るさを比べてみよう

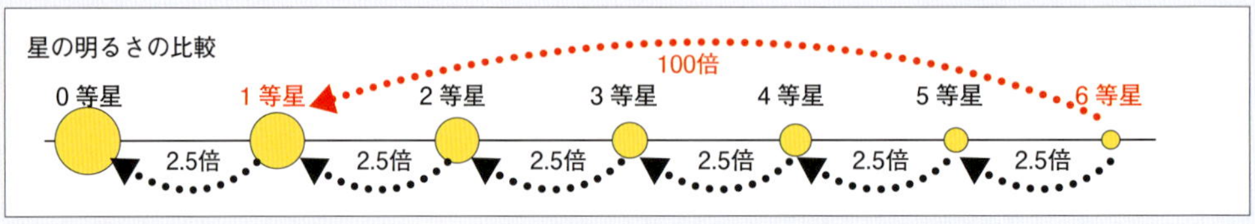

Ⅲ　いろいろな色の星がある

星の色と表面温度	青白	白	うす黄	黄	だいだい	赤
温度(℃)（高い→低い）	15000以上	10000	7500	6000	4500	3000以下
	スピカ レグルス リゲル	シリウス ベガ	北極星 プロキオン	太陽 カペラ	アルデバラン	ベテルギウス アンタレス

Step2　季節の星座を観察してみよう

Ⅰ　夏の夜空

夏の大三角　3つの一等星デネブ・ベガ・アルタイルを結んだもの

天の川　無数の星の集まり。天の川を下ったところに、いて座とさそり座

夏の大三角と天の川の位置関係

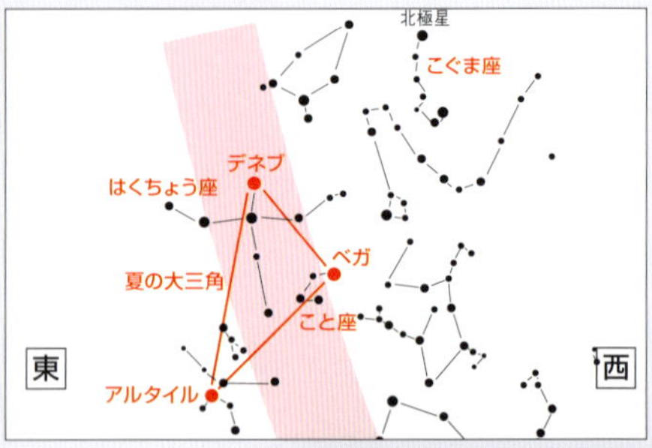

Ⅱ　冬の夜空

冬の大三角　オリオン座のベテルギウス・こいぬ座のプロキオン・おおいぬ　座のシリウスを結んだもの

オリオン座の左上にはふたご座、 右上におうし座（一等星アルデバラン）が見える

オリオン座《ざ》

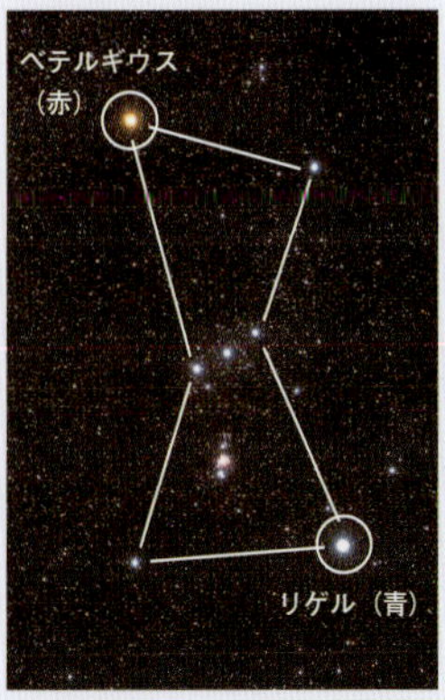

Ⅲ　春や秋の星座

春の星座　おとめ座（一等星スピカ）やしし座など

秋の星座　大四辺形（ペガスス座とアンドロメダ座）

●夏の星座が南中しているとき、東の空には秋の星座、西の空には春の星座が見える→観測する時刻を変えれば、他の季節の星座も見える

Step3　星はなぜ動くのだろう

Ⅰ　星は動いている？

東の空に見えるオリオン座

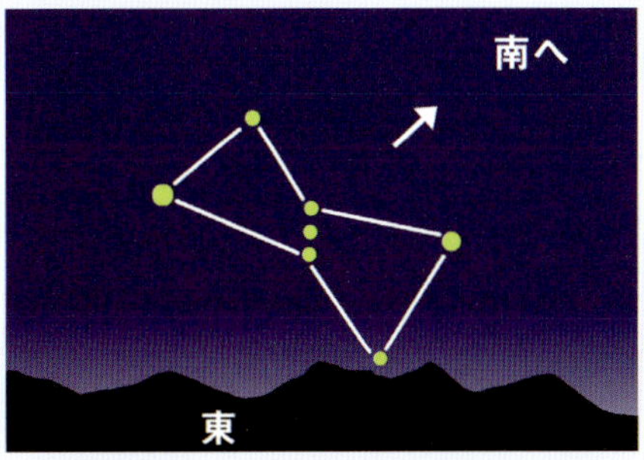

南の空に見えるオリオン座

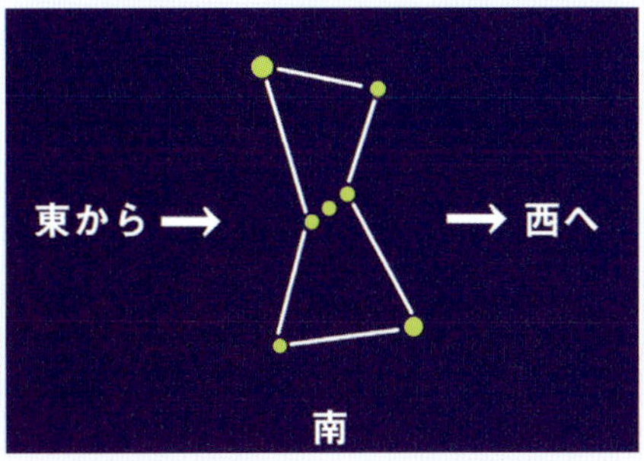

西の空に見えるオリオン座

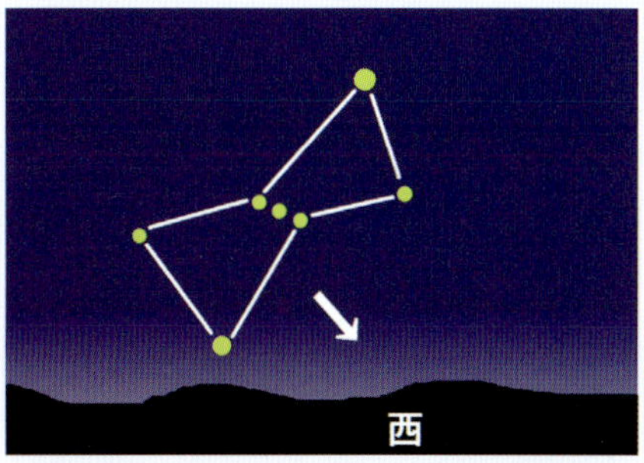

Ⅱ　星が動いて見える理由

地球の自転　地球が１日に１回、西から東に自転するため、星は東から西に動いて見える

Ⅲ　季節によって、なぜ見える星座が違うのだろう？

地球の公転　地球が太陽のまわりを１年に１周する。太陽と同じ方向にある星座は見えない

Ⅳ　北の空を観察してみよう

北の空の動き

●北極星 (動かない) を中心に、反時計まわりに動いて見える

北の空の星座

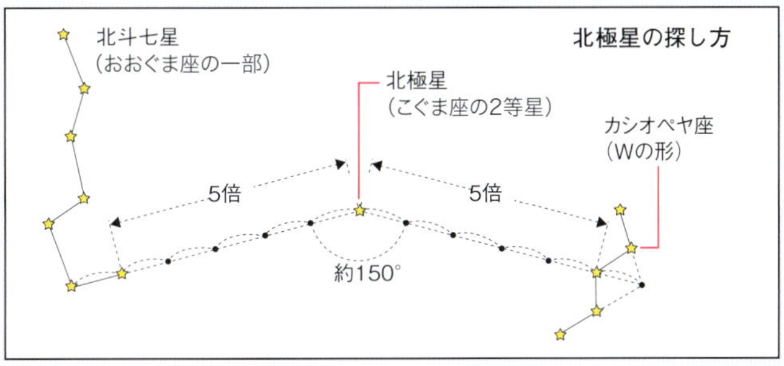

北の空の星の動き

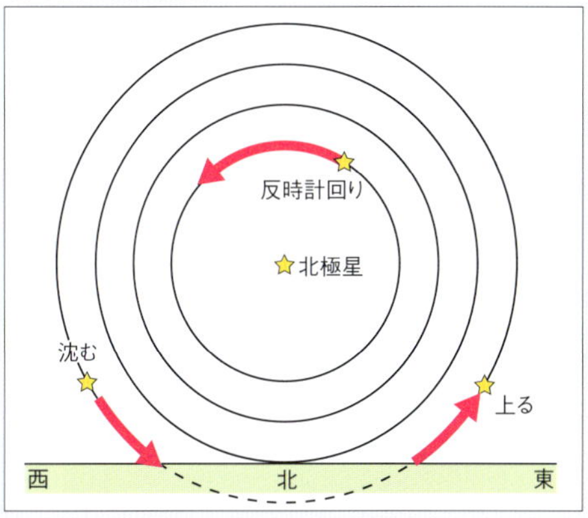

Step4　星空観察に出かけよう

Ⅰ　星空観察ツアーの準備

Ⅱ　星座早見を活用しよう

●真ん中のピン（＝北極星）で止めた２枚の円盤が回転する

●日付と時刻の目盛りをあわせる→窓のなかにある星座が

その日時に見える星座

Ⅲ　プラネタリウムにでかけてみよう

星座早見

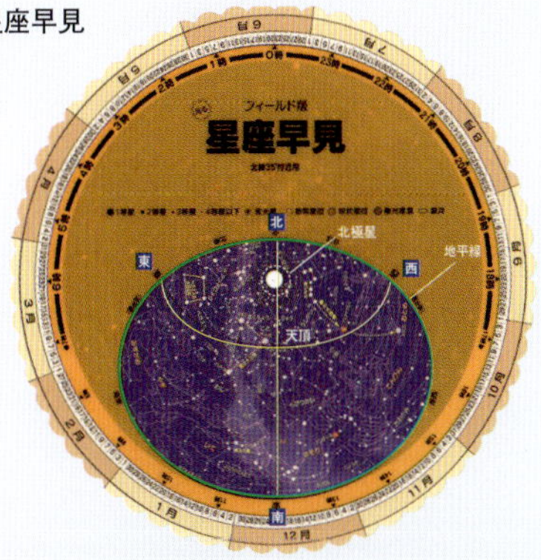

8月22日20時

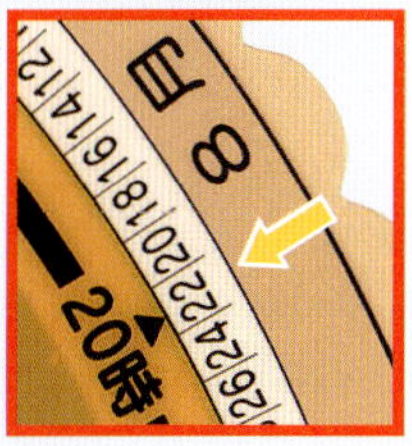

Step 1　空には無数の星がある

Ⅰ　夜空の星をながめてみよう

晴れた日の夜、外に出て空を見上げてみましょう。街《まち》の灯《あかり》や高層《こうそう》ビルがじゃまをしていますが、それでもたくさんの星が見えます。まして、海や山にでかけたときに、砂浜や草原に寝《ね》ころんで空を見上げたら、無数に輝《かがや》く星空の美しさに言葉を失うはずです。

「ものすごくたくさんあること」を「星の数ほど……」といいますが、肉眼《にくがん》で観察できる星は約5000個、そのうちの半分は地平線の下に隠《かく》れているので、2500個くらいの星を一度に観察できることになります。

◉恒星と惑星

そのなかに1つだけ、他の星とは比較《ひかく》にならないくらい大きく、また明るく輝《かがや》いているものがあります。しかもまん丸だったり、半分だけ光っていたり……。そう、**月**ですね。しかし昼間は、その月でさえぼんやり光って見えるだけで、他の星などはまったく見えません。それは**太陽**が空一面を明るく照らしているからです。

太陽はいつも丸いのに、月は見える形が変化します。これは、**太陽は自らが光っているのに対し、月は太陽の光に照らされて光っているからです**。夜空に輝《かがや》く星たちも、太陽と同じく**自《みずか》ら光を出している星**で、これらを「**恒星《こうせい》**」といいます。地球のように自《みずか》ら光っていない星を「**惑星《わくせい》**」、そのまわりを回る月のような星を「**衛星《えいせい》**」といいます。

◉星はどのくらい遠くにある？

太陽や月と比《くら》べて、他の恒星《こうせい》がとても小さくて暗いのは、地球からものすごく遠くにあるからです。地球から月までの距離《きょり》は約38万km、太陽までの距離《きょり》はその約400倍です。

地球から太陽までの距離《きょり》を「**1天文単位**」といいます。太陽のまわりを回る惑星《わくせい》の中で一番遠くにある海王星《かいおうせい》までの距離《きょり》が約30天文単位。広い公園のまん中に立ち、1m離《はな》れた場所に友だちに立ってもらいましょう。キミが太陽、友だちが地球です。すると海王星《かいおうせい》は30m離《はな》れた場所、つまり公園の端《はし》っこくらいですね。

一方、地球にもっとも近い恒星《こうせい》の1つであるシリウスまでは、太陽までの距離《きょり》の約50万倍（50万天文単位）。ということはキミの立っている場所から50万m＝500km（!）も離《はな》れていることになります。

デネブという星までの距離《きょり》は、さらにその約200倍ですから、想像《そうぞう》もつかないくらい遠くにあるわけですね。

図1　太陽。太陽は自《みずか》ら光り輝《かがや》いている

図2　満月

図3　下弦の月

※シリウスまでは、1秒間に30万kmの速さで進む光の速さで、約8.6年かかります（これを「8.6光年」といいます）。
太陽の光が地球に届《とど》くまでの時間が約8分なので、大雑把《おおざっぱ》に「8光年」と「8分」として計算すると、1年＝365日 1日＝24時間 1時間＝60分ですから、8光年は8分の365×24×60＝525,600倍になります。

表1　21個の1等星

※は東京付近では見えない

星座名	固有名	実視等級
おおいぬ座	シリウス	-1.5
りゅうこつ座	※カノープス	-0.7
ケンタウルス座	※アルファケンタウリ	-0.3
うしかい座	アークトゥルス	0
こと座	ベガ	0
ぎょしゃ座	カペラ	0.1
オリオン座	リゲル	0.1
こいぬ座	プロキオン	0.4
オリオン座	ベテルギウス	0.4
エリダヌス座	※アケルナル	0.5
ケンタウルス座	※ベータケンタウリ	0.6
わし座	アルタイル	0.8
みなみじゅうじ座	※アクルックス	0.8
おうし座	アルデバラン	0.8
おとめ座	スピカ	1
さそり座	アンタレス	1
ふたご座	ポルックス	1.1
みなみのうお座	フォーマルハウト	1.2
はくちょう座	デネブ	1.3
みなみじゅうじ座	※ベクルックス	1.3
しし座	レグルス	1.3

図4　赤い星の表面温度は低い。
写真は、さそり座《ざ》のアンタレス

図5　冬の大三角。全天で一番明るいシリウスと赤いベテルギウス、うす黄のプロキオンで構成されている

Ⅱ　星の明るさを比べてみよう

古代ギリシャでは、地球上から見て**最も明るい星を1等星**、肉眼《にくがん》で見える恒星のうち**最も暗いものを6等星**、その中間を2～5等星として、星の明るさをおおまかに6段階に分けていました。

その後の測定の結果、**1等星の明るさが6等星の約100倍**であることがわかりました。これを5段階に分けると、1等星の明るさは2等星の約2.5倍になります。1等星は6等星の「2.5倍の2.5倍の2.5倍の2.5倍の2.5倍＝2.5×2.5×2.5×2.5×2.5＝約100倍」ということです。

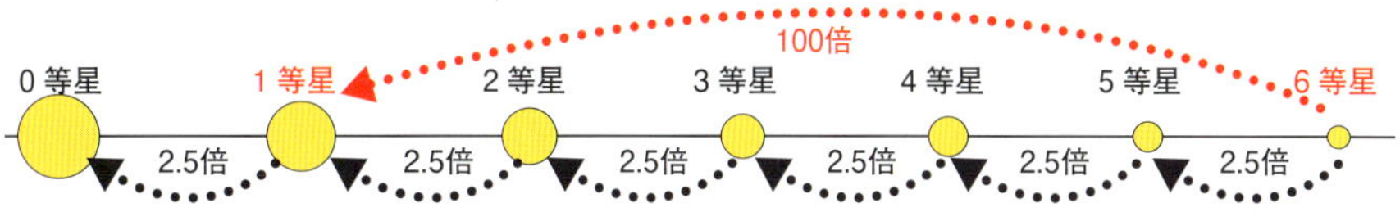

図6　星の明るさの比較

1等星より明るい星は「0等星」「－1等星」、逆《ぎゃく》に6等星より暗い星は「7等星」「8等星」となります。現在では、こと座《ざ》のベガを基準《きじゅん》（0等級）としています。1.5等級より明るいものをまとめて**「1等星」**と呼んでいるので、同じ1等星でも一番明るいシリウス（－1.5等級）と一番暗いレグルス（1.3等級）では約3等級明るさが違《ちが》うことになります。

1等星は全天で21個あり、日本から観測《かんそく》できるものは15個です（表1）。

地球に近いほど明るく見えるので、これは実際の星の明るさ（絶対《ぜったい》等級）ではなく、地球から見たときの**「見かけの明るさ」**（実視《じっし》等級）です。

たとえば太陽は、他の恒星《こうせい》と比《くら》べれば中程度《ていど》の大きさと明るさの星ですが、とても近くにあるので「見かけの明るさ」は「－26等級」になります。太陽の光に照《て》らされて光っているだけの月でも、満月のときは「－12等級」くらいになります。

Ⅲ　いろいろな色の星がある

肉眼《にくがん》ではっきりわかりませんが、双眼鏡《そうがんきょう》や望遠鏡《ぼうえんきょう》などを使って観ると、星によって色が違《ちが》うことがわかります。星はその表面温度によって色が変わります。**青白い星は表面温度が高く、表面温度が一番低いのが赤い星**です。星の色を表面温度が高い順に並べると、**青白→白→黄→だいだい→赤**の順になります。

図7　星の色と表面温度

Step 2　季節の星座を観察してみよう

I　夏の夜空

テレビやゲームはもちろん、本を読むための灯《あかり》すらなかった時代、人々は夜空をながめ、星の集まりから動物や道具の形を想像《そうぞう》し、さまざまな物語を作り出してきました。それが**「星座《せいざ》」**です。

北の空には、一年中同じような星空を観ることができますが、南の空は季節によってまったく違《ちが》った姿を見せてくれます。まずは夏の夜空から観ていくことにしましょう。

図8は8月の午後8時頃《ごろ》の夜空です。○の大きさは星の明るさを示したもので、実際にこんなに大きな星が見えるわけではありません。

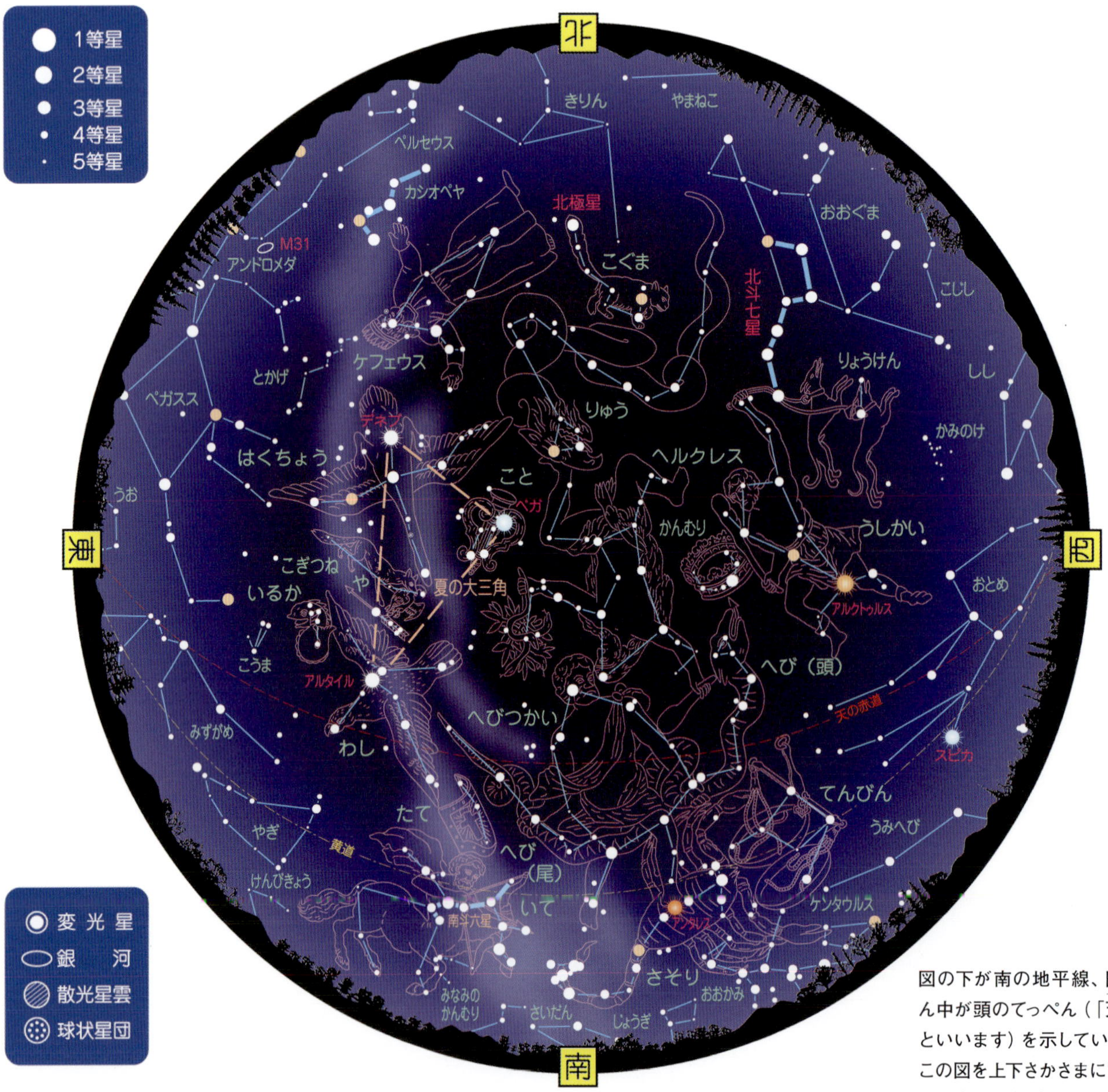

図の下が南の地平線、円のまん中が頭のてっぺん（「天頂《てんちょう》」といいます）を示しています。この図を上下さかさまにすれば、北を向いて観察したときの星空になります。

図8　夏の星空のようす

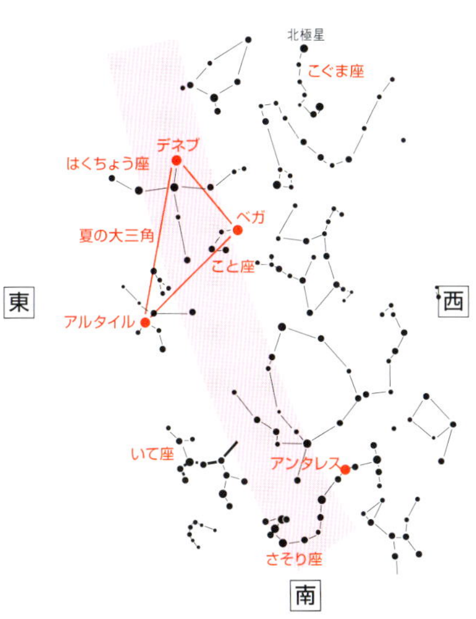

図9　夏の大三角と天の川の位置関係

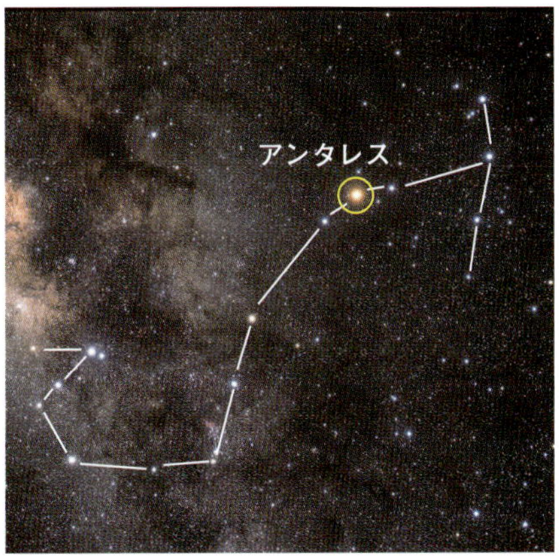

図10　さそり座《ざ》

図11　夏の天の川

◉夏の大三角

まず**天頂《てんちょう》（頭の真上）付近**を探してみると。ひときわ明るく輝《かがや》く白い星、**「こと座《ざ》」**の1等星（0等星）**ベガ**が見えるはずです。

ベガの左（東）には何個かの明るい星が十字形にならんでいます。これが**「はくちょう座《ざ》」**です。「みなみじゅうじ座《ざ》」（本州から観測《かんそく》できない）に対して「北十字」と呼ばれることもあります。はくちょうのお尻《しり》の部分にある1等星が**デネブ**です。

この2個の星よりも空の低いところに**「わし座《ざ》」**の1等星**アルタイル**があり、この3個の1等星を結ぶと、アルタイルを下の頂点《ちょうてん》とした大きな三角形ができます。これを**「夏の大三角」**と呼びます。

◉天の川と七夕伝説

都会では空が明るすぎて見えませんが、海や山で観測《かんそく》すると、ベガとアルタイルのあいだを横切るように美しい光の川、**「天の川」**が流れているのが見えます。この光の川の正体は、無数の星です。星たちの光が重なって、まるで光の川のように見えるわけです。

中国や日本でベガを**「織女星《しょくじょせい》」「織姫星《おりひめぼし》」**、アルタイルを**「牽牛《けんぎゅう》星《せい》」「彦星《ひこぼし》」**と呼び、1年に1回にしか会うことの許《ゆる》されない2人が雨で増水した川（天の川）の両岸でたがいを見つめ合うという**「七夕《たなばた》伝説《でんせつ》」**が語り継《つ》がれてきたのも、2つの星がちょうど天の川をはさむ位置で輝《かがや》いているからなのですね。

◉その他の夏の星座

天の川を下流（右下）のほうに下っていくと、「南斗六星《なんとろくせい》」という小さな「ひしゃく」型の星の集まりをもつ「いて座《ざ》」があり、さらにその下流には、いくつかの明るい星が大きな**「S」**の形をえがいています。

これが**「さそり座《ざ》」**で、さそりの心臓《しんぞう》にあたる部分には赤く輝《かがや》く1等星の代表である**アンタレス**が観測《かんそく》できます。

南の空の低いところにあるので、高いビルなどがあると隠《かく》されてしまいますが、特徴《とくちょう》的な形をしているので、比較《ひかく》的見つけやすい星座《せいざ》の1つです。

いて座《ざ》からさそり座《ざ》までの間は天の川がとりわけ太く、しかも濃《こ》く（明るく）見えることがわかります（図11の下の方）。

図12　オリオン座《ざ》

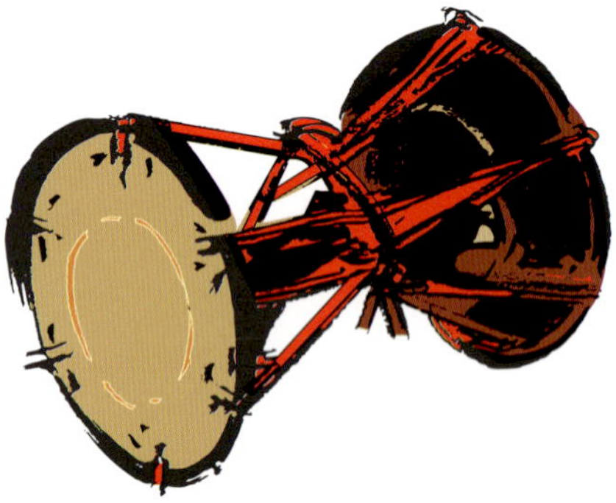

図13　「鼓星《つづみぼし》」の鼓《つづみ》

Ⅱ　冬の夜空

◉まずはオリオン座をさがそう

冬の代表的な星座《せいざ》は、夏の星座《せいざ》よりも南の空の低いところに集まっています。南の空をみて、すぐに目につくのが**「オリオン座《ざ》」**でしょう。星座《せいざ》の王様と言ってよいぐらいに有名な星座《せいざ》ですね。

1等星2個と2等星2個が大きな四角形をえがき、その真ん中には2等星3個が並んでいます（オリオン座《ざ》の**「三ツ星」**）。四角形のうち左上にあるのが赤く輝《かがや》く1等星**ベテルギウス**、右下にあるのが青白く輝《かがや》く1等星**リゲル**です。日本では「鼓星《つづみぼし》」などと呼ばれることがあります。鼓《つづみ》とは、伝統《でんとう》芸能で肩にかついで「イヨー！」の掛《か》け声と共にポン！と鳴らす太鼓《たいこ》のことです。確《たし》かに形がよく似ていますね。

◉冬の大三角

オリオン座《ざ》の左（東）には1等星**プロキオン**を持つ**「こいぬ座《ざ》」**、その下には全天で最も明るい1等星**シリウス**を持つ**「おおいぬ座《ざ》」**があります。この3個の1等星を結んだものを**「冬の大三角」**といいます。おおいぬとこいぬは、猟師《りょうし》でもあった勇者オリオンの猟犬《りょうけん》たちといわれています。

◉その他の冬の星座

冬の大三角を手がかりにすると、三角形を左上にのばしたあたりには、1等星**ポルックス**を持つ**「ふたご座《ざ》」**、右上は1等星**アルデバ**

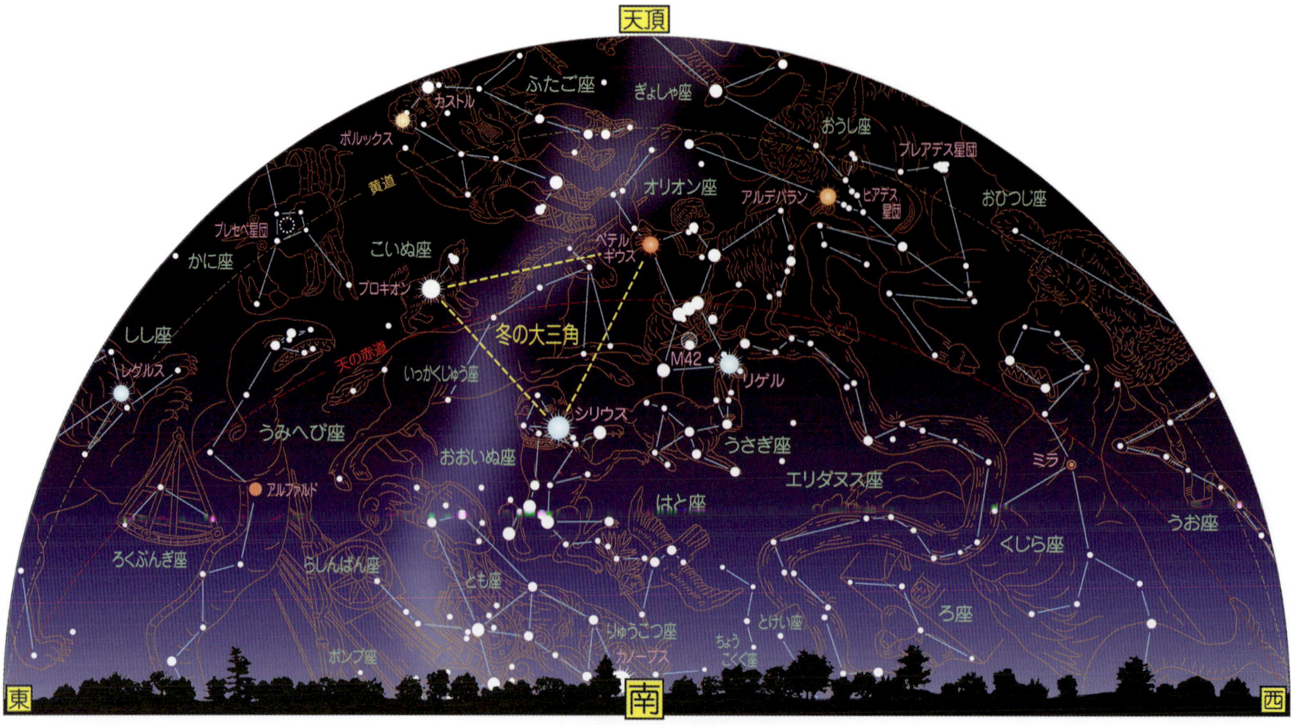

図14　冬の星空のようす

図15　プレアデス星団

ランを持つ「おうし座《ざ》」、また三角形の真上には1等星カペラを持つ「ぎょしゃ座《ざ》」を見つけることができます。

おうし座《ざ》の1等星アルデバランは、英語で「牡《お》牛《うし》の目」と呼ばれる、オレンジ色に輝《かがや》く、とても明るくて大きな星（直径が太陽の約38倍）です。

アルデバランの右上にはプレアデス星団と呼ばれる星の集団があります。肉《にく》眼《がん》で5～7個、望遠鏡や双《そう》眼《がん》鏡《きょう》を使えば数十個の星が集まっているのが見えます。日本では昴（すばる）という名前で親しまれ、自動車メーカーのロゴマークとしても使われています。

Ⅲ　春や秋の星座

ここでは夏と冬の代表的な星《せい》座《ざ》を紹介してきましたが、春には青白く輝《かがや》く明るい1等星スピカをもつ「おとめ座《ざ》」や、空を駆《か》けるライオンの姿をした「しし座《ざ》」、秋にはペガスス座《ざ》とアンドロメダ座《ざ》を結んだ大きな「大四辺形」など、さまざまな星《せい》座《ざ》を観《かん》測《そく》することができます。

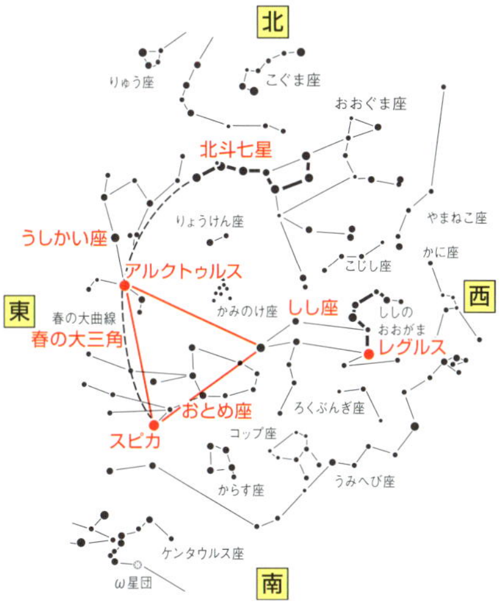

図16　春の大三角

また、次の章で学習するように、星は1日に1周の割合で回転しているため、春や秋にオリオン座《ざ》を観察したり、夏の夜に春や秋の代表的な星《せい》座《ざ》をみることもできます。「夏の星空」（92ページ）の西の空や、「冬の星空」（94ページ）の東の空に、春の星《せい》座《ざ》であるおとめ座《ざ》やしし座《ざ》がこっそりと顔を出していることに気づいたでしょうか。

星は東から西に向かって動くので、オリオン座《ざ》を真南に観《かん》測《そく》してから約6時間後には、おとめ座《ざ》やしし座《ざ》が南の空高くに見えるようになります。ただし星が観察できるのは太陽が沈《しず》み、空がまっ暗になってから明け方までの時間帯に限られるため、いつでも好きな星《せい》座《ざ》を観ることができるというわけにはいかないのです。

参　考　星座って何？

夜空を見上げると星たちが輝《かがや》いています。古代の人たちは、いつしかそれらの星たちの並《なら》び方を、主に神話上の人間、動物、ものなどに見立てて呼ぶようになりました。それが星《せい》座《ざ》です。ヨーロッパの人たちが南方の国に行くようになり、ヨーロッパでは見ることのできなかった星が知られるようになると、星《せい》座《ざ》がどんどん作られて100をこえるようになってしまいました。そこで、1928年に国際天文《こくさいてんもん》学連合《がくれんごう》が星《せい》座《ざ》を88個に整理しました。このとき、古代から伝わる星《せい》座《ざ》はなるべく残《のこ》されました。西暦《せいれき》100年ごろに整理された48個の星《せい》座《ざ》はギリシア神話と結びつけられて考えられたもので、その神話は星に興味《きょうみ》を持つ大きなきっかけになるものとして今でも親しまれています。

Step 3　星はなぜ動くのだろう

Ⅰ　星は動いている？

◉1 日の星の動き

しばらく夜空を観察していると、星座《せいざ》が別の場所に動いていることに気づくでしょう。いくつかの星座《せいざ》は地平線の下に隠《かく》れて見えなくなり、逆《ぎゃく》に別の星座《せいざ》が姿《すがた》をあらわしてきます。

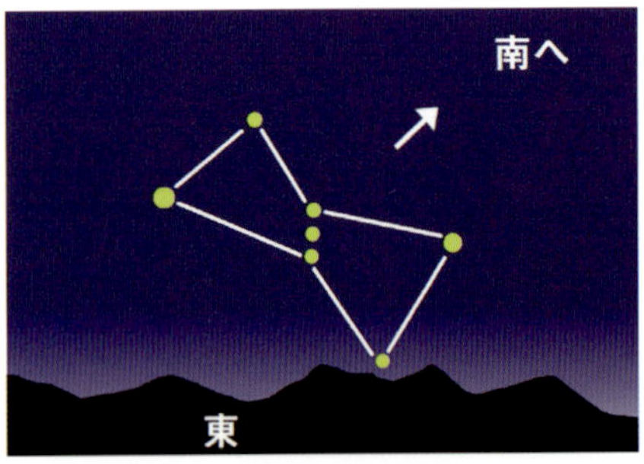

図17　東の空に見えるオリオン座

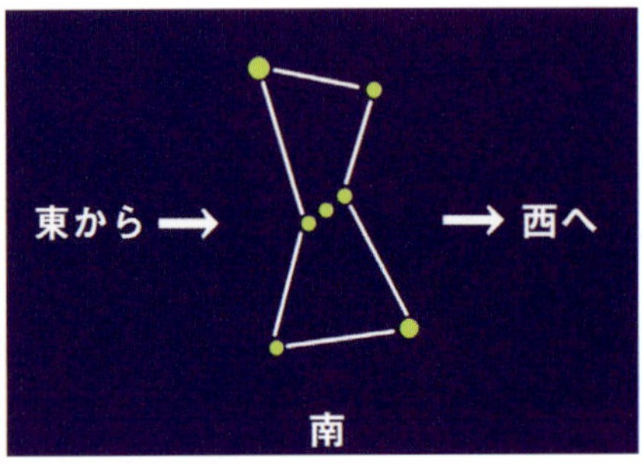

図18　南の空に見えるオリオン座

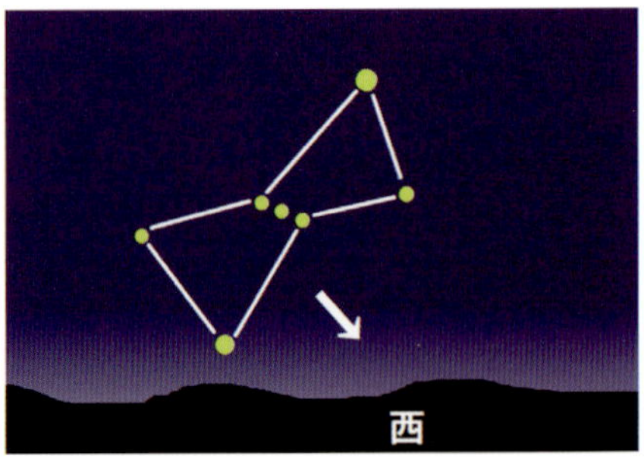

図19　西の空に見えるオリオン座

図17～19は観測《かんそく》する時刻《じこく》を変えて、オリオン座《ざ》を観察した様子です。かたむきは違《ちが》いますが、星座《せいざ》の形は変わっていません。

東の空の星の動き

東の地平線からでてきた星は、**斜《なな》め右上**に向かって動いていきます。つまり少しずつ高度を上げながら、南に向かって移動《いどう》するのです。

南の空の星の動き

南に向かって立つと、星は東（左側）から上がってきて、真南にきたときに空の一番高いところを通ります。これを**「南中《なんちゅう》」**といいます。

西の空の星の動き

南中《なんちゅう》したあとは少しずつ高度を下げて、西に移動《いどう》していきます。星は**斜《なな》め右下**に向かって移動《いどう》し、やがて西の地平線下に沈《しず》みます。

このように、星（星座《せいざ》）は太陽や月と同じように、東から上り、南の空を通って、西に沈《しず》みます。全体としては、**時計の針《はり》と同じ向きに回転する**ように動いていることになります。

図20　東の空の星の軌跡

図21　南の空の星の軌跡

図22　西の空の星の軌跡

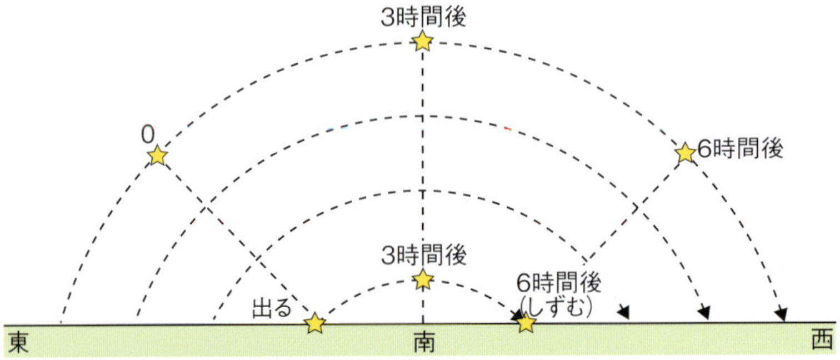

図23　南の空の星の動き

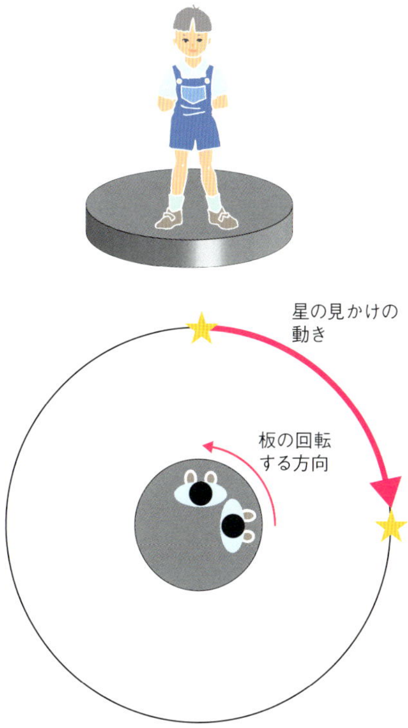

図24　回転する板の上に立つ

Ⅱ　星が動いて見える理由

◉原因は地球の自転だった

学力調《ちょう》査《さ》の結果によれば、小学生の半数近くは「太陽が地球のまわりを回っている」と信じているそうですが、みなさんはどうですか?「地球が動いている」と考えるより「太陽が動いている」と感じる方が自然かも知れません。しかし**動いているのは地球**の方です。

星が動いているように見えるのも、**地球が1日に1回転している**からです。これを**「地球の自転」**といいます。

電車に乗っていると外の景色《けしき》が猛《もう》スピードで後ろに飛び去っていくように見えるのと同じように、回転する円板の上に立つと、まわりの景色《けしき》が円板の回転と逆向《ぎゃくむ》きに動いているように見えます。**地球は西から東に向かって自転するため、太陽や星は東から西に向かって動くように見える**のです。

Ⅲ　季節によって、なぜ見える星座が違うのだろう？

◉地球は太陽のまわりを回っている

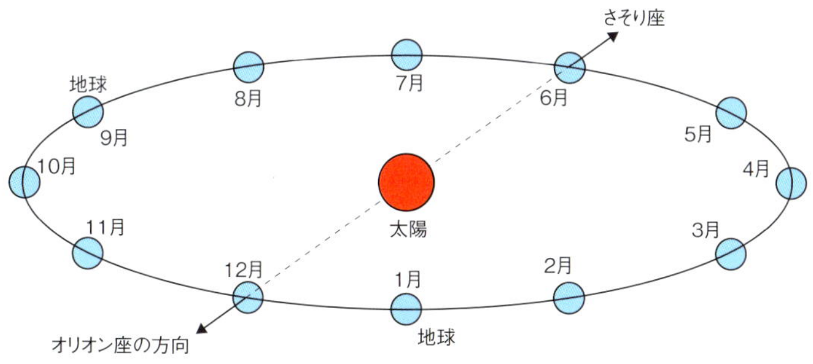

図25　地球は1年かけて太陽のまわりを1周する

地球は1日に1回自転すると同時に1年かかって太陽のまわりを1周しています。これを**「地球の公転」**といいます。春夏秋冬の季節の変化が起こるのも地球の公転が原因《げんいん》です。

6月の地球から見ると、太陽とオリオン座《ざ》が同じ方向にあります。つまり太陽が東の空に上るときにオリオン座《ざ》も上り、同じ時刻《じこく》に南中《なんちゅう》し、夕方になるといっしょに西に沈《しず》みます。だから夏にオリオン座《ざ》を観察することはできません。昼間は空が明るくて見えないからです。

逆《ぎゃく》にさそり座《ざ》は太陽と反対の方向にあるので、夕方東の空に上り、真夜中に南中《なんちゅう》し、明け方西に沈《しず》みます。つまり一晩中《ひとばんじゅう》観察できるわけです。12月には逆《ぎゃく》にオリオン座《ざ》が一晩中《ひとばんじゅう》観察できます。このようにして、季節ごとに観察しやすい星座《せいざ》の種類が変わるのです。

参　考　オリオン座の神話

海の神ポセイドンの息子であるオリオンは大変腕《うで》のよい狩人《かりうど》でしたが、乱暴者《らんぼうもの》で周囲を困《こま》らせていました。あるとき自分の狩《かり》の腕前《うでまえ》を自慢《じまん》して「地上のありとあらゆる動物をしとめてみせる」と言ったのを聞いた大地の女神ガイアは大変怒《おこ》り、さそりをオリオンへ放ちました。さしものオリオンもさそりの毒《どく》には勝てず死んでしまいます。星座《せいざ》となった今でもオリオンはさそりを恐《おそ》れていて、東の空にさそり座《ざ》が上ってくると西の海の下へと逃《に》げていきます。

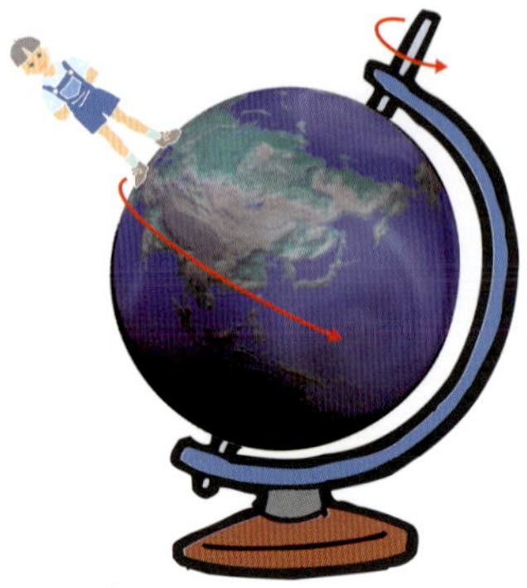

図26　地球儀《ちきゅうぎ》の上に立つ少年

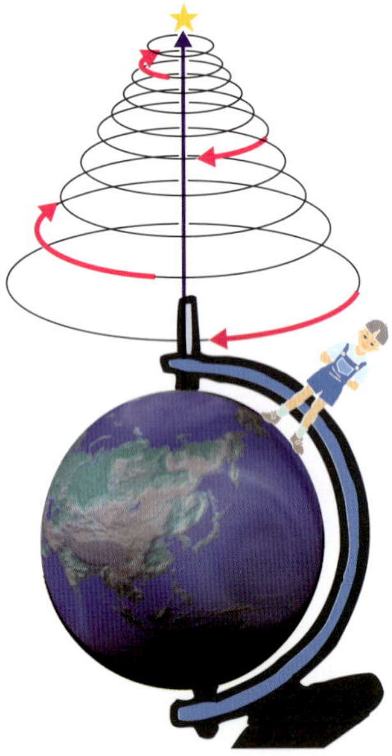

図27　北極星は動かない

図28　北の空の星の軌跡

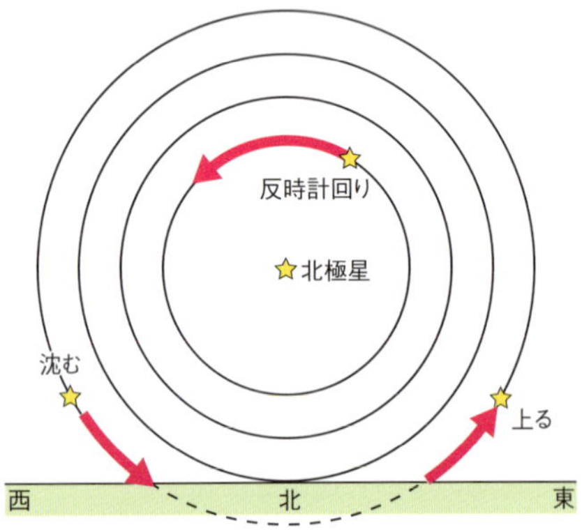

図29　北の空の星の動き

Ⅳ　北の空を観察してみよう

◉北の空の動き

地球儀《ちきゅうぎ》を回してみると、地球の自転のしかたがなんとなくわかります。地球儀《ちきゅうぎ》は北極から南極までを回転軸《かいてんじく》が貫《つらぬ》いていて、それを中心に回転するようにつくられています。

小さい自分が地球儀《ちきゅうぎ》の上に乗っている様子を想像してみましょう。地球儀《ちきゅうぎ》を回転させると、部屋のなかのものがグルグルと回転して見えますが、**1か所だけ動かない場所がある**ことがわかる（というより想像《そうぞう》できる）でしょうか?

回転軸《かいてんじく》をのばした先、つまり北極の真上にある点だけは動きません。実際の星空では、ここに**「北極星」**があるのです。

◉北の空の動き

北極星は北の空、地面から35度くらいの高さに観測《かんそく》することができます（観測《かんそく》する場所によって高さは変わります）。北極星はどの季節の何時に観察しても必ず同じ場所にあり、他の星（星座《せいざ》）は**北極星を中心として、1日に1回転している**ように見えます。

南の空の星は時計の針《はり》と同じ向きに回転していますが、**北を向いて立つと東と西が逆《ぎゃく》になる**（左が西で、右が東）ため、回転する方向も逆《ぎゃく》、つまり右（東）から上って、左（西）に沈《しず》むように、**反時計まわりに回転している**ように見えます。

北極星のまわりを回る星の多くは、1日中地平線の下に沈《しず》むことがありません（図29）。このような星を**「周極星《しゅうきょくせい》」**といいます。

◉北の空の星座

もう一度、92ページの「夏の星空」を見てみましょう。

南の空に比《くら》べると、明るい星が少なく、ちょっと地味な感じですね。そのかわり、とても特徴《とくちょう》的な形をした星の集まりが2つ、すぐに見つかるはずです。1つはアルファベットの**「W」**の形をした**「カシオペヤ座《ざ》」**、もう1つは大きな**「ひしゃく」**の形をした**「北斗七星《ほくとしちせい》」**です。

北斗七星《ほくとしちせい》は**「おおぐま座《ざ》」**という星座《せいざ》の一部です。「七星」のうちの6個が明るい2等星なので、すぐに見つけられるでしょう。

おおぐま座《ざ》・カシオペヤ座《ざ》および北極星を含《ふく》むこぐま座《ざ》には1等星が1個もありません。しかし、1年中沈《しず》むことなく北極星のまわりを回るようすから、さまざまな神話や物語とされてきました。

参　考　おおぐま座の神話

月の女神アルテミスの侍女《じじょ》カリストにゼウスは恋《こい》をして、アルカスという男の子が生まれました。ゼウスの妻《つま》ヘラは怒《おこ》ってカリストを熊《くま》の姿《すがた》に変えてしまいます。年月がたち、狩人《かりうど》として成長したアルカスは母親と再会《さいかい》しますが、アルカスには母親が熊《くま》にしか見えません。アルカスが弓で母親を殺そうとしたとき、ゼウスは慌《あわ》てて二人を天にあげました。母親であるカリストがおおぐま座《ざ》、熊《くま》の姿《すがた》に変えられたアルカスはこぐま座《ざ》になりました。それでもヘラの怒《いか》りはおさまらず、地平線の下に沈《しず》んで休むことを許《ゆる》しませんでした。こぐま座《ざ》の周囲をおおぐま座《ざ》がまわるのは、母親が息子を見守っているのです。他の国でも、「狩人《かりうど》たちが熊《くま》を追いかけている」「牛泥棒《うしどろぼう》を親子3人で追いかけている」というように、休まず回り続けている動きを上手に伝える伝説が残っています。

◉北極星の見つけ方

北極星はいつも真北の方角にあるため、昔の船乗りたちにとっては、船の進路を確《たし》かめるための大切な道しるべでした。北極星は2等星ですが、こぐま座《ざ》には他に明るい星がなく、特徴《とくちょう》的な形もしていないため、北斗七星《ほくとしちせい》かカシオペヤ座《ざ》を手がかりとして探《さが》します。

春～夏の夜には北斗七星《ほくとしちせい》が、秋～冬の夜にはカシオペヤ座《ざ》が北の空高くに見えます。カシオペヤ座《ざ》が空高くに見えるときは、北極星をはさんでほぼ反対側の地平線近くに北斗七星《ほくとしちせい》を観測《かんそく》することができます。

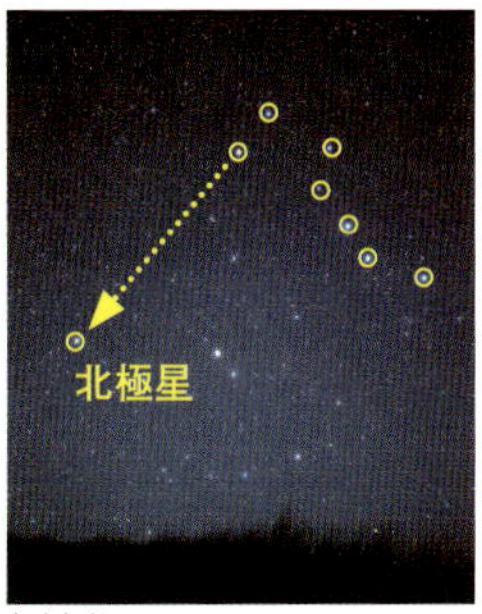

図30　北斗七星《ほくとしちせい》と北極星

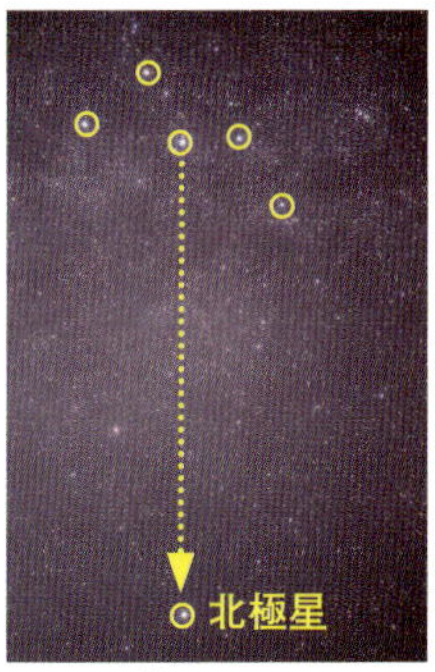

図31　カシオペヤ座《ざ》と北極星

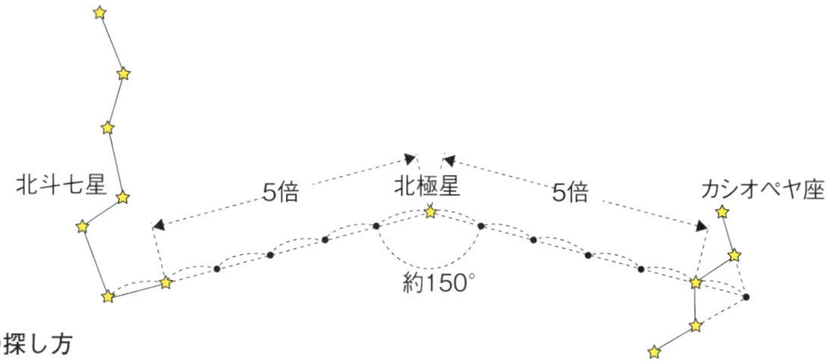

図32　北極星の探し方

Step 4　星空観察に出かけよう

I　星空観察ツアーの準備

さて、それでは実際に星空を観察しに出かけましょう。準備といっても、特別な道具は必要ありません。まわりに建物が少なく、空気の澄《す》んだ田舎《いなか》に行けば、肉眼《にくがん》で充分《じゅうぶん》に楽しむことができます。

もっと詳《くわ》しく星や星座《せいざ》のことを知りたいのなら、**星座早見盤《せいざはやみばん》・方位磁石《ほういじしゃく》・ペンライト（懐中電灯《かいちゅうでんとう》）**の3点セットを用意しましょう。

もちろん**双眼鏡《そうがんきょう》**があれば最高です（天体望遠鏡は観測《かんそく》できる範囲《はんい》が狭《せま》いので、星座《せいざ》の観察には適していません）。倍率《ばいりつ》の高い高価なものでなく、7～8倍の双眼鏡《そうがんきょう》でも充分《じゅうぶん》に月のクレーターや星雲を観ることができます。口径《こうけい》（レンズの大きさ）の大きい方が星の観察においては便利です。

図33　双眼鏡

図34　調べたい方角が下になるように持ち、上にかざして使います

Ⅱ　星座早見を活用しよう

◉星座早見のしくみ

星空を観察するときに便利なのが星座早見《せいざはやみ》です。

星座早見《せいざはやみ》は星と星座《せいざ》を描《えが》いた円盤《えんばん》と、だ円形の窓《まど》のついた円盤《えんばん》を真ん中のピンで止めたもので、ピンを中心に回転できるようになっています。

ピンの部分が**北極星**、窓《まど》のわくが**地平線**をあらわしています。窓《まど》の上下左右には**「北」「南」「東」「西」**と方角が書かれているので、観測《かんそく》したい方角が下になるようにもちます。

星を描《えが》いた円盤《えんばん》には**月日の目盛《めも》り**、窓《まど》のついた円盤《えんばん》には**時刻《じこく》の目盛《めも》り**がついていて、観測《かんそく》したい日付と時刻《じこく》の目盛《めも》りが重なるように回転させると、窓《まど》の中が、そのとき全天に見える星空になります。

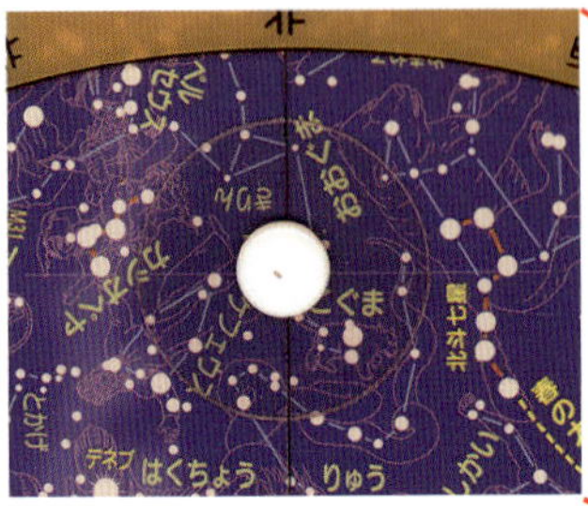

図35　北の地平線近く

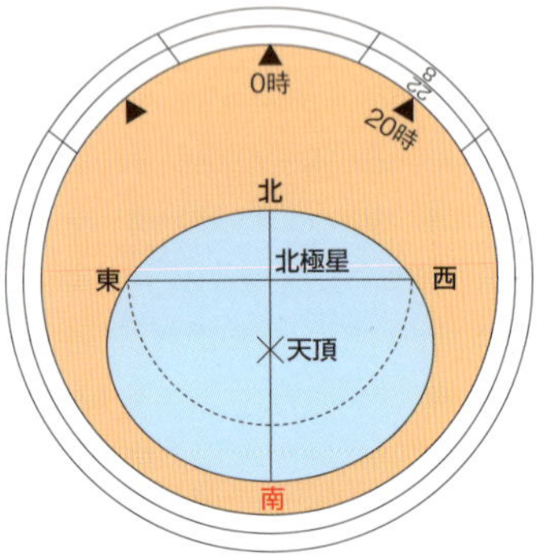

図36　南の空を見るとき

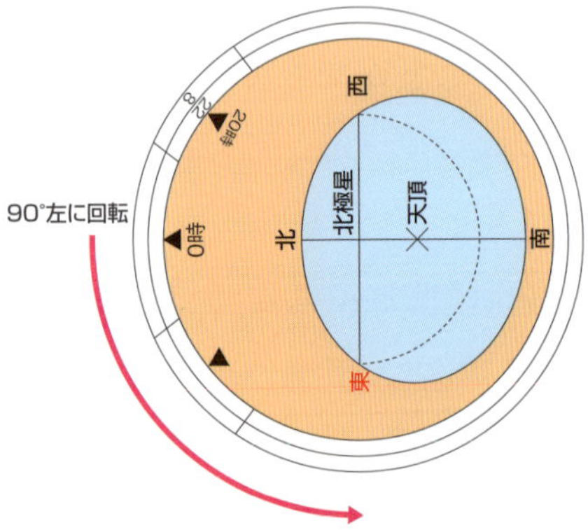

図37　東の空を見るとき

図39　日付のあわせ方

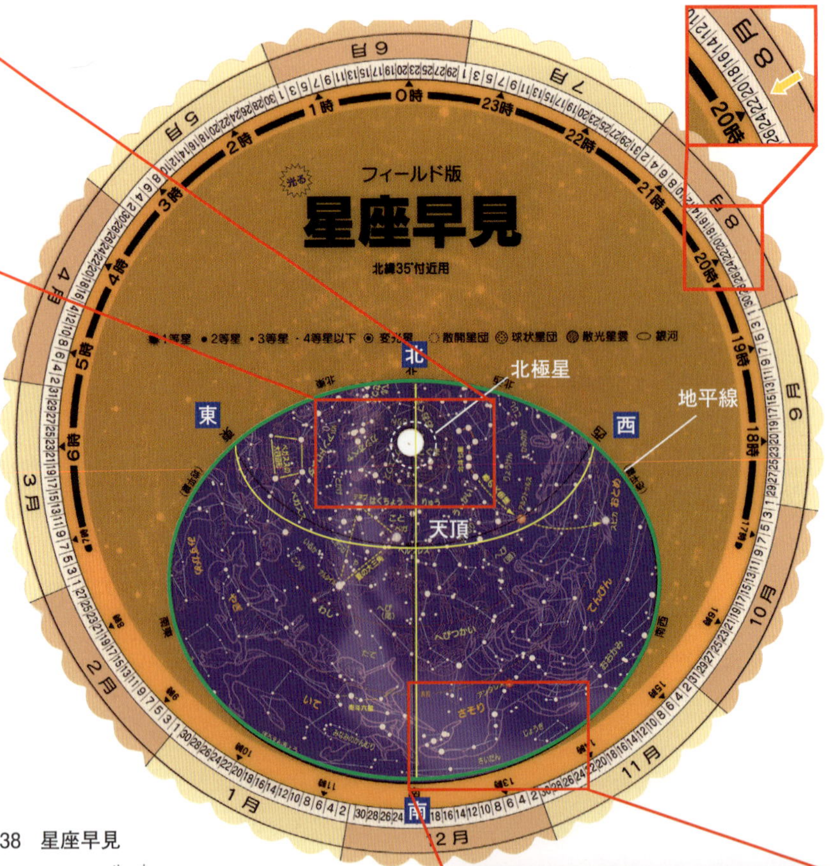

図38　星座早見

図39は、目盛《めも》りを**「8月22日20時」**にあわせたときのものですが、このとき「8月7日」と「21時」の目盛《めも》りもあわさっています。つまり別の日に観測《かんそく》しても、時刻《じこく》が違《ちが》えば同じ星空が見えるのですね。

図40　南の地平線近く

Ⅲ　プラネタリウムにでかけてみよう

図41　プラネタリウムの外観

勉強が忙《いそが》しくて海や山にでかける暇《ひま》がない人や、冬の夜は寒くてちょっと……という人でも、プラネタリウムに行けば、本物そっくりの星空を楽しむことができます。

◉プラネタリウムのしくみ

プラネタリウムの便利な点は、いつでも好きな季節と好きな時刻《じこく》の星空を観ることができることです。また、実際より早く回転させることで、それぞれの方角の星の動きを理解《りかい》することもできます。

全国の科学館には、プラネタリウムが設置《せっち》されています。建物全体がドーム状になっていて、部屋の中央に置かれた機械がドームの内側に星空のようすを映《うつ》し出すようになっています。

◉自宅でプラネタリウム

図42　投影されたプラネタリウム

図43　プラネタリウムの投影機

自分の部屋の壁《かべ》や天井《てんじょう》に星空を映写《えいしゃ》することのできる、小型のプラネタリウムもあります。書店などで購入《こうにゅう》できる2000円程度《ていど》のものも、もう少し本格的な2万円程度《ていど》のものもありますが、基本的なしくみは同じなので、ちゃんと星座《せいざ》の形や星の動きを確《たし》かめることができます。

また、厚紙《あつがみ》を切り抜《ぬ》いて、小さな穴をたくさん空けた筒《つつ》をつくり、中に乾電池《かんでんち》と豆電球を入れるだけで、自作のプラネタリウムを作ることも可能です。「型紙」はインターネット上からダウンロードすることもできるので、夏休みの自由研究として作ってみてもよいでしょう。

他にも星空の楽しみ方はいろいろあります。星座《せいざ》の伝説に関する本や、美しい星空の写真が載《の》っている雑誌《ざっし》や図鑑《ずかん》もあります。

もちろん、自分の目で直接観察するのが一番ですが、あらかじめ代表的な星と星座《せいざ》の名前や星座《せいざ》の伝説を調べておいたり、プラネタリウムで星の動きを体験しておくと、実際の星空観察がもっと楽しく有意義《ゆういぎ》なものになるでしょう。

第3部 身の回りの科学

1 温度と熱

step1 空気をあたためてみよう

Ⅰ「ものをあたためる」ってどういうこと?

・「あたため方」や「あたためる物」は様々だが、「あたためると温度が上がる」のは同じ

ストーブ

部屋の空気

電子レンジ

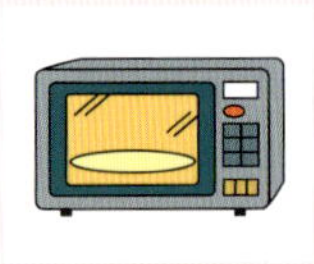

食べ物

お風呂

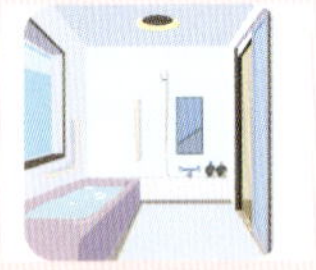

自分の体

Ⅱ 気体・液体・固体

気体　空気のように目に見えず、形や体積が変わるもの

液体　水のように目に見えて、入れ物によって形が変わるもの

固体　机や石のように、形が変わらないもの

Ⅲ　温度を上げると体積が変わる?

- 空気をあたためると体積が増える（ぼう張）
- 冷やす（温度を下げる）と体積は減る（収縮）

Ⅳ　「気体のぼう張」によるフシギな現象

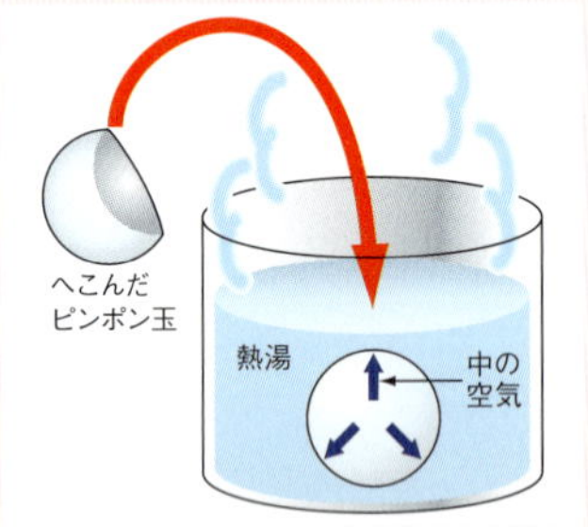

中の空気があたためられて「ぼう張」し、へこんだピンポン玉が元に戻る

Ⅴ 体積が変わっても重さは変わらない

- すべての物質は目に見えない小さな「粒」でできている
- 体積が変わっても「粒」の数が同じなら、重さは変わらない。

Ⅵ 空気は「対流」する

気体をあたためると「粒《つぶ》」の動きが速くなって体積が増える

↓

ただし「粒《つぶ》」の数は変わらないので全体の重さは変わらない

↓

すると同じ体積で比《くら》べたときの重さは軽くなる

↓

軽くなった気体は上に上がっていく

空気を冷やした場合には、まったく反対のことが起こります

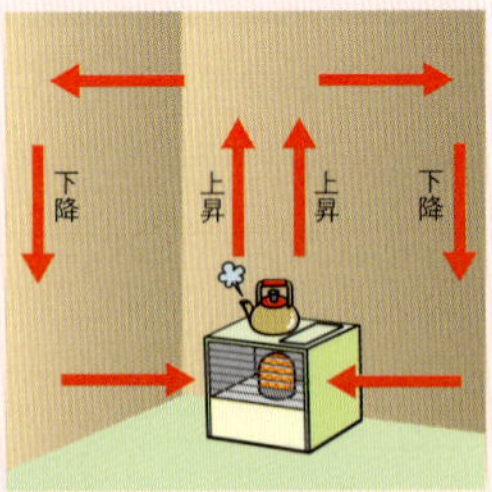

対流をくり返しながら、全体があたためまる

step2　液体をあたためた場合は?

Ⅰ　液体も温度が上がればぼう張する

Aの水面は少し上昇する

↓

あたためると液体もぼう張する

Ⅱ 色水のふん水をみてみよう

BとCは色水が吹き出す

↓

液体より気体の方が体積の変化が大きい

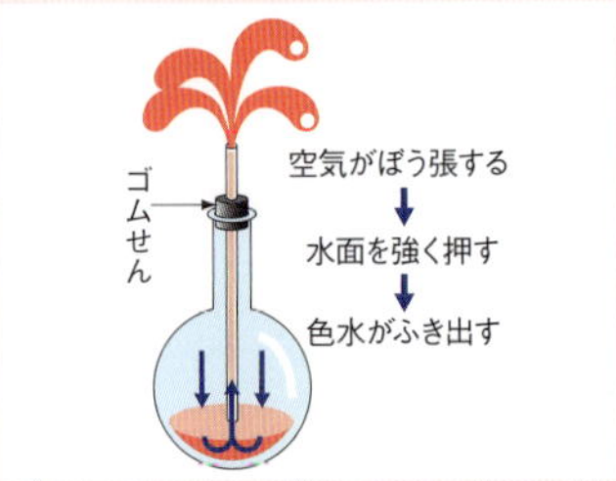

ガラス管から色水がふき出すしくみ

Ⅲ　アルコール温度計のしくみ

- 温度が1℃上がるごとにアルコールの体積は一定の割合で増える
  →温度計として利用できる

Ⅳ 液体も「対流」する

あたためる → ぼう張する → 同体積で比べたときの重さが軽くなる → 上に上がる

- 気体と同じように、対流によって全体があたためられていく

水の対流

Step3　固体もぼう張するの？

Ⅰ 温度を上げると固体もぼう張する

Ⅱ 金属のぼう張を確かめてみよう

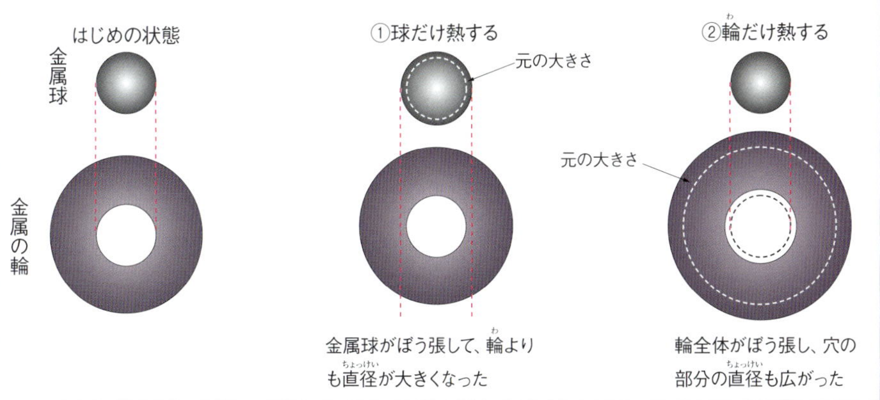

線ぼう張率《ちょうりつ》
（10mの長さの棒《ぼう》が１℃でのびる長さ）

種類	のびる長さ（mm）
アルミニウム	0.23
銀	0.19
銅《どう》	0.17
鉄	0.12
ガラス	0.09
木材	0.04

Ⅲ　物質の種類によってぼう張の度合いが違う？

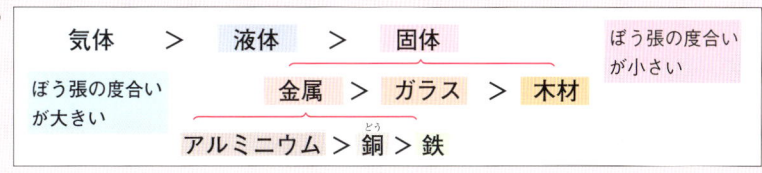

気体 ＞ 液体 ＞ 固体

金属 ＞ ガラス ＞ 木材

アルミニウム ＞ 銅《どう》 ＞ 鉄

ぼう張の度合いが大きい　　ぼう張の度合いが小さい

Ⅳ ぼう張率の違いを利用した道具

バイメタル

ぼう張率の違う２種類の金属をはり合わせたもの

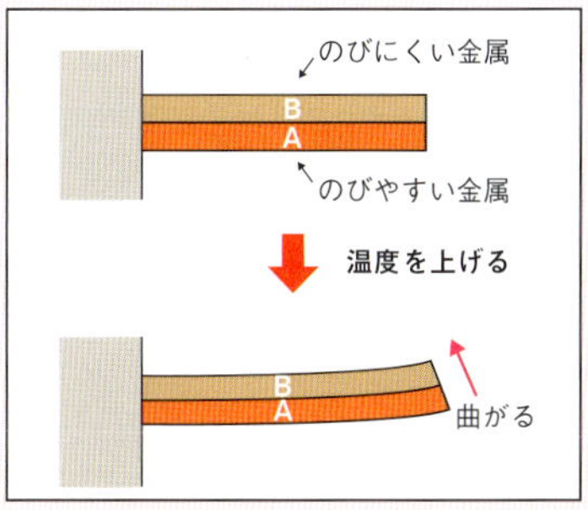

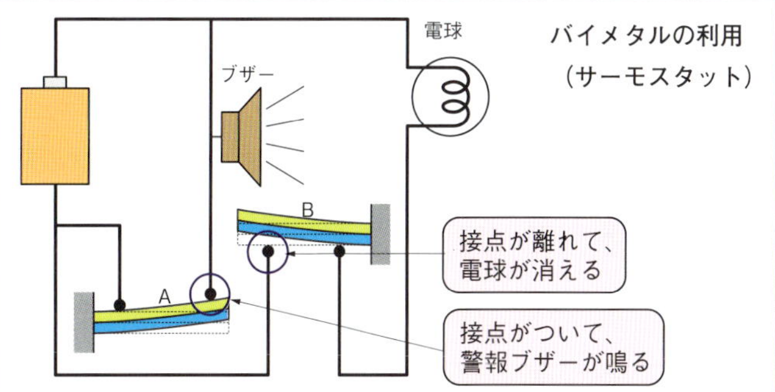

Step 1　空気をあたためてみよう

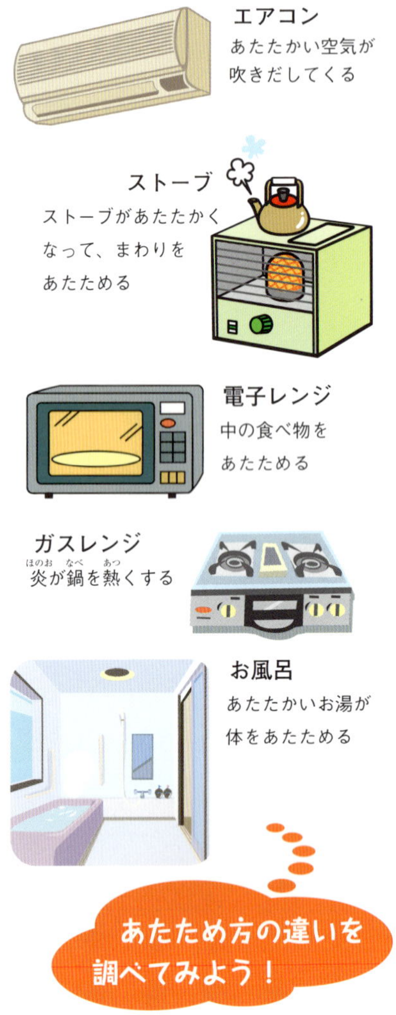
エアコン
あたたかい空気が
吹きだしてくる
ストーブ
ストーブがあたたかく
なって、まわりを
あたためる
電子レンジ
中の食べ物を
あたためる
ガスレンジ
炎《ほのお》が鍋《なべ》を熱《あつ》くする
お風呂
あたたかいお湯が
体をあたためる
あたため方の違いを
調べてみよう！

図１「あたためる」ための道具

Ⅰ「ものをあたためる」ってどういうこと？

私たちは、毎日いろんなものをいろんな方法で「あたためて」います。たとえば、きのう1日、朝《あさ》起きてから夜《よる》寝《ね》るまでのあいだに、どんなものを「あたためた」か、思い出してみてください。

・朝《あさ》、起きたら部屋の中が寒《さむ》くて、布団《ふとん》から出られなかった。

➡　エアコンをつけて、部屋（の空気）を**あたためた**。

・お母さんが寝坊《ねぼう》して、朝《あさ》ご飯《はん》を作ってくれなかった。

➡　晩《ばん》ご飯の残《のこ》りをレンジで「チン」して**あたためた**。

・学校の帰りに夕立が降《ふ》ってびしょぬれになった。

➡　帰ってすぐにお風呂《ふろ》に入って体を**あたためた**。

他にもいろいろな「あたため方」がありますが、**「ものをあたためる」と「温度《おんど》が上がる」**のは、どの場合でも同じですね。

Ⅱ　気体・液体・固体

部屋の空気、晩《ばん》ご飯の残《のこ》り、自分の体…。ものによってあたため方・あたたまり方はさまざまです。まず、私たちの身の回りにあるものを大きく3つに分類してみましょう。

①空気のように目に見えず、形もかさ（体積）も変わるもの
②水のように目に見え、容器《ようき》によってどんな形にもなるもの
③机《つくえ》や石のように形の変わらないもの

①を**「気体」**、② を**「液体《えきたい》」**、③を**「固体」**といいます。ものをあたためると温度《おんど》が上がりますが、気体と液体《えきたい》と固体では、あたたまり方に少しずつ違《ちが》いがあるようです。まずは気体の場合からみていくことにしましょう。

Ⅲ　温度を上げると体積が変わる？

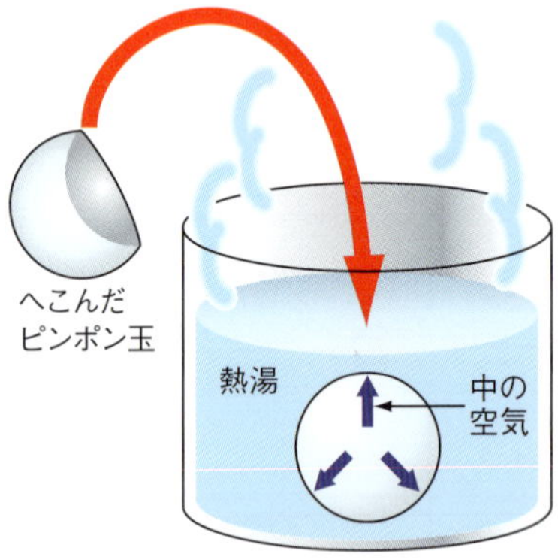
へこんだ
ピンポン玉
熱湯
中の
空気

図２　へこんだピンポン玉を熱湯《ねっとう》に入れる

へこんだピンポン玉を熱湯《ねっとう》の中に入れると、元の丸い形になります。ピンポン玉にはどこにも穴《あな》があいていないのに、なぜへこんだ玉が元通りになるのでしょうか。それは、ピンポン玉の中の**空気があたためられてふくらむ**ためです。空気などの気体にかぎらず、ものはすべて**温度《おんど》が上がると体積が増《ふ》えます**。このことを**「ぼう張《ちょう》」**といいます。また逆《ぎゃく》に、冷やして**温度《おんど》を下げると体積が減《へ》ります**。このことを**「収《しゅう》縮《しゅく》」**といいます。

図3　びんの口をふさぐように、ぬらした10円玉をのせた。びんを両手であたためると…。

Ⅳ　「気体のぼう張」によるフシギな現象

後で説明するように、液体《えきたい》や固体もあたためるとぼう張《ちょう》しますが、目に見えるほど大きく体積が変化するのは気体の場合だけです。気体のぼう張《ちょう》によって起こるフシギな現象《げんしょう》をいくつか紹介《しょうかい》しましょう。

①おどる10円玉：空《から》のびんの口に水でぬらした10円玉をのせ、びんを両手であたためると、10円玉がポコッポコッと動きます。これはびんの中の空気がぼう張《ちょう》して口から逃《に》げようとするからです。

②ポンポン爆発《ばくはつ》する竹：竹をたき火の中に入れると、竹のふしとふしの間の空気がぼう張《ちょう》し、ふしとふしの間がさけて、爆発音《ばくはつおん》がします。竹にはいくつもふしがありますから、ポンポンとたて続けに音がするのです。

③パンクする自転車のタイヤ：夏の暑《あつ》い日に、クギをふんだわけでもないのに自転車のタイヤがパンクすることがあります。これは、夏の日ざしでチューブの中の空気があたためられて、ぼう張《ちょう》するからです。

Ⅴ　体積が変わっても重さは変わらない

気体がぼう張《ちょう》したり収縮《しゅうしゅく》したりしても、気体そのものの重さは変わりません。すべての物質《ぶっしつ》は**目に見えない小さな「粒《つぶ》」**でできています。その「粒《つぶ》」が1つ1つ自由に飛びまわっている状態《じょうたい》を「気体」というのだ、と考えておいてください。

では、なぜ温度《おんど》が上がると体積が増《ふ》えるのでしょうか？　粒《つぶ》そのものはふくらんだりしません。温度《おんど》を上げると飛びまわっている粒《つぶ》の動きが速くなり、ピンポン玉の中の空気がピンポン玉の「かべ」を強く押《お》すから、へこんだ「かべ」が元にもどり体積が増《ふ》えるのです。しかしピンポン玉の中の**空気の「粒《つぶ》」の数は同じ**なので、**全体の重さは変わりません**。

重さが変わらず体積だけが増《ふ》えると、同じ体積どうしで比《くら》べたときの重さは軽くなります。逆《ぎゃく》に、気体が冷やされて収縮《しゅうしゅく》すると、同じ体積で比《くら》べたときの重さは重くなります。

同じ体積どうしで比《くら》べたときに軽いものは上に上がり、重いものは下に下がります。

風船をふくらませて、口のところをしばります。風船の中の空気とまわりの空気の温度《おんど》が同じならば、風船は浮《う》かびません（風船そのものの重さがあるため、実際《じっさい》には床《ゆか》に落ちます）。しかし風船をお湯につけてあたためると、風船は天井《てんじょう》に向かって浮《う》かび上がっていきます。

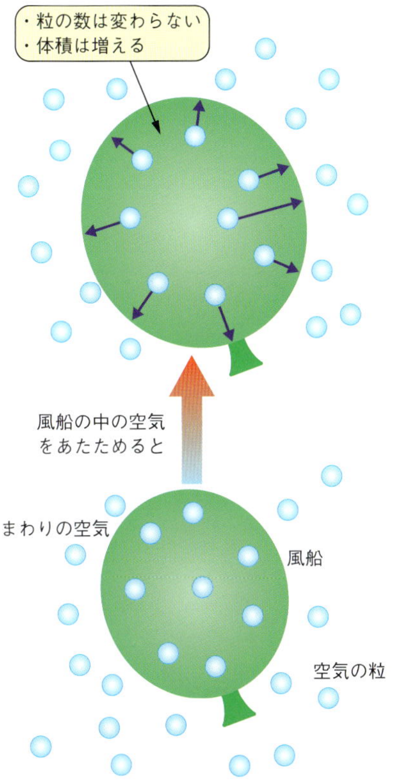

図4　風船の中の空気をあたためると、中の空気の粒《つぶ》の動きが速くなる。

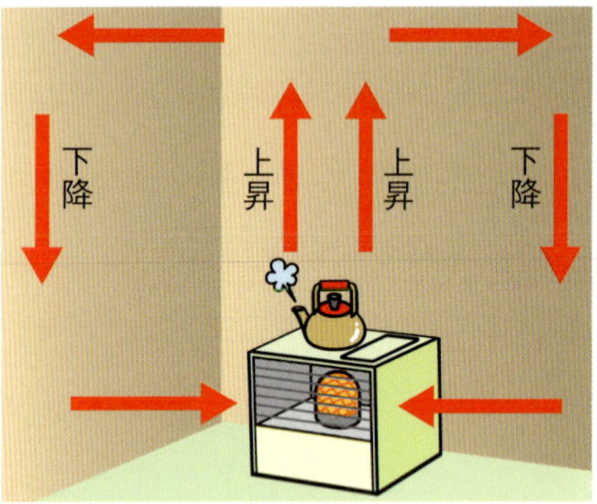

図5　ストーブの熱であたためられた空気は室内を対流する

図6　たき火の熱い空気が上昇《じょうしょう》する様子が灰の動きでわかる

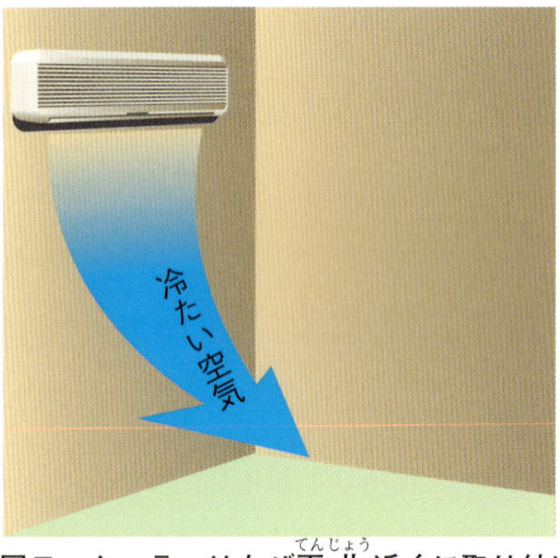

図7　クーラーはなぜ天井《てんじょう》近くに取り付けるのか？

Ⅵ　空気は「対流」する

あたためられた気体は上に上がり、逆《ぎゃく》に冷たい気体は下に下がります。もう一度、このしくみをまとめておきましょう。

気体をあたためると「粒《つぶ》」の動きが速くなって体積が増《ふ》える

↓

ただし「粒《つぶ》」の数は変わらないので全体の重さは変わらない

↓

すると同じ体積で比《くら》べたときの重さは軽くなる

↓

軽くなった気体は上に上がっていく

空気を冷やした場合には、まったく反対のことが起こります。

部屋のまん中に石油ストーブを置くと、ストーブの熱であたためられた空気は上昇《じょうしょう》します。すると、ストーブ付近の空気がなくなって（うすくなって）しまうので、まわりから空気がふき込《こ》んできます。

逆《ぎゃく》に、壁《かべ》ぎわの空気は冷たいので下に下がってきます。このように空気が部屋の中をぐるぐると循環《じゅんかん》することを**「対流《たいりゅう》」**といいます。「対流」を繰《く》り返すことによって、部屋の中の空気全体が少しずつあたたまっていくのです。

課題　いまはエアコン１台が冷房《れいぼう》と暖房《だんぼう》の両方のはたらきを兼《か》ね備《そな》えていますが、昔は「夏はクーラー、冬はストーブ」でした。クーラー（冷房専用機《れいぼうせんようき》）は必ず部屋の天井《てんじょう》近くにとりつけました。その方が効《こう》率《りつ》よく部屋全体を冷やすことができるからです。「対流」ということばを使って、この理由を説明してみてください。

参考　どんどん空気を冷やしていくと・・・？

空気をどんどんあたためていくと、体積はどんどん大きくなっていきます。逆《ぎゃく》に温度《おんど》を下げていくと、体積はどんどん小さくなっていきます。

ぼう張《ちょう》する場合の限界《げんかい》はありません。温度《おんど》が上がれば上がるほど、体積は無限《むげん》に大きくなっていきます。しかし温《おん》度《ど》を下げていく場合は「無限《むげん》に」というわけにはいきません。なぜだかわかりますか？

体積がどんどん小さくなっていくと、最後には体積がゼロになっちゃうでしょ？　「体積がゼロになる」って想像《そうぞう》がつかないかもしれませんが、計算上は0℃（水がこおる温度《おんど》）より273℃低い温度《おんど》（−《マイナス》273℃）で、体積がゼロになってしまいます。

「温度《おんど》を上げると粒《つぶ》の動きが活発《かっぱつ》になるから、体積は大きくなる」のだから、どんどん温度《おんど》を下げていくと…？　粒《つぶ》の動きはどんどんおそくなり、体積は小さくなります。そして最後には粒《つぶ》の動きが止まってしまいます。止まっている粒《つぶ》よりおそいものはありません。だからそれ以上は温《おん》度《ど》が下がらないのです。もうこれ以上温度《おんど》は下がらないという限界《げんかい》を「絶対零度《ぜったいれいど》」といいます。この絶対零度《ぜったいれいど》が、−《マイナス》273℃（正確《せいかく》には−《マイナス》273.15℃）なのです。

Step 2　液体をあたためた場合は？

図８　このような実験装置《じっけんそうち》を用意しよう

Ⅰ 液体も温度が上がればぼう張する

水やアルコールなどの液体《えきたい》も、空気と同じように温度《おんど》が上がればぼう張《ちょう》し、温度《おんど》が下がれば収縮《しゅうしゅく》します。では、気体と液体《えきたい》のぼう張《ちょう》のしかたは同じなのでしょうか。かんたんな実験から考えてみましょう。

〔気体と液体《えきたい》のぼう張《ちょう》を確《たし》かめる実験〕

◉実験の方法

- フラスコを２つ用意する。
- 片方《かたほう》には赤色のついたアルコールをいっぱいに入れ、もう片方《かたほう》は何も入れず（つまりフラスコの中には空気だけが入っている）に、ガラス管のついたゴムせんでふたをする。
- 空気の入ったフラスコの方のガラス管の中には少量の赤インクを入れておく。

① それぞれのフラスコを手であたためて、赤インクの動きを見る。
② フラスコを50℃くらいのお湯に入れて、赤インクの動きを見る。
③ ②の後フラスコを冷たい水の中に入れて、赤インクの動きを見る。

◉実験の結果

①アルコールを入れたものは、ほとんど動かない。
　空気を入れたものは、赤インクが大きく上に上がる。
②アルコールを入れたものは、少しだけ上に動く。
　空気を入れたものは、いきおいよく上に上がる。
③アルコールを入れたものは、少しずつ元にもどる。
　空気を入れたものは、いきおいよく元にもどる。

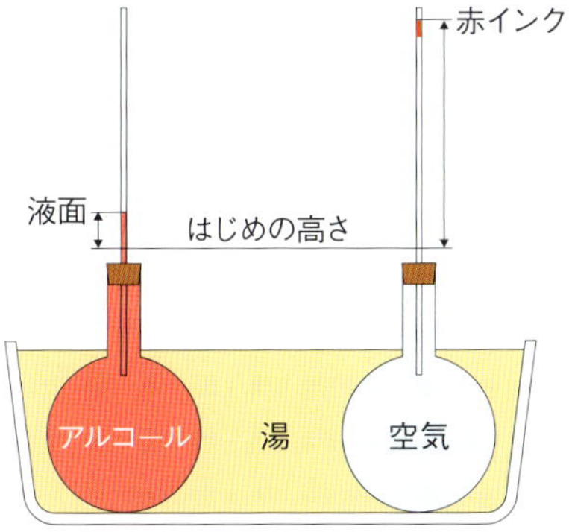

図９　②の実験結果《けっか》

◉実験からわかること

実験①②からわかること	・液体《えきたい》も気体もあたためるとぼう張《ちょう》する ・温度《おんど》が高いほど、体積の変化は大きい ・気体は液体《えきたい》よりも体積の変化が大きい
実験③からわかること	・液体《えきたい》も気体も冷やすと収縮《しゅうしゅく》する（体積が減《へ》る） ・気体は液体《えきたい》よりも体積の変化が大きい

液体《えきたい》も気体も**温度《おんど》が上がると体積が増《ふ》え、温度《おんど》が下がると体積が減《へ》ります**。温度《おんど》の変化が大きいほど、体積の変化も大きくなります。また、気体と液体《えきたい》を比《くら》べると、あたためる場合でも冷やす場合でも、**体積の変化は気体の方がずっと大きい**ことがわかります。

Ⅱ　色水のふん水を見てみよう

もう1つ、実験をしてみましょう。

◉実験の方法

まず同じ大きさのフラスコを3つ用意します。

フラスコA…色水をいっぱいに入れる。

フラスコB…色水をフラスコの半分くらいだけ入れる。

フラスコC…色水を少しだけ入れる。

図10のようにガラス管《かん》のついたゴムせんをして、フラスコを熱湯《ねっとう》につけます。さていったい何が起こるでしょうか？

図10　フラスコ熱湯につけると…

◉実験の結果

フラスコA…ガラス管の中の色水の水面が少し上昇《じょうしょう》する。これは前ページの実験と同じ結果《けっか》ですね。

フラスコB…ガラス管の先から色水がふん水のようにいきおいよくふき出す。

フラスコC…ガラス管の先から色水がふん水のようにいきおいよくふき出す。ふき出すいきおいはフラスコBよりもはげしい。

◉実験からわかること

フラスコAの水面が上昇《じょうしょう》したのは、**色水（液体《えきたい》）があたためられてぼう張《ちょう》したから**です。もちろん、BとCの中の色水もぼう張《ちょう》しています。

しかし色水だけでなく、**フラスコ内の空気もあたためられてぼう張《ちょう》します**。フラスコの中の空気は、ゴムせんのせいで外に出ていくことができないので、水面を強く押《お》します。すると、色水がガラス管の中を上がっていってふき出すわけです（図11）。

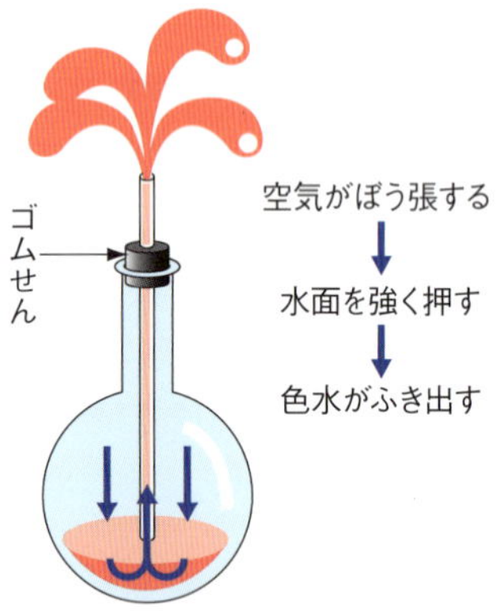

図11　ガラス管から色水がふき出すしくみ

色水もぼう張《ちょう》しますが、**空気のぼう張《ちょう》に比《くら》べればずっと変化が小さい**ので、フラスコAではふん水は見られません。

また、中に入っている**空気の体積が大きい**（水が少ない）**ほど、ぼう張《ちょう》する体積も大きい**ので、フラスコCの方がふん水のいきおいははげしくなるのです。

参考　ガリレオ式温度計

世界最初の温度計は1600年ごろ、ガリレオが発明したといわれています。これは、フラスコの中の空気があたためられると、ぼう張して水面を押《お》すため、水面が低いほど気温が高いという、ごく単純《たんじゅん》なしくみのものでした。

空気は温度によってぼう張する割合が違《ちが》うので、正確に温度をはかることはできません。

現在「ガリレオ式温度計」という名称《めいしょう》で販《はん》売《ばい》されているのは、これとはまったく違《ちが》うしくみのものです。

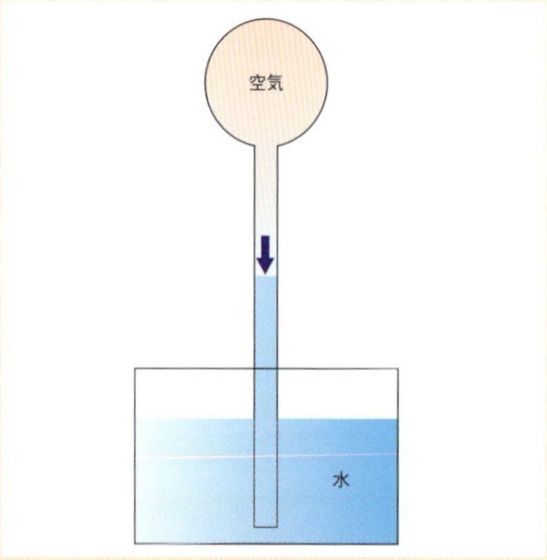

図12　ガリレオ式温度計

Ⅲ　アルコール温度計のしくみ

液体《えきたい》のぼう張《ちょう》を、もう少しくわしく調べる実験をしてみましょう。

◉実験の方法

① 着色《ちゃくしょく》したアルコールが入ったフラスコを20℃の水につけ、ガラス管内のアルコールの液面《えきめん》が目盛《めも》り板の「0」の位置にくるように調節《ちょうせつ》する。

② 容器《ようき》にお湯を少しずつ加えていき、温度《おんど》計のよみ（お湯の温《おん》度《ど》）と液面《えきめん》の位置を調べる。

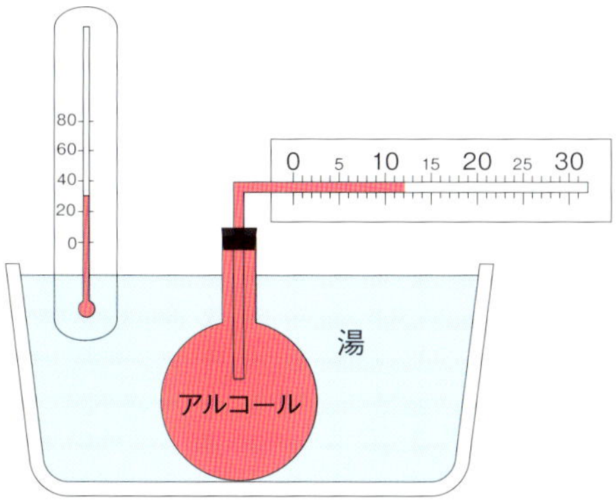

図13　お湯の温度《おんど》が上昇《じょうしょう》すると、アルコールの液面《えきめん》の位置はどうなるだろうか

◉実験の結果

水の温度(℃)	20	30	40	50	60	70	80
目盛り(cm)	0	1.2	2.4	3.6	4.8	6.0	7.2

表1　アルコールが止まる位置

ここから **「温度《おんど》が1℃上がるごとに、アルコールの体積は一定の割《わり》合《あい》で増《ふ》えていく」** ことがわかります。ということは、**「一定の間隔《かんかく》に目盛《めも》りをつけたガラス管を使えば、温度《おんど》をはかることができる」** のです。

この性質《せいしつ》を利用したのがアルコール温度《おんど》計です（図14）。

水ではなくアルコールを使うのは、水は「温度《おんど》によるぼう張《ちょう》の割合《わりあい》がいつも同じではない」というかわった性質をもっているからです。体温計は水銀《すいぎん》という物質《ぶっしつ》を使いますが、水銀《すいぎん》もアルコールと同じように1℃につき一定の割合《わりあい》で体積が変化する性質《せいしつ》をもっています。

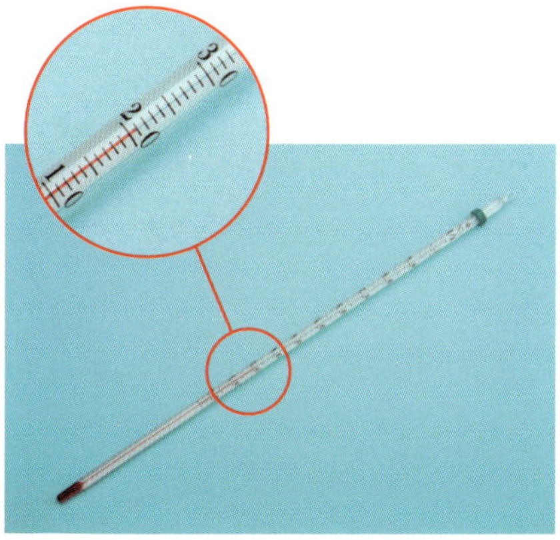

図14　アルコール温度《おんど》計

参考　いろいろな温度計

○アルコール温度《おんど》計と水銀温度《すいぎんおんど》計

アルコールは78℃以上では気体になってしまいますが、－114℃まではこおりません。したがって、高い温度《おんど》ははかれませんが、低い温度《おんど》をはかるのには適《てき》しています。実《じっ》際《さい》には、アルコールではなく、着色《ちゃくしょく》した灯油《とうゆ》（軽油）を使うことで、高温まではかれるようにしてあります。

一方、水銀《すいぎん》は－38.9℃でこおってしまいますが、357℃までは液体《えきたい》のままです。したがって、低い温度《おんど》ははかれませんが、高い温度《おんど》をはかるのには適《てき》しています。

○その他の温度《おんど》計

アルコール温度《おんど》計も水銀温度《すいぎんおんど》計も温度《おんど》をはかるものに直《ちょく》接《せつ》ふれさせて、体積のぼう張《ちょう》によって温度《おんど》をはかるという点では共通しています。このような温度《おんど》計を「ぼう張温度《ちょうおんど》計」または「接触温度《せっしょくおんど》計」といいます。

「接触温度《せっしょくおんど》計」にはこの他に、温度《おんど》による電流の流れ方の違《ちが》いを利用した「サーミスタ」とか「熱電対《ねつでんつい》」という温《おん》度《ど》計もあります。今はどの家庭にもある「デジタル式体温計」はこれを利用したものです。

しかし「接触温度《せっしょくおんど》計」には不便《ふべん》な点があります。それは「さわれないものの温度《おんど》ははかれない」ということです。たとえば、ロウソクの炎《ほのお》の温度《おんど》はふつうの温度《おんど》計でははかれないでしょう？

○非接触《せっしょく》型温度《おんど》計

直接《ちょくせつ》さわらずに離《はな》れたところから温度《おんど》をはかることができるものに、「色温度《おんど》計」と「放射温度《ほうしゃおんど》計」があります。「色温度《おんど》計」は炎《ほのお》の色から温度《おんど》を測定《そくてい》するもので、高温のものをはかるのに適《てき》しています。「放射温度《ほうしゃおんど》計」は可視《かし》光線（炎《ほのお》のように目に見える光）ではなく、もっと温度《おんど》の低いものからも出ている赤外線をとらえて、そのものの表面の温度《おんど》をはかります。

Ⅳ　液体も「対流」する

液体《えきたい》のあたたまり方は、基本的には気体と同じです。気体と比《くら》べると体積の変化はずっと小さいのですが、やはり

あたためる → ぼう張《ちょう》する → 同体積で比《くら》べたときの重さが軽くなる

という点は同じです。

図15　熱の伝わり方（液体《えきたい》の対流）をおがくずの入った水で見てみよう。

液体《えきたい》も気体と同じように、**あたためられて軽くなった部分が上昇《じょうしょう》し、冷たい部分が下に下がってきます。**つまり**「対流」**が起こります。

水は透明《とうめい》なので、動きを目でみるのは困難《こんなん》です。そこでビーカーに水をいれ、そこにおがくずを浮《う》かべてあたためてみると、おがくずは水の動きとともに動くので、液体《えきたい》の対流のようすがわかります。

「熱の伝わり方」は『応用編Ⅱ』でくわしく学習しますが、**気体や液体《えきたい》は対流を繰《く》り返すことによって全体が少しずつあたたまっていく**、ということは覚《おぼ》えておきましょう。

図16　上のほうのお湯はあたたかいのに、下のほうはまだ水だ！

課題　「さあ勉強も終わったし、お風呂《ふろ》に入って、もう寝《ね》よう」（ザブン）…ところがお湯の上のほうは熱《あつ》いのに、下のほうはまだ冷たい水のままだった…。なんてことは、いまの「給湯《きゅうとう》式」のお風呂《ふろ》ではあまり経験がないかな？　昔《むかし》は風呂《ふろ》おけに水を張《は》って、ガスであたためていたため、こんなことは日常茶飯《さはんじ》事でした。さて、どうしてこのようなことが起こるのか説明してみてください。他にも身の回りで「対流」という言葉で説明できる現象《げんしょう》を探してみましょう。

参考　「C」と「K」と「F」

「C」「K」「F」とは温度《おんど》をあらわす3つの単位です。

温度《おんど》はふつう「℃」という単位であらわします。「C」はこの目盛《めも》りを考案したセルシウスという学者の名前をとったもので、日本では「摂氏《せっし》」といいます。

摂氏《せっし》目盛《めも》りは1気圧で水がこおる温度《おんど》を「0℃」、水がふっとうする温度《おんど》を「100℃」として、その間を100等分したものです。

これに対し、106ページの参考に登場する「絶対零度《ぜったいれいど》」を「0度」とし、1度のはばを摂氏《せっし》と同じにした単位を「ケルビン」といい「K」で表します。0 K＝－273℃だから、0℃＝273 K　100℃＝373 Kです。

これ以外に水のこおる温度《おんど》を32° F、ふっとうする温度《おんど》を212° Fとする「華氏《かし》」という温度《おんど》の表し方もあり、国によってはまだこの目盛《めも》りが使われています。「華氏《かし》目盛《めも》り」の温度《おんど》計を作ったファーレンハイトの名をとって「° F」という記号を使います。

摂氏《せっし》	ケルビン温度《おんど》	華氏《かし》
－273℃	0 K	－459℉
0℃	273 K	32℉
35℃（ヒトの体温）	308 K	95℉
100℃	373 K	212℉

表2　温度《おんど》を表す３つの単位

Step 3 固体もぼう張するの？

Ⅰ　温度を上げると固体もぼう張する

図17　おもちがふくらむのはなぜ？

固体もあたためるとやはりぼう張《ちょう》するのでしょうか？　じゃあ熱いお風呂《ふろ》に入ると体がぼう張《ちょう》して太っちゃう？　まさかね。でも目に見えるほどではありませんが、固体もやっぱり、あたためると体積が大きくなるのです。

固体のぼう張《ちょう》（体積の変化）の割合《わりあい》は液体《えきたい》よりもさらに小さいので、身の回りではっきりと固体がぼう張《ちょう》するようすを確《たし》かめられる現象《げんしょう》はほとんどありません。ん？ おもちを焼くとふくらむのはどうかって？

残念《ざんねん》ながら、あれは、おもちの中の水分（液体《えきたい》）が蒸発《じょうはつ》して、水じょう気（気体）になるからなのです。

Ⅱ　金属のぼう張を確かめてみよう

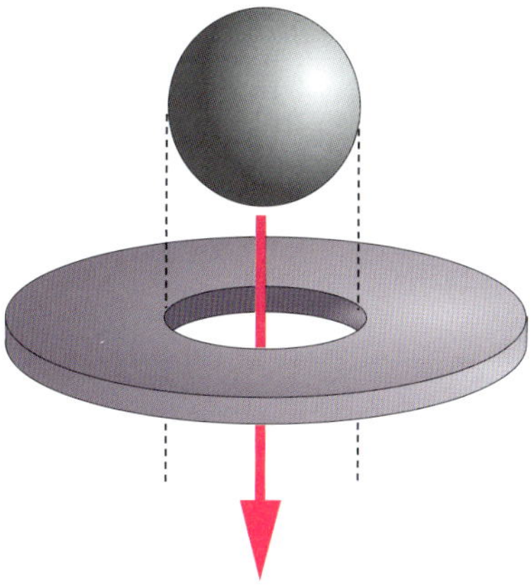

図18　金属《きんぞく》の輪《わ》と、輪《わ》をぎりぎり通りぬけられる大きさの球を用意する

◉実験の方法

図18のような金属《きんぞく》の輪《わ》と、輪《わ》をぎりぎり通りぬけられる大きさの金属《きんぞく》の球をつかって、金属《きんぞく》をあたためたときの体積変化について調べてみましょう。はじめはどちらの温度《おんど》も同じとします。

①金属《きんぞく》の球だけを熱してから輪《わ》に通してみる。

②金属《きんぞく》の輪《わ》だけを熱して金属《きんぞく》の球を通してみる。

◉実験の結果

①球は輪《わ》を通りぬけられなくなる。

②球は輪《わ》をかんたんに通りぬけることができる。

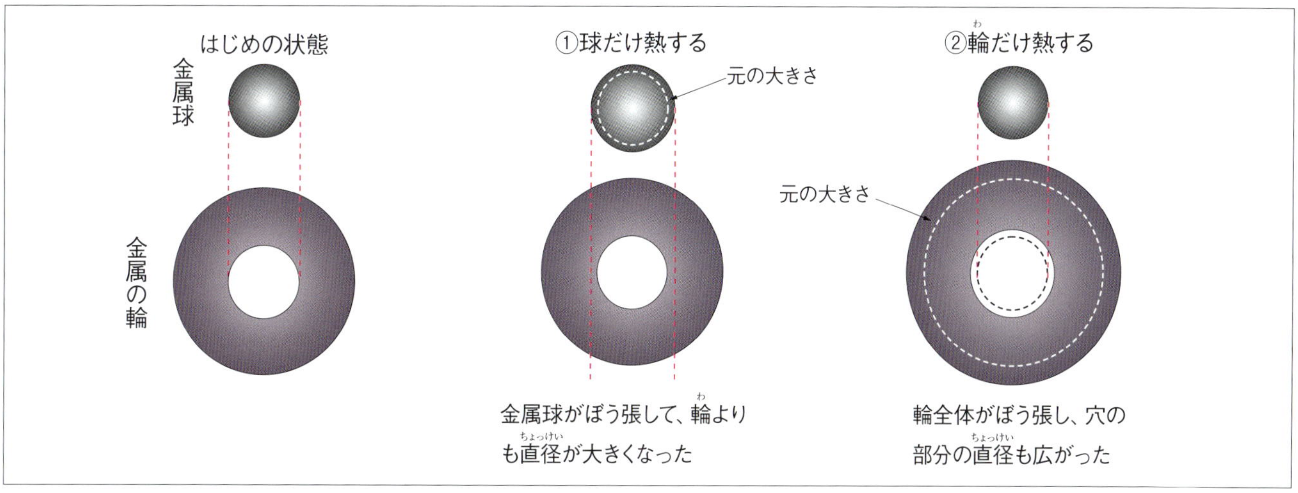

図19　実験の結果《けっか》

参　考　電車の車輪のはめ方

現在の電車はほとんど、車輪《しゃりん》と車軸《しゃじく》が一体となっていますが、以前は「焼きはめ」という方法で車輪《しゃりん》を車軸《しゃじく》にとりつけていました。車輪《しゃりん》を300℃くらいに熱してぼう張させると、中の「空洞《くうどう》」の部分もひろがるため、ここに車軸《しゃじく》をはめ込《こ》み、すばやく水で冷やして固定するのです。

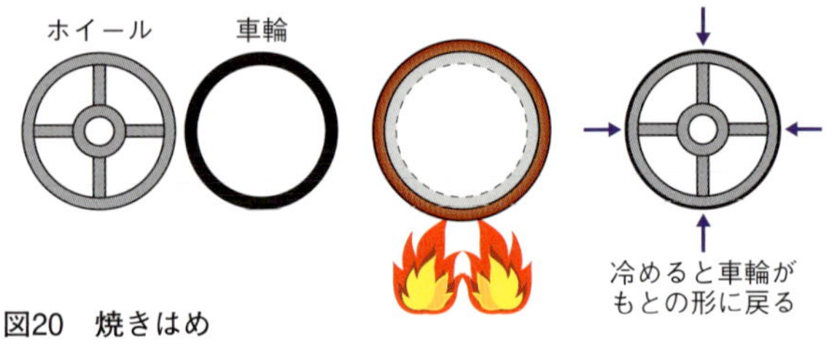

図20　焼きはめ

Ⅲ　物質の種類によってぼう張の度合いが違う？

温度《おんど》が上がったときに**固体がぼう張《ちょう》する度合いは、物質《ぶっしつ》の種類によって異《こと》なります**。10mの鉄のレールは、1℃上がると、0.12mmくらい長くなります（表3）。

固体の場合、このようにぼう張《ちょう》の度合いを**長さの変化**で表します。これを**線ぼう張率《ちょうりつ》**といいます。同じ固体でも金属《きんぞく》のなかまは変化の割合《わりあい》が大きく、また同じ金属《きんぞく》でも、アルミニウムは銀・銅《どう》・鉄よりのびやすいことがわかります。しかし、それでも空気（気体）やアルコール（液体《えきたい》）に比《くら》べると、体積の変化はごくわずかです。

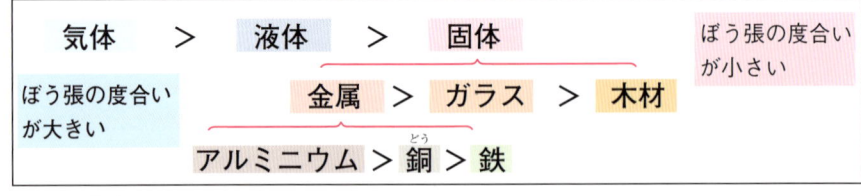

表3　線ぼう張率《ちょうりつ》（10mの長さの棒《ぼう》が1℃でのびる長さ）

種類	のびる長さ（mm）
アルミニウム	0.23
銀	0.19
銅《どう》	0.17
鉄	0.12
ガラス	0.09
木材	0.04

ぼう張《ちょう》の度合いをまとめると、次のようになります。

ぼう張の度合いが大きい

気体　＞　液体　＞　固体

金属　＞　ガラス　＞　木材

アルミニウム ＞ 銅《どう》 ＞ 鉄

ぼう張の度合いが小さい

図21　冬はピンと張《は》っている電線も、夏にはだら～んとたれ下がることがある。

ぼう張《ちょう》の度合いが小さいといっても、「もとの長さ」が長ければ、それだけ温度上昇《おんどじょうしょう》による長さの変化も大きくなります。たとえば旧式《きゅうしき》の鉄道のレールとレールの間にはすき間があけてありましたが、これは夏の気温が高い日に、レールがぼう張《ちょう》してレールとレールが押《お》しあって、レールが曲《ま》がるのを防《ふせ》ぐためです。電線《でんせん》も冬はピンと張《は》っていますが、夏になるとだら～んとたれ下がってしまうのです。

参　考　どれくらいレールが長くなるのだろう?

たとえば、長さ50mのレールは、夏と冬でどれくらい長さが変わるものなのかを計算してみましょう。レールの温度《おんど》を、冬は0℃、夏は40℃としておきます。

表3から、10mの鉄のレールは、温度《おんど》が1℃上がると0.12mm長くなることがわかります。

つまり、40℃上がると0.12mm×40＝4.8mmのびることになります。10mあたり4.8mmのびるのですから、長さ50mの鉄のレールはその5倍。ということは、4.8mm×5＝24mm＝2.4cm　ものびることになるのです。

図22　鉄道のレールにすき間があいている

Ⅳ　ぼう張率の違いを利用した道具

私たちの身のまわりにある温《おん》度《ど》計は、アルコールや水《すい》銀《ぎん》などの液《えき》体《たい》を用いた温《おん》度《ど》計がほとんどです。なぜ、液《えき》体《たい》を使うのでしょうか。

固体は、液《えき》体《たい》に比《くら》べて温《おん》度《ど》によるぼう張《ちょう》の度合い（ぼう張率《ちょうりつ》）が小さいため、わずかな温《おん》度《ど》の変化では、体積はほとんど変化しません。したがって、固体のぼう張《ちょう》を利用した温《おん》度《ど》計では、正《せい》確《かく》な温《おん》度《ど》をはかることがむずかしいのです。しかし、逆《ぎゃく》に体積の変化が小さい分だけ、高い温《おん》度《ど》のものまではかることができます。

この性《せい》質《しつ》を利用したものに、**バイメタル温《おん》度《ど》計**があります。

「バイメタル」というのは**ぼう張率《ちょうりつ》の違《ちが》う2種類の金《きん》属《ぞく》をはりあわせたもの**です。温《おん》度《ど》を上げると、ぼう張率《ちょうりつ》の高い金《きん》属《ぞく》Aは長さが大きく変化し、Bはあまり変化しないため、Bのほうに向かって全体が曲がります。温《おん》度《ど》を下げると、この逆《ぎゃく》のことが起こります。

バイメタルは温《おん》度《ど》計にも利用されていますが、もっともよく利用されているのは**「サーモスタット（自動温《おん》度《ど》調《ちょう》節《せつ》器）」**です。

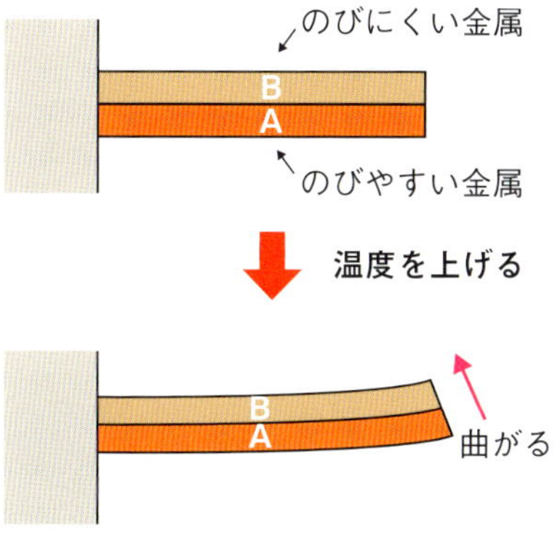

図23　バイメタルのしくみ

参考　バイメタル温度計のしくみ

バイメタル温《おん》度《ど》計は、バイメタルをゼンマイ状《じょう》に巻《ま》いたもので、一方の端《はし》は針《はり》を回転させる軸《じく》につなげてあり、もう一方の端《はし》は固定してあります。温《おん》度《ど》が高くなるほど、ぼう張率《ちょうりつ》の大きい金属《きんぞく》の方がのびるので、ゼンマイのまきがゆるんで、温《おん》度《ど》を示す針が回転するしくみになっています。

一番性能のいいものは－50℃から500℃くらいまでの温《おん》度《ど》をはかることができますが、揚《あ》げ物をするときに油の温《おん》度《ど》をはかる200℃くらいまでのバイメタル温《おん》度《ど》計は、2000円くらいで買うことができます。

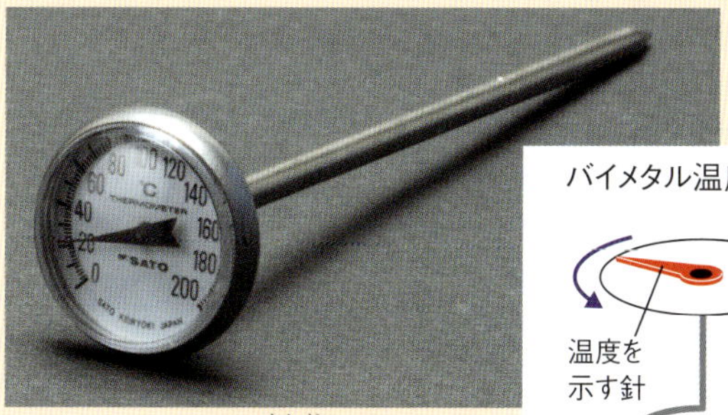

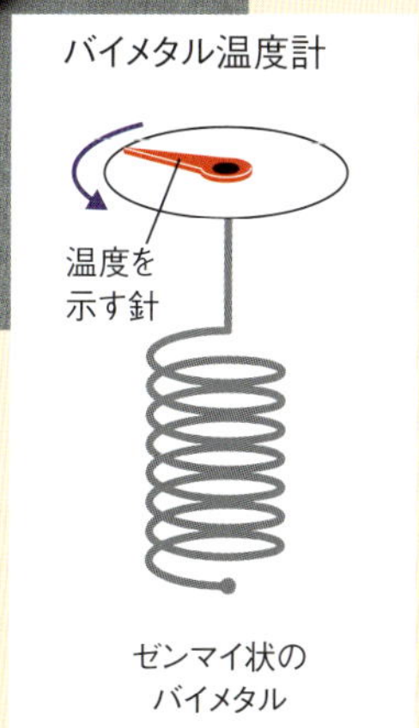

図24　「バイメタル温《おん》度《ど》計」としくみ

バイメタルを使った「サーモスタット」を利用したものにドライヤーがあります。これは、熱風がふき出す部分にバイメタルが使われていて、あまり温《おん》度《ど》が上がりすぎるとヒーター（熱を出す部分）への電流がしゃ断《だん》されるようなしくみになっています。

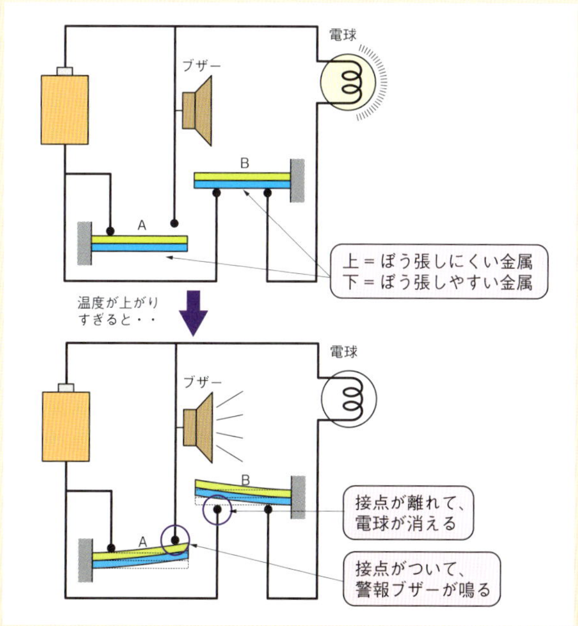

図25　バイメタルを利用したサーモスタットのしくみ

第3部
身の回りの科学

2 ものの重さをはかる

Step1　重さをはかる道具

Ⅰ　ばねばかりと上ざらてんびん

ばねばかり　はかりたいものをフックに下げ、目盛りを読む

上ざらてんびん　はかりたいものと分銅を皿にのせて、左右がつりあったところで分銅の重さを合計する

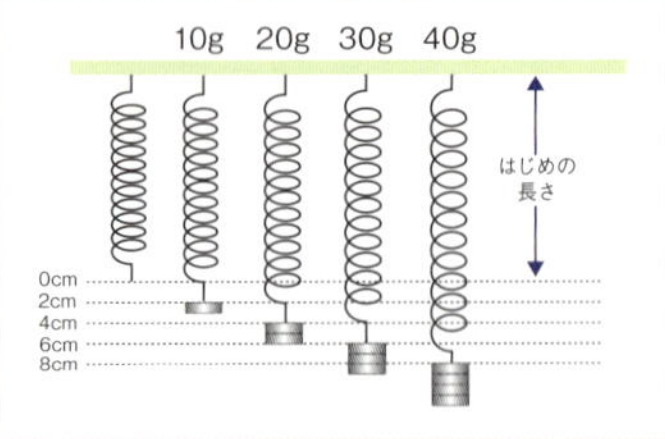

おもりの重さとばねののび

Ⅱ　ばねの性質

フックの法則

- ばねにかかる力（つるしたものの重さ）が２倍、３倍になると、ばねののびも２倍、３倍になる
- ばねのはじめの長さを「０ｇ」として等間隔に目盛りをつける。ばねののび（目盛り）を読めば、はかりたいものの重さを知ることができる

2倍　3倍

おもりの重さ	0g	10g	20g	30g	40g
ばねののび	0cm	2cm	4cm	6cm	8cm

2倍　3倍

おもりの重さとばねののび

Ⅲ　上ざらてんびんの使い方

測定の準備

皿とうでの番号をあわせる（「うで1」に「皿1」をのせる）

片づけるときは2枚の皿を片方に重ねてしまう

水平な台の上におく

指針

指針が左右に同じくらい振れている状態で「つりあっている」と判断する

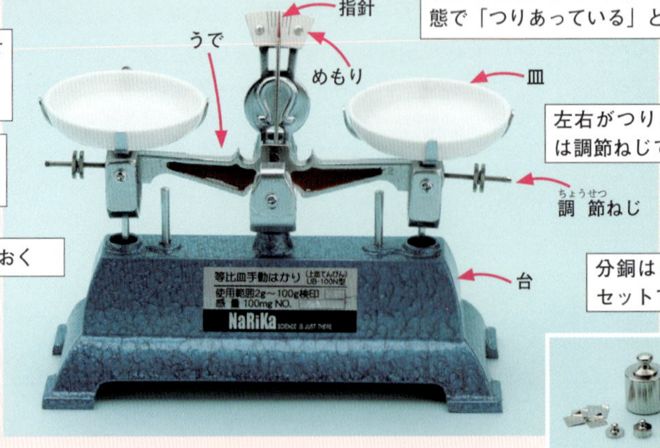

皿

左右がつりあわないときは調節ねじで調節する

調節《ちょうせつ》ねじ

台

分銅はかならずピンセットで取り扱う

ものの重さをはかる

薬品をはかるときは両方の皿に薬包紙

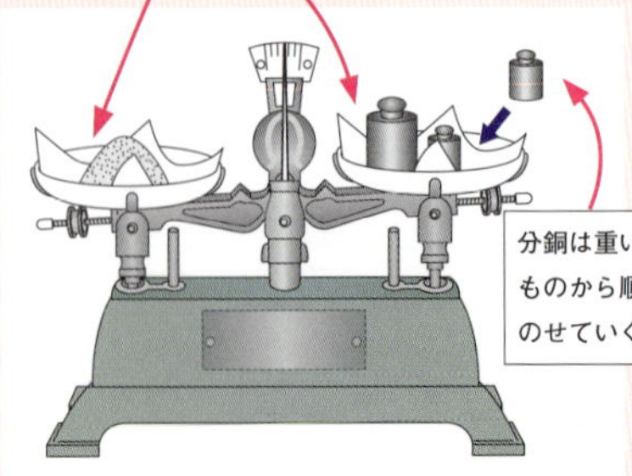

分銅は重いものから順にのせていく

決まった重さの薬品をはかりとるときは、分銅を左の皿に

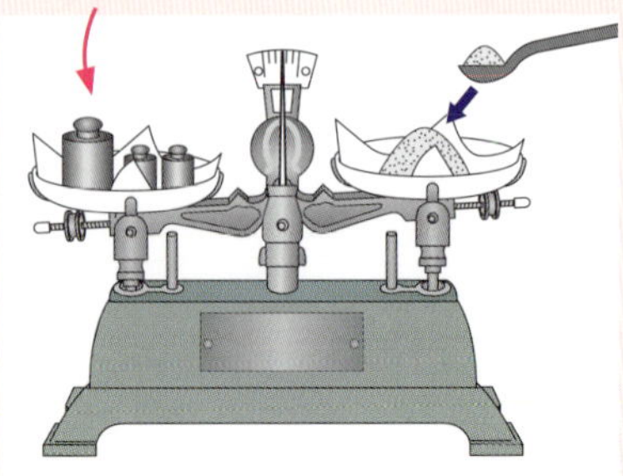

Step2　てんびんのつりあい

Ⅰ　重さがちがってもつりあう？

●座る場所を変えると、体重が違《ちが》ってもシーソーはつり合う

Ⅱ　「つり合う」って、どういうこと？

■ ばねばかりのつりあい

上向きの力（ばねが引く力）＝下向きの力（おもりにかかる重力）

■ 棒のつりあい

上向きと下向きの力がつりあっていても、棒が回転する（かたむく）ことがある

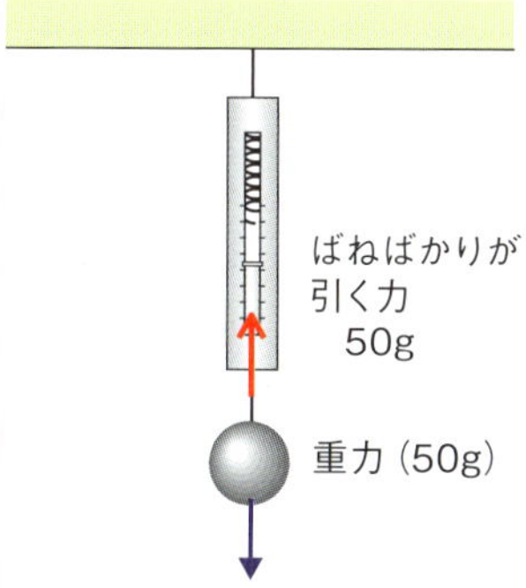

上向きの力と下向きの力のつりあい

Ⅲ 回転させる働き＝モーメント

■ モーメント＝支点からの距離×重さ（力の大きさ）

●棒（てんびんやシーソーなど）を回転させる働きを「モーメント」という

●支点（支えているところ）を中心として、

左まわり（反時計まわり）のモーメント	＝	右まわり（時計まわり）のモーメント

となったとき、棒は水平になってつりあう

●モーメント＝支点からのきょり×重さ（力の大きさ）

だから重い人が支点に近い所に座れば、シーソーはつり合う

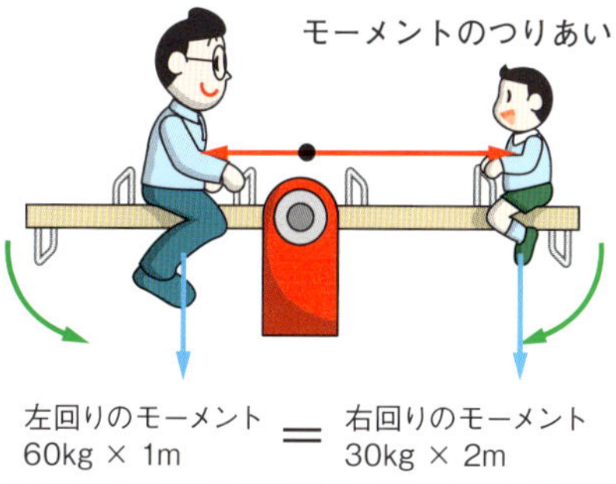

支点からの距離《きょり》を変えることで、モーメントがつり合う。

Ⅳ てこ実験器で実験してみよう

●左と右の「支点からの距離」（目盛りの数）×「おもりの重さ」（個数）が等しいとき、水平につり合う

●２カ所以上におもりを下げたときは、それぞれのモーメントを計算して合計する

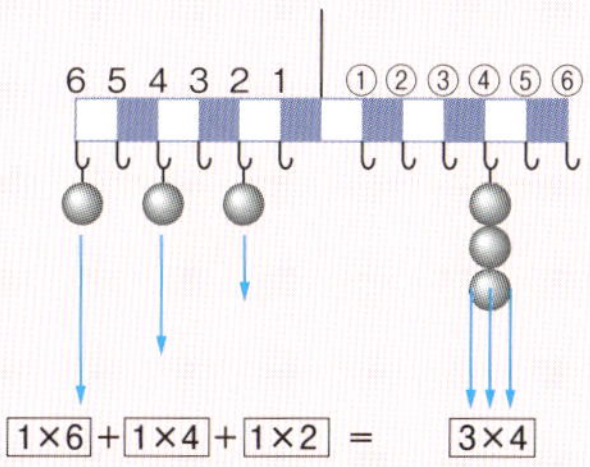

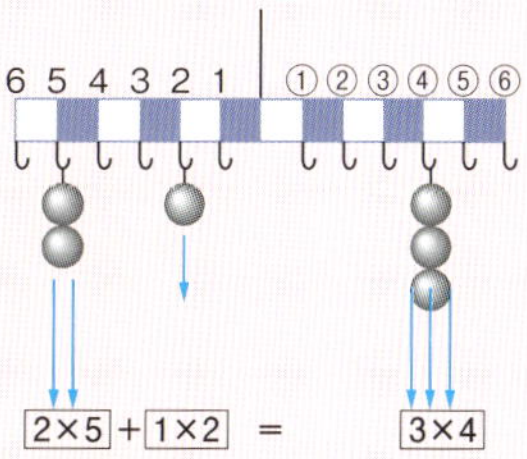

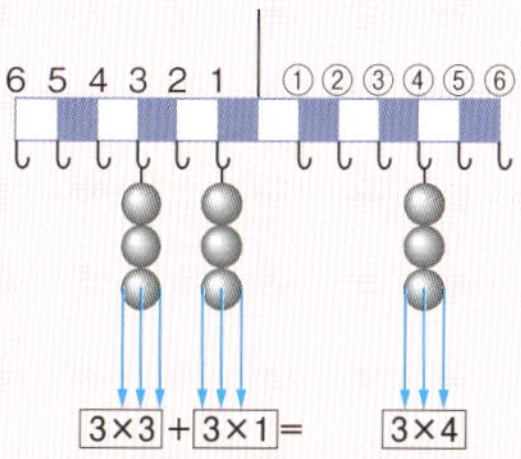

Ⅴ さおばかり

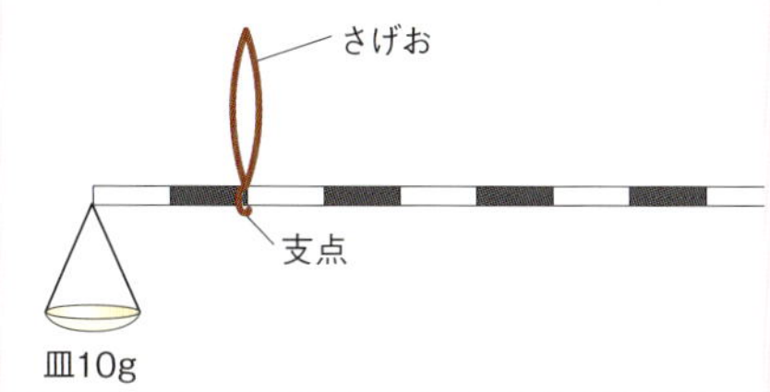

さげおと皿をとりつける

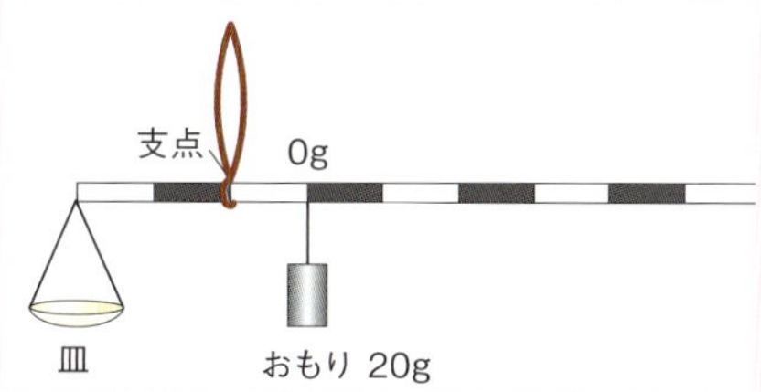

皿とおもりがつり合ったところに「0g」の目盛りをつける

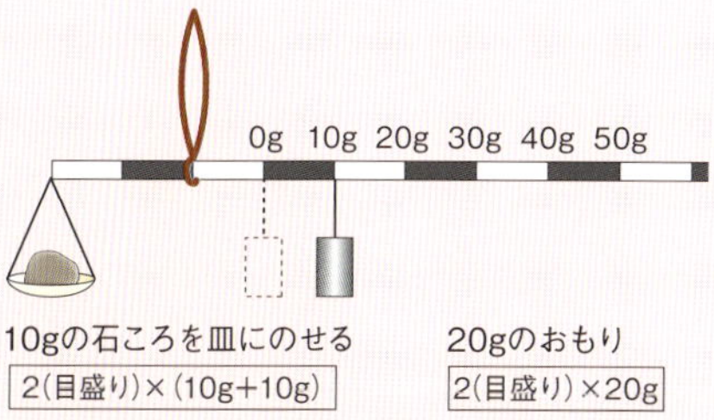

皿の上に10gの石ころをのせて、つり合う位置におもりを動かす

Step 1　重さをはかる道具

Ⅰ　ばねばかりと上ざらてんびん

図1　いろいろなはかり

「ものの重さ」をはかる道具《どうぐ》と言われて、みなさんは何を思い浮《う》かべますか？ 体重計、上ざらてんびん、ばねばかり、また料理用の小さな台ばかり（キッチンスケール）もあります。昔の焼き芋《いも》屋さんは「さおばかり」を使っていたのですが、君たちは見たことがあるでしょうか？

用途《ようと》（はかるものの種類）によって形や大きさはさまざまですが、実は**「重さをはかるしくみ」**は大きく分けて2つしかありません。

ここでは理科の実験で使う「ばねばかり」と「上ざらてんびん」を取り上げることにしますが、他のはかりも基本的《きほんてき》には、この2つのうちのどちらかのしくみを利用しているのです。

まずは**「ばねばかり」**。目盛《めも》りのついたつつ型の容器《ようき》の中に**「つるまきばね」**が入っていて、ばねの先にはおもりなどをつり下げるための**「フック」**がついています。フックにおもりをさげると、ばねがのび、そのとき**「指針《ししん》」がさしている目盛《めも》り**がフックにつるしたおもりの重さを示しています。

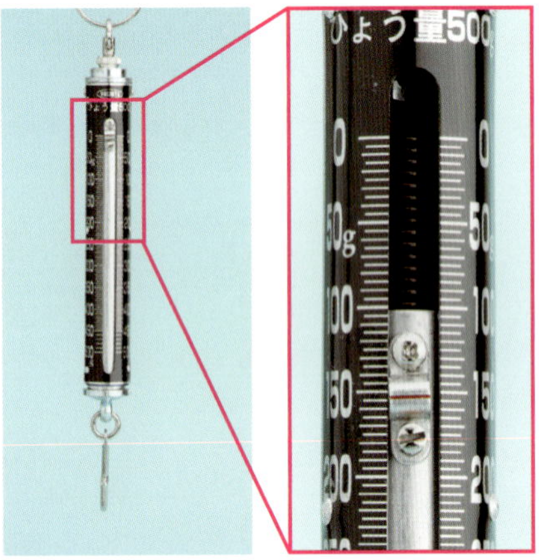

図2　ばねばかり

もう1つは**「上ざらてんびん」**。**「うで」**の左右に**「皿」**があり、片方《かたほう》の皿に重さをはかりたいものをのせ、次に反対側の皿にいろいろな種類（重さ）の「分銅《ふんどう》」をのせ、てんびんの左右の「うで」がつり合うようにします。**皿にのせた分銅《ふんどう》の重さを合計する**と、それが「はかりたいもの」の重さになる、というわけですね。

さて、この2つの道具は、どんな原理《げんり》を利用して重さをはかっているのでしょうか。また、他のいろいろな「はかり」はどちらのグループに入るのでしょうか。

参　考　重さって何なんだろう？

「万有《ばんゆう》引力」という言葉を聞いたことがありますか。

すべての物の間はおたがいに引っぱりあう力が働《はたら》いていて、その力は、2つの物が重ければ重いほど大きくなり、2つの物の距離《きょり》が遠ければ遠いほど小さくなります（2つの磁石《じしゃく》が引きつけ合うときの様子《ようす》に似《に》ています）。

たとえば、このテキストを読んでいるキミと、キミのとなりに座《すわ》っている女の子の間にもおたがいに引っぱりあう力が働いているのですが、キミと女の子の体の重さがとても軽いので、実際《じっさい》には、体で感じるほどの「引力」は働きません（それでも「引っぱりあう」感じがするとしたら、それは「なにか別の力」なのかも？）。

これに対し、地球の重さはおよそ600000000000000000000000000kgもあるため、地球上のすべての物体と地球との間には強い引力が働いています。これを「重力」と呼《よ》びます。君たちが物を持ったときに感じる「重さ」とは、その物に働いている重力を感じているということになります。「重さ」と「重力」は違《ちが》うものなのですが、小学校（中学受験《じゅけん》）では、特にこの2つを区別せずに使います。くわしいことは中学生になってから勉強してくださいね。

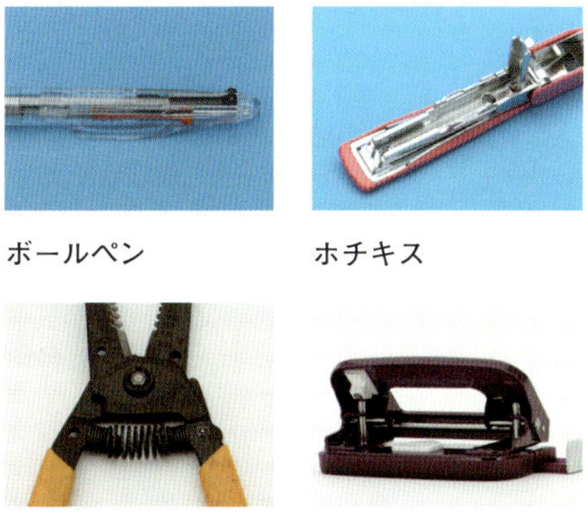

ボールペン
ホチキス
万能ハサミ
穴あけ器

図３　ばねを使った日常の道具

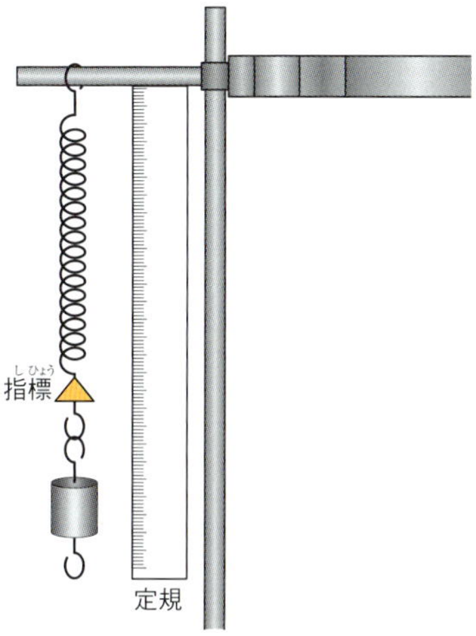

図４　ばねをスタンドに固定する

Ⅱ　ばねの性質

◉「弾性《だんせい》」を利用する

ばねは「力を加えると変形する」「力を取り除《のぞ》くと元に戻《もど》る」という性質《せいしつ》をもっています。これを「弾性《だんせい》」といいます。

そのため、一方では「衝撃《しょうげき》をやわらげる」しくみとして（自動車やベッドのスプリング）、他方では「エネルギーをたくわえて、一気に放出《ほうしゅつ》する」しくみとして利用されています（弓矢《ゆみや》、ぜんまい、銃《じゅう》など）。

◉フックの法則

ばねにはもう１つ、大切な性質《せいしつ》があります。それを確《たし》かめる実験をしてみましょう。

まず、ばねの片方《かたほう》の端《はし》をスタンドに固定します。このとき、ばねの端《はし》から端《はし》までの長さを読みとっておきます。

10gのおもりを何個か用意し、1個ずつばねにつり下げていき、そのときのばねの長さを読みとります。

実験結果《けっか》を次のように表にまとめてみましょう。

表１　おもりを増やしたときのばねの長さ

おもりの重さ	0g	10g	20g	30g	40g
ばね（全体）の長さ	20cm	22cm	24cm	26cm	28cm

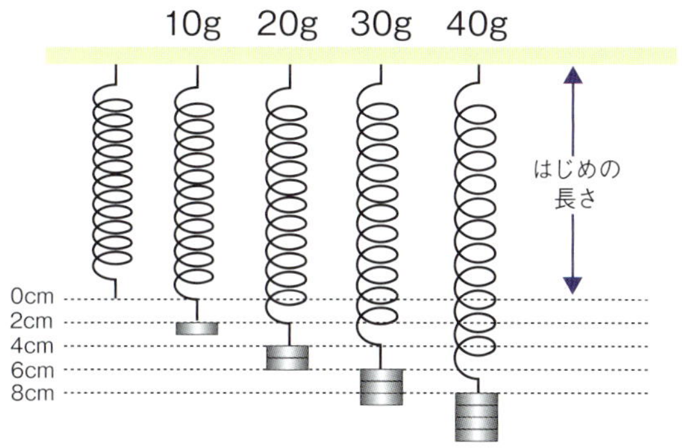

図５　おもりの重さとばねののび

「おもりを1個（10g）増《ふ》やすと2cmずつ長くなる」ことがわかります。これを図で表してみましょう（図5）。

いかがですか。「ばね全体の長さ」ではなく、「ばねののび」（全体の長さ－はじめの長さ）に注目すると、さらにわかりやすくなりますね。

表２　おもりの重さとばねののび

2倍　3倍

おもりの重さ	0g	10g	20g	30g	40g
ばねののび	0cm	2cm	4cm	6cm	8cm

2倍　3倍

おもりの重さを２倍にする → ばねののびは２倍になる

おもりの重さを３倍にする → ばねののびは３倍になる

このとき、おもりの重さとばねののびは「正比例《せいひれい》の関係」にあるといい、これを「フックの法則《ほうそく》」といいます。

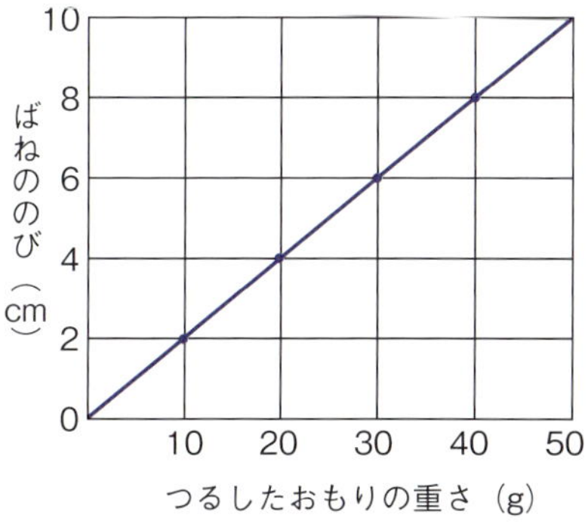

図６　おもりの重さとばねののびは正比例《せいひれい》する

このような性質《せいしつ》があるため、ばねばかりには「同じ間隔《かんかく》（幅《はば》）で目《め》盛《も》りをつけることができる」のです（温度《おんど》計の目盛《めも》りも同じでしたね）。

ただし、あまり重いものをつり下げると、ばねはのびきってしまい、元に戻《もど》らなくなります。これを、そのばねの「弾性限界《だんせいげんかい》」といいます。

参　考　台ばかりのしくみ

台ばかりは、ばねばかりとは逆に、「ばねにかかる力（重さ）」と「ばねの縮《ちぢ》む長さ」が正比例《せいひれい》することを利用して、指針を動かし、重さをはかる道具です。「100円ショップ」などで、中の仕組み（ばねが縮《ちぢ》み、目盛りが動くしくみ）が透《す》けて見える、透明《とうめい》なキッチンスケールを手に入れることができます。

図7

Ⅲ　上ざらてんびんの使い方

上ざらてんびんの原理は、ばねばかりとはまったく違《ちが》います。

上ざらてんびんは

「左右の皿に同じ重さのものをのせるとつり合う」ことを利用し、重さのわかっている何種類かの分銅《ふんどう》を使って、**はかりたいものの重さと分銅《ふんどう》の重さを比《くら》べる**のです。

◉測定の準備

①上ざらてんびんは、水平な台の上にのせて使う。

②「うで」と「皿」には番号（1、2）がついているので、「うで」と同じ番号の「皿」を左右にのせる（皿１をうで１にのせる）。

③うでが傾《かたむ》いてしまうときは、**「調節《ちょうせつ》ねじ」**を使って、「指針《ししん》」がまん中を示《しめ》すようにつり合わせる。

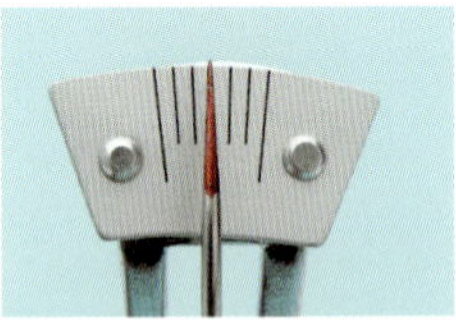

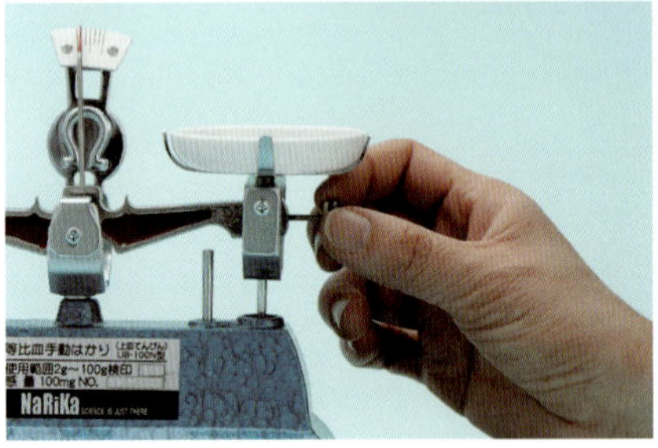

図8　調節《ちょうせつ》ねじの使い方

図9　分銅《ふんどう》はどれもピンセットで扱《あつか》う

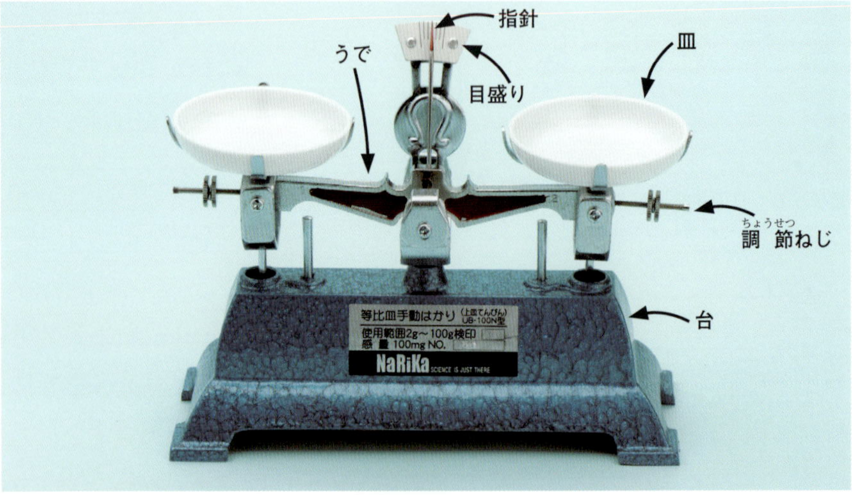

図10　上ざらてんびん

重さ（g）	100	50	20	10	5	2	1
個数	1	1	1	2	1	2	1

重さ（g）	0.5	0.2	0.1
個数	1	2	1

図11　分銅《ふんどう》の種類。200gまではかれる上ざらてんびんの場合は、このような組み合わせになっている。これらを組み合わせると、200gまでの重さを0.1g単位ではかることができる。

◉ものの重さをはかる

①左の皿の上に、重さをはかりたいものをのせる。

②右の皿に、分銅《ふんどう》を**重いものから順に**のせていく。

③右に傾《かたむ》いたら分銅《ふんどう》を軽いものにかえ、左に傾《かたむ》いたら分銅《ふんどう》を追加《ついか》していく。

④つり合ったら、皿にのっている分銅《ふんどう》の重さを合計する。

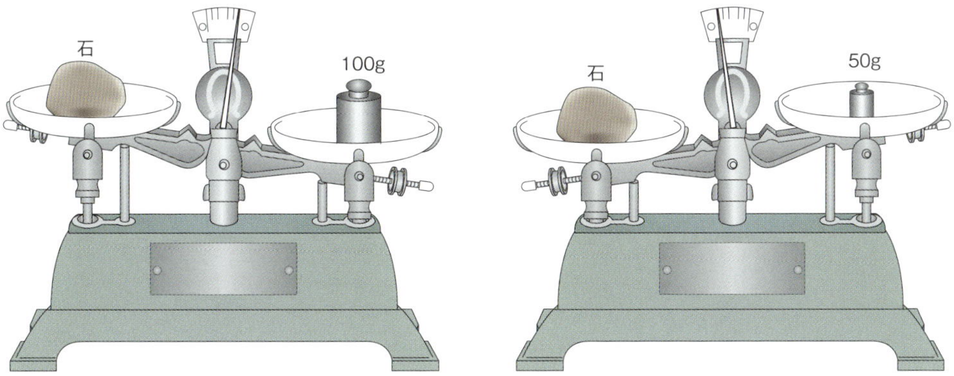

図12　左／てんびんが右に傾《かたむ》く　右／てんびんが左に傾《かたむ》く

◉測定するときの注意

①粉末《ふんまつ》の薬品をはかるときは、**左右両方の皿**に**「薬包紙《やくほうし》」**という紙をのせて測定《そくてい》する。

②分銅《ふんどう》はかならず**ピンセットを使って**取り扱《あつか》う。

③指針《ししん》の**左右のふれ幅《はば》がほぼ等しくなった状態《じょうたい》で「つり合った」と判断《はんだん》する**（手で指針《ししん》を止めたりしない）。

④「20g 分の食塩をはかりとりたい」という場合は、左側に 20g の分銅《ふんどう》をおき、右側で食塩の量を調節《ちょうせつ》してつり合わせる。

→いつも**「利《き》き手」の側で操作《そうさ》する**（分銅《ふんどう》をのせる、食塩を追加《ついか》するなど）。左利きの人は、どちらの場合でも左右を逆《ぎゃく》にする。

⑤上ざらてんびんを片《かた》づけるときは**両方の皿を片方《かたほう》に重ねてしまう**（うでがガタガタ動くと支点が傷《きず》ついてしまうから）。

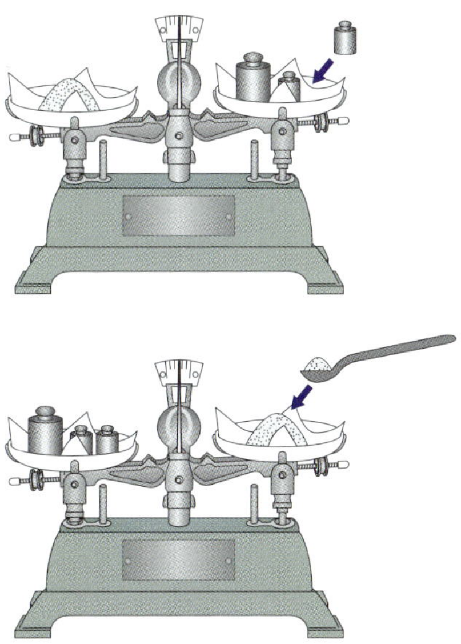

図13　操作《そうさ》は、必ず「利き手」で行う。上の図は右利きの人の場合

参　考　物の重さは場所によって違う?

月の重さは、地球のおよそ80分の1の重さしかありません。ただし、大きさも地球より小さい（月の中心と月面上の物体との距離《きょり》が短《みじか》い）ため、月の重力は地球のおよそ6分の1になります。また、同じ地球上でも、北極《ほっきょく》や南極《なんきょく》と赤道《せきどう》付近では、違《ちが》いがあります。地球の自転によって、赤《せき》道《どう》付近では重力と反対方向に遠心力《えんしんりょく》が働《はたら》くため、みかんのように（というのは極端《きょくたん》ですが）上下にややつぶれた形になります。赤道《せきどう》付近のほうが地球の中心からの距離《きょり》が長いため、体重は軽くなります。

ただし、月の場合も赤道《せきどう》上の場合も「重さ」が軽くなるのではなく、「重力」が小さくなるだけですから、月に移《い》住《じゅう》したからといって「ダイエットに成功！」というわけではありませんからね。

さて、ここで問題です。60gのおもりを、ばねばかりと上ざらてんびんを使って、それぞれ月面上で測定《そくてい》すると何gになるでしょうか。その結果《けっか》を予想《よそう》してください。

「ア. 10g　イ. 60g　ウ. 360g　エ. 測定《そくてい》できない」

（答えはこの章のどこかに書いてあります）

Step 2　てんびんのつり合い

図14　支点からの距離《きょり》が同じなら大人の方が下がる

図15　大人が支点の近くに座るとシーソーはつり合う

Ⅰ　重さが違ってもつり合う？

上ざらてんびんと同じようなしくみになっているものが、みなさんの身の回りにもありますね。たとえば、公園にあるシーソーはどうでしょうか。

同じ体重の人が両端《りょうはし》に座《すわ》れば、シーソーはつり合います。

でも、どちらか1人が座《すわ》る位置を変えれば、つり合わなくなります。また、体重の違《ちが》う大人と子どもが両端《りょうはし》に座《すわ》ると、大人の側に傾《かたむ》いてしまいますが、座《すわ》る位置を変えるとつり合わせることができます。

上ざらてんびんは、左と右に同じ重さのものをのせるとつり合うことを利用していました。しかし、シーソーの場合は、重さだけではなく、**「座《すわ》る位置」もつり合いに関係がある**ようです。

Ⅱ「つり合う」って、どういうこと？

シーソーの左側に大人が座《すわ》り、右側に子どもが座《すわ》ると、シーソーは左に傾《かたむ》きます。しかし、大人が支点《してん》の近くに座《すわ》れば、シーソーはつり合います。なぜ左右の重さが違《ちが》うのにつり合うのでしょうか？

その前に、そもそも**「つり合う」**とはどういうことなのでしょうか。

ばねばかりにおもりを下げると、ばねが少しのびて、おもりが少し下がったところで止まります。おもりを手で下に引っ張《ば》ると、さらにばねがのびますが、手を離《はな》すと元の位置に戻《もど》ります。つまり、この位置で**「力がつり合っている」**のです。

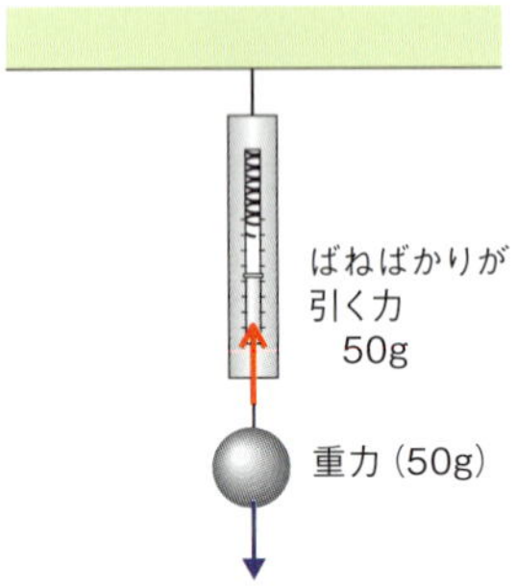

このとき「つり合っている」のは、**下向きの力（重力）と上向きの力（ばねが元に戻《もど》ろうとする力）**ですね。**同じ大きさの力が、正反対の方向に働《はたら》いている**とき、力はつり合います。

今度は重さの無視《むし》できる軽い棒《ぼう》をばねばかりでつるして、棒《ぼう》の右端《みぎはし》におもりを下げてみましょう。おもりの重さを50gとすると、ばねが少しのびて、指針《ししん》が50gを示したところで力がつり合う…はずなのですが、これでは棒《ぼう》が傾《かたむ》いて（回転して）しまいます。

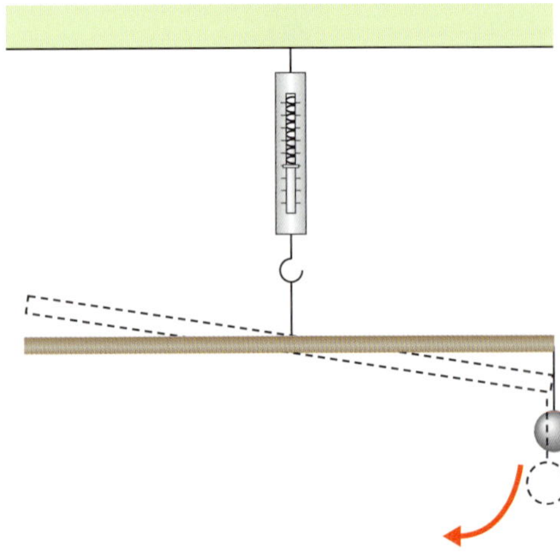

図16　棒《ぼう》は傾《かたむ》いてしまう

Ⅲ　回転させる働き＝モーメント

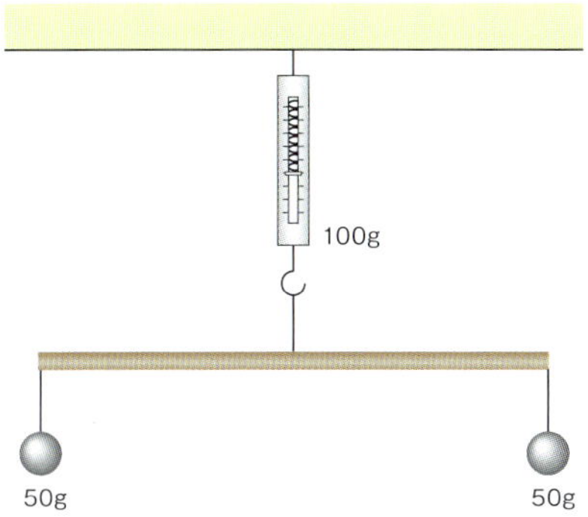

図17　棒《ぼう》の左右の端《はし》に同じおもりを下げると、棒《ぼう》は水平になってつり合う

棒《ぼう》のように長さがあるものの場合、おもりの重さ（おもりに働《はたら》く「重力」）は、**「下向きに50gの力で（棒《ぼう》を）引っ張る」**と同時に、**「棒《ぼう》を右回り（時計まわり）に回転させる働《はたら》き」**をもちます。

この**「回転させる働《はたら》き」**を**「モーメント」**といいます。

棒《ぼう》の反対側の端《はし》に同じ重さのおもりをつるせば、棒《ぼう》は水平になってつり合います。このとき

左（反時計）回りのモーメント＝右（時計）回りのモーメント

というように、モーメントがつり合っています。

もちろん、左右にそれぞれ50gのおもりがつるしてあるので、ばねばかりは100gを示します。つまり、

上向きの力（ばねが引っ張る力）＝下向きの力（おもりの重さの合計）

という**「力のつり合い」**も成り立っています。

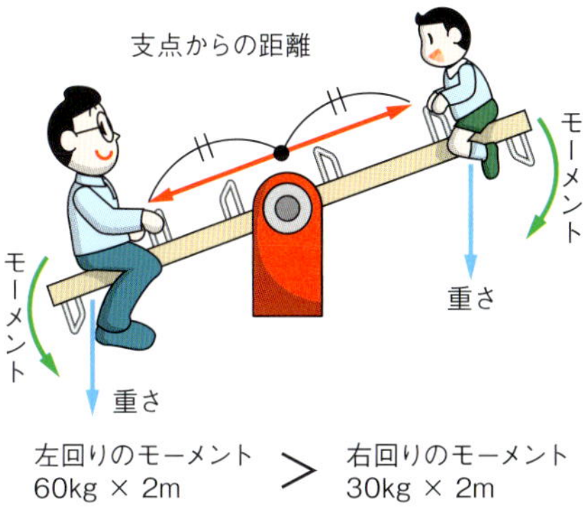

図18　支点からの距離《きょり》が同じだと、モーメントは体重の重いほうが大きい

さて、それでは「シーソーの不思議《ふしぎ》」を解《と》き明かしてみましょう。シーソーが水平になるのは、**支点《してん》（シーソーのまん中の部分）から座《すわ》っている位置までの長さが違《ちが》う**からですね（「支点《してん》」とはシーソーや上ざらてんびんのまん中の「支《ささ》えているところ」のことです）。

モーメントは、支点《してん》からの距離《きょり》が長いほど大きくなります。正確《せいかく》にいうと、

モーメント＝支点《してん》からの距離《きょり》×重さ（力の大きさ）

となります。仮《かり》に大人の体重を60kg、子どもの体重を30kg、シーソーの支点《してん》から子供の位置までの長さを2mとします。このとき、大人が支点《してん》から1mの場所に座《すわ》れば、

左（反時計）回りのモーメント 60kg×1m	＝	右（時計）まわりのモーメント 30kg×2m

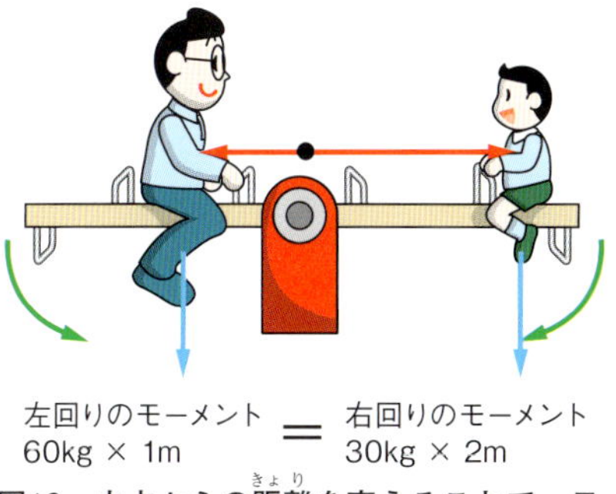

図19　支点からの距離《きょり》を変えることで、モーメントがつり合う

となって、モーメントがつり合うわけです。

もちろん、シーソーの支点《してん》には60kg＋30kg＝90kg（実際《じっさい》にはシーソーの板の重さも加《くわ》わる）の重さがかかり、上向きの力と下向きの力も、ちゃんとつり合っています。

もし、体重60kgの大人のかわりに、体重40kgのお母さんが座《すわ》るとしたら、どこに座《すわ》ればよいでしょうか。まだこの計算はちょっとむずかしいかな？　でも、60kgの大人より少し外側（支点《してん》から離《はな》れた場所）に座《すわ》ればよい、ということはわかりますよね（正解《せいかい》は**「支点《してん》から1.5m」**です）。

p119「参考」の答え
重力が6分の1になるので、ばねののびも6分の1になり、ばねばかりは「10g」を示す。しかし上ざらてんびんの場合は、分銅にかかる重力も6分の1になり、60gのおもりと60g分の分銅がつり合うので、「60g」になる。正解は「ばねばかり→ア　上ざらてんびん→イ」

Ⅳ　てこ実験器で実験してみよう

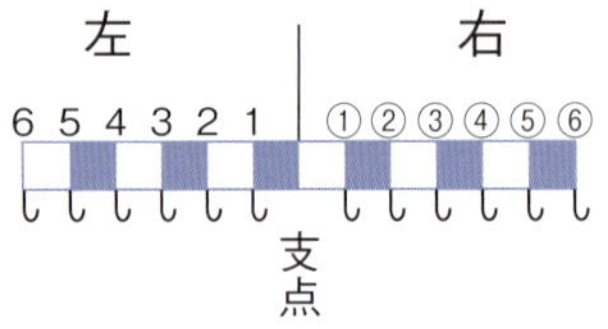

図20　棒《ぼう》に1〜6の目盛りをつけて、それぞれにおもりを下げることのできるフックをつける。

かんたんな道具を使って、モーメントのつり合いを調べてみましょう。図20のような棒《ぼう》を用意して、左右に等間隔《とうかんかく》に1〜6の目盛《めも》りをつけます。それぞれの目盛《めも》りの下にフックをとりつけ、おもりをつり下げられるようにします。

そして同じ重さのおもりを用意して、棒《ぼう》がつり合うようにいろいろな場所にいろいろな個数のおもりをつるしてみます。

支点《してん》の右側は④におもりを3個つるすことに決めて、左側だけ、おもりをつるす場所や個数を変えてみましょう。

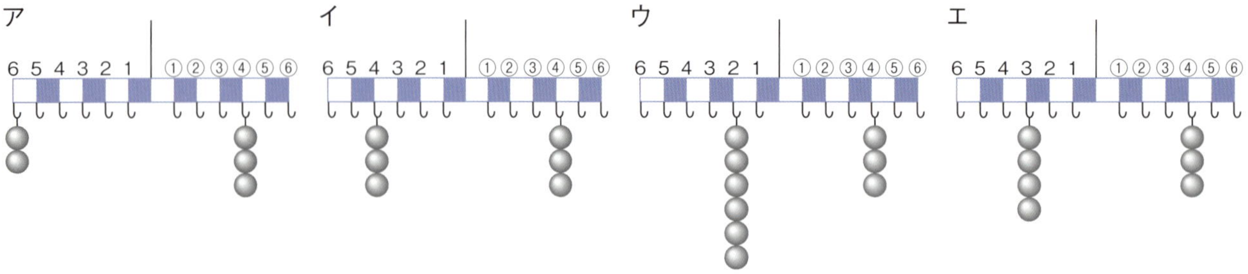

図21　左側のおもりの位置と個数を変えてつり合わせる

	位置		おもり		
ア	6	×	2	=	12
イ	4	×	3	=	12
ウ	2	×	6	=	12
エ	3	×	4	=	12

図22　図21のア〜エの左側の各モーメント

他にもいろいろなつり合わせ方がありますが、とりあえずア〜エの4通りを考えてみました。このとき、左側のモーメントはすべて12になっています。

右側も**「支点《してん》からの距離《きょり》×おもりの個数＝4×3＝12」**ですから、ア〜エはすべてつり合います。

2か所以上におもりを下げる場合は、それぞれのおもりについて「支点《してん》からの距離《きょり》×個数」を計算し、合計が12になるようにします。たとえば、オ〜キの場合はどうでしょうか。

もし、棒《ぼう》がつり合わないとすれば、それは棒《ぼう》が下がったほうのモーメントが大きいということになります。

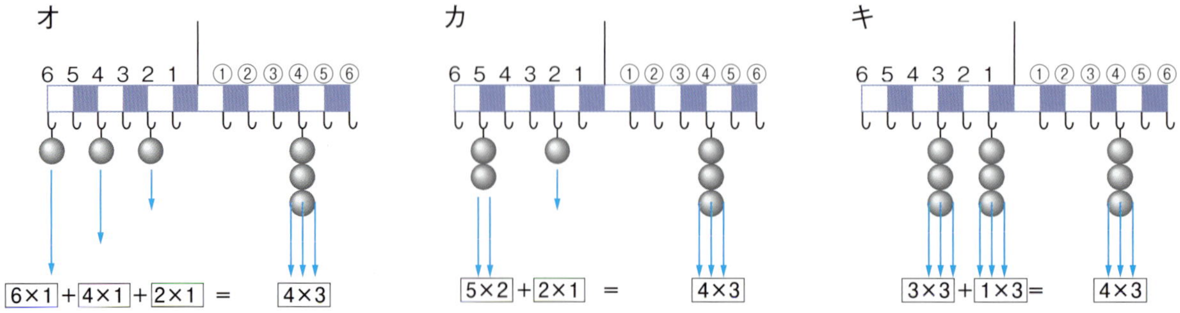

図23　オ〜キのモーメントを計算してみよう

V　さおばかり

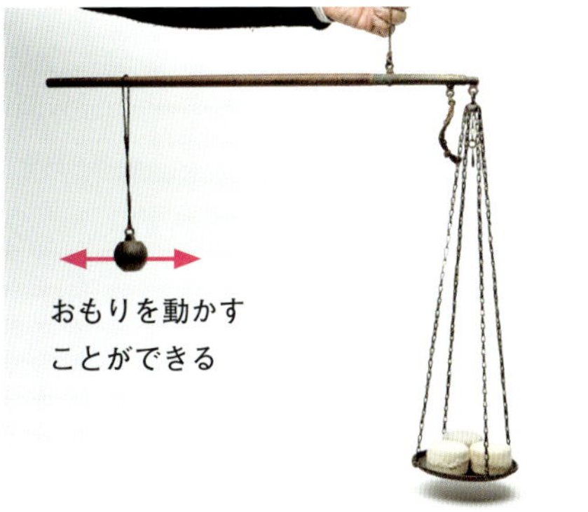

図24　さおばかり

上ざらてんびんは、左右の皿に「同じ重さのものをのせればつり合う」ことを利用して重さをはかる道具でしたが、**「左右がつり合う」**ときは**「重さ」だけでなく「支点《してん》からの距離《きょり》」も関係している**ことがわかりました。つまり、

左右の重さが同じでなくても、モーメントが同じになればつり合うのです。

このことを利用すれば、上ざらてんびんのようにいくつもの分銅《ふんどう》を使わなくても、支点《してん》からおもりを下げる場所までの距離《きょり》を変えれば、おもり1個だけでつり合わせることができます。これを利用したのが**「さおばかり」**(図24）です。

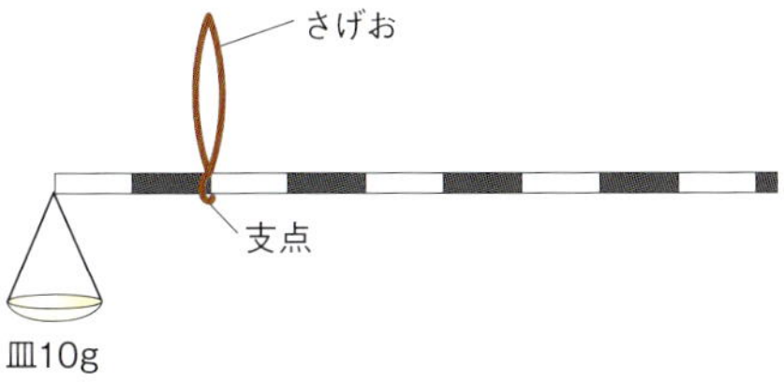

図25　さげおと皿をとりつける

前ページの実験で使ったのと同じように、等間隔《とうかんかく》に目盛《めも》りのついた棒《ぼう》で、さおばかりの模型《もけい》を作ってみましょう（棒《ぼう》＝さおの重さは考えないものとします)。

左から2マスのところに**「さげお」**(手でもつところ）をつけます。ここが**「支点《してん》」**ですね。まず左端《ひだりはし》に10gの皿をとりつけます。

左には皿の重さがかかっているので、20 g のおもりを支点《してん》から右に1マスのところに下げてつり合わせます（図26)。

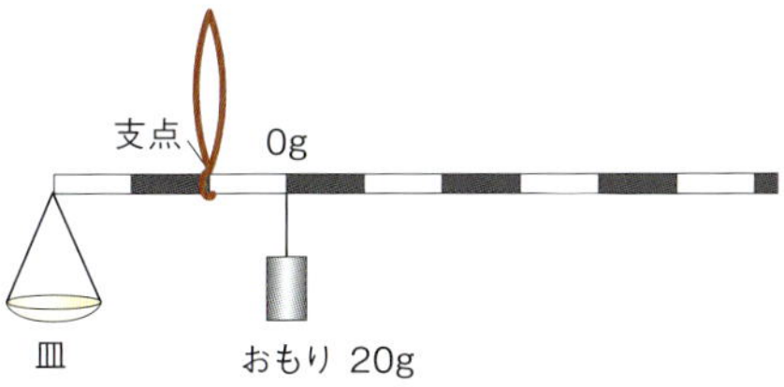

図26　おもりを下げて、つり合わせる

このときのおもりの位置に「0 g 」の目盛《めも》りをつけます（皿には何ものっていないから「0g」です)。

まず皿の上に10 g の石ころをのせてみます。

左のモーメントの合計は**2×（10＋10）＝40**になるので、おもりを支点《してん》から2マスの位置に動かせば、**2×20＝40** となって左右のモーメントが等しくなり、棒《ぼう》は水平になります。

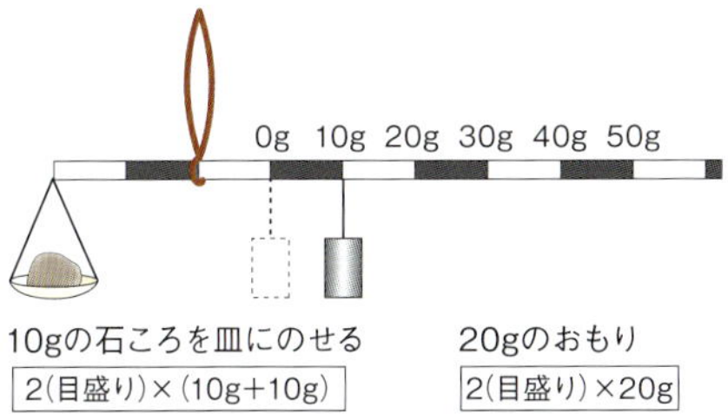

図27　皿の上に10gの石ころをのせて、つり合う位置におもりを動かす

皿にのせるものを20 g 、30 g と10 g ずつ重くしていくと、おもりの位置を1マスずつ右に動かせばつり合います。

つまり、「0 g 」の位置から右に**1マスにつき10 g ごとの目盛《めも》り**をつけておけば、左の皿に重さをはかりたいものをのせ、おもりを動かしてちょうどつり合ったときの目盛《めも》りを読むことで、ものの重さをはかることができます。これが「さおばかり」の原理《げんり》です。

皿の重さや「さげお」の位置を変えると、「0gの目盛《めも》りの位置」は変わります（実際《じっさい》には棒《ぼう》の重さも、最初のモーメントのつり合いに関係してきます)。また、おもりの重さを変えれば「目盛《めも》りの間隔《かんかく》」も変わります。使う道具を工夫《くふう》すれば、もっと重いものをはかるためのさおばかりを作ることができます。

第3部
身の回りの科学

3 燃焼の条件

Step1 ろうそくを燃やしてみよう

Ⅰ ものが燃えるためには何が必要だろう

燃焼の3条件		
	酸素（空気）	新しい空気の流れがないと火は消える
	燃えるもの	燃えるものがなくなると火は消える
	発火点以上の温度	一定の温度にならないと燃えない

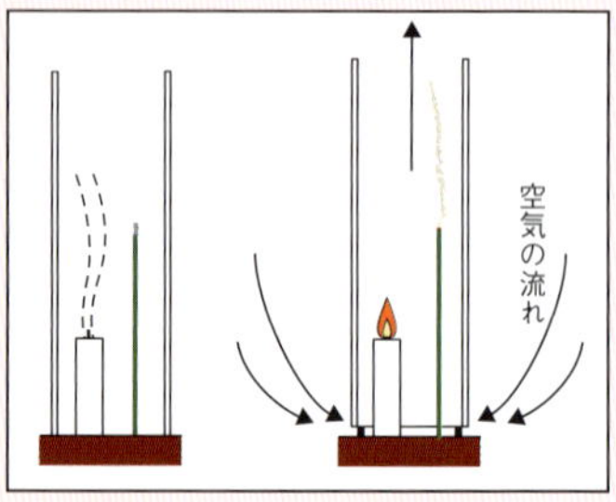

Step2 火を消すにはどうすればいい？

Ⅰ 「燃える」って、どういうこと？

燃焼とは 発火点以上の温度をきっかけに、熱や光を出しながら、燃えるものと酸素が結びつくこと

Ⅱ「消火」の条件

燃えるものをなくす ガスの元せんを閉める・ろうそくの炎を吹き消す

酸素をなくす アルコールランプにふたをかぶせる・あわの出る消火器

温度を下げる たき火に水をかける・フライパンの油に引火したら生野菜を投入する

Step3 燃えたあとはどうなるのだろう？

Ⅰ ものが燃えると、何ができる？

集気びんのくもり
燃えてできた水じょう気が冷やされて水てきになった

石灰水が白くにごる
燃えてできた二酸化炭素が石灰水と反応して白いにごりができる

ろうそく・わりばし・紙・アルコール

水じょう気と二酸化炭素が発生

木炭

二酸化炭素だけ発生

金属（スチールウールなど）

燃やしても気体は発生しない

Ⅱ ものが燃えると、重さは軽くなる？

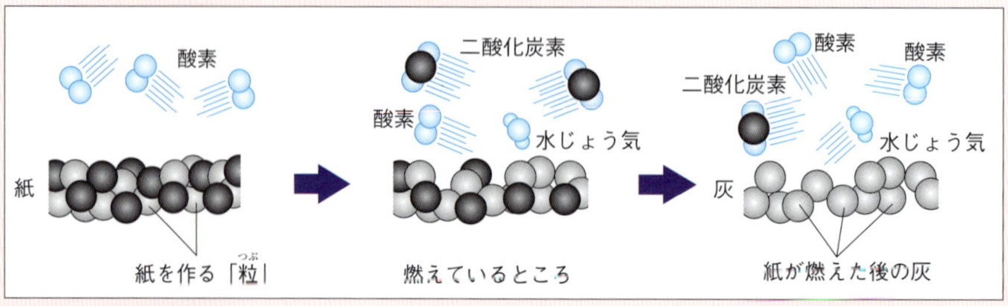

紙が燃えると軽くなる理由

Ⅲ ものが燃えると、重さは重くなる？

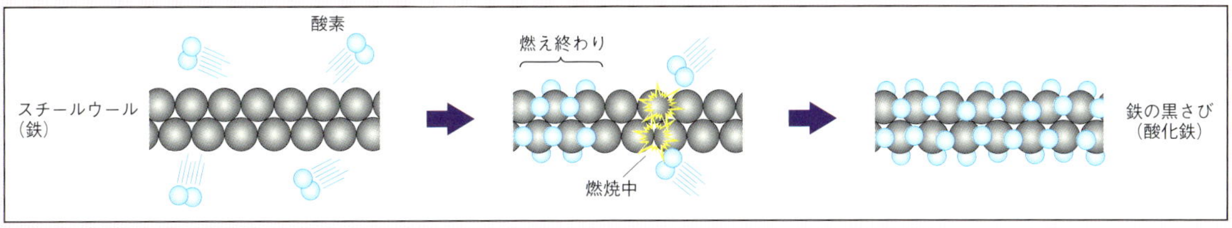

鉄が燃《も》えると重くなる理由

Step4 いろいろなものを燃やしてみよう

Ⅰ ろうそくの燃え方

外炎 空気と十分にふれて完全燃焼している。温度が一番高いが暗い

内炎 炭素の粒（すす）が光っているため一番明るい

炎心 ろうが気体になっている、最も暗くて温度も低い

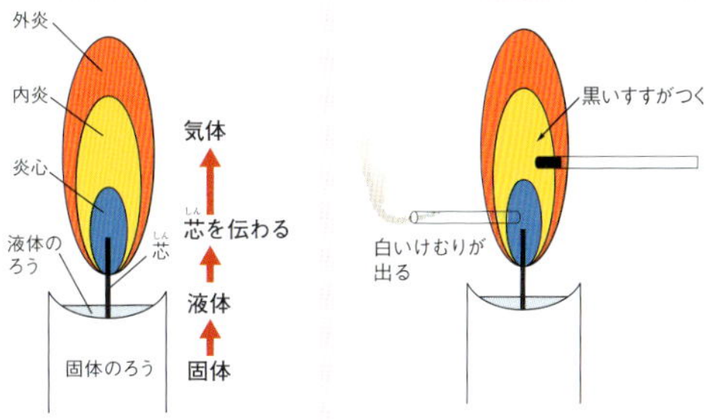

炎心《えんしん》と内炎《ないえん》に
ガラス管を入れる

Ⅱ アルコールランプ

アルコール 蒸発しやすい液体。気体は青い炎（約 1700℃）を出して燃える。ろうそくより暗い。

使用上の注意 1）アルコールの量は 8 分目　2）芯を出しすぎない　3）芯の横から火を近づける　4）ふたをかぶせて消す。消えたらいったんふたを外して冷ます

Ⅲ ガスバーナー

都市ガス 原料は石油や天然ガス。炎の温度は約 1800℃

使用上の注意

1）最初に、ねじが両方とも閉まっていることを確認する

2）ガスの元せん →（マッチをする）→ ガス調節ねじ → 空気調節ねじ の順に開く。点火してから空気の量を調節して青い炎にする。

3）空気調節ねじ → ガス調節ねじ → ガスの元せん の順に閉じる

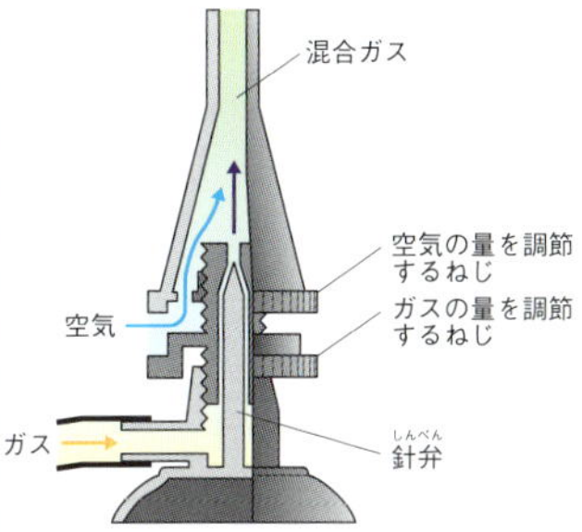

ガスバーナーの構造

Ⅳ 木炭のつくり方

乾留 空気が入ってこないようにして木（わりばし）を強く熱すると気体や液体の成分が出てきて、あとに、木炭が残る

木炭 炭素の粒だけの固まり。炎を出さずに燃える

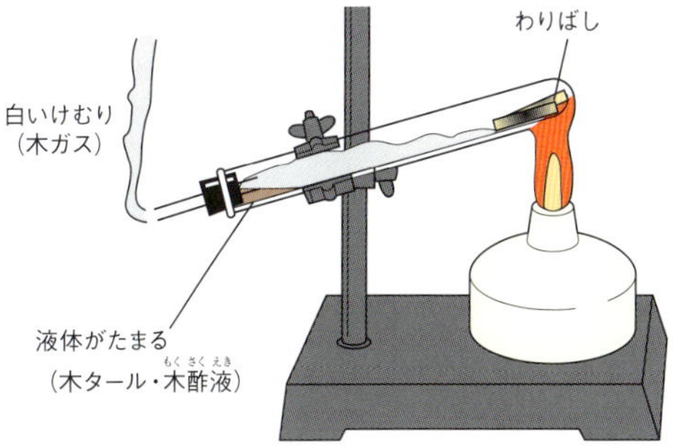

※試験管の口を下げる（試験管が割れるのを防ぐため）

Step 1　ろうそくを燃やしてみよう！

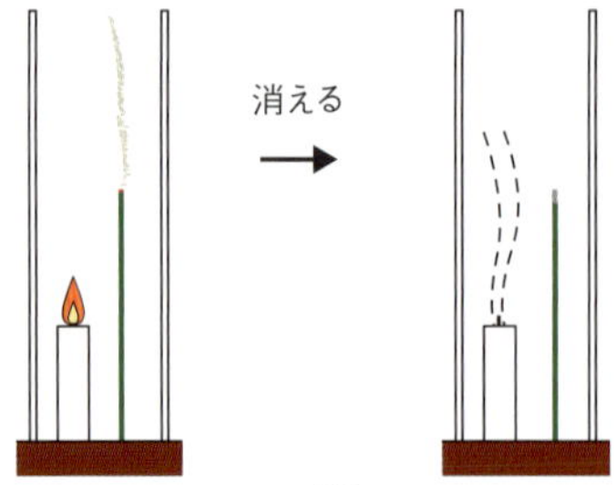

図1　ろうそくの火に筒《つつ》をかぶせる

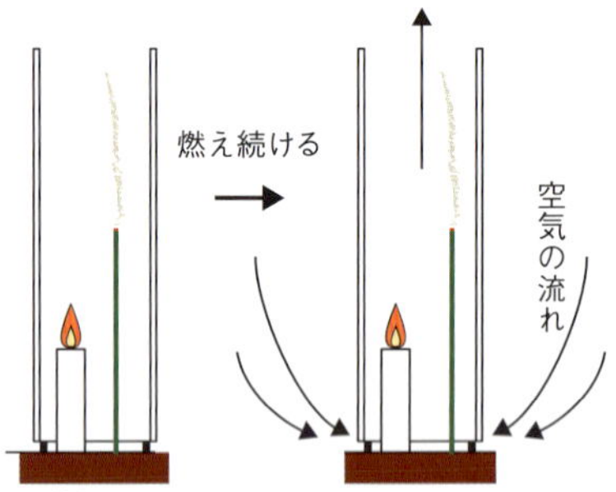

図2　筒《つつ》の下にすき間を開ける

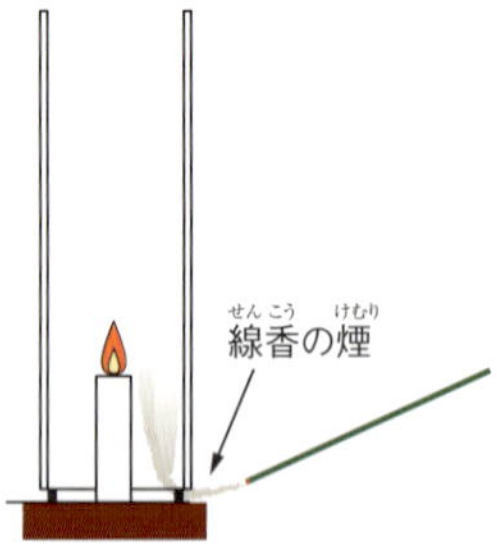

図3　下のすき間に線香《せんこう》の煙《けむり》を近づける

Ⅰ　ものが燃えるためには何が必要だろう？

◉空気がなければ、ものは燃えない

燃《も》えているろうそくに、図1のような筒《つつ》をかぶせてみます。しばらくすると火は小さくなり、やがて消えてしまいます。しかし、図2のように筒《つつ》の下の少しすき間をあけておくと、ろうそくの火は燃《も》え続《つづ》けます。図1と図2では、何が違《ちが》うのでしょうか？

ろうそくの横に線香《せんこう》を立てて、線香《せんこう》の煙《けむり》を観察《かんさつ》してみましょう。

図1…線香《せんこう》の煙《けむり》は、はじめのうちはまっすぐ上に上っていくが、火が消えるころは煙《けむり》はまっすぐ上には上がらなくなる。

図2…線香《せんこう》の煙《けむり》はまっすぐ上に上がり続ける。また、筒《つつ》の下のすき間に線香《せんこう》を近づけると、線香《せんこう》の煙《けむり》は筒《つつ》の中に吸《す》い込《こ》まれていく（図3）。

図1と図2の違《ちが》いは、**「下のすき間から新しい空気が流れ込《こ》むかどうか」**です。つまり、**ものが燃《も》えるには新しい（新鮮《しんせん》な？）空気が必要《ひつよう》である**ことがわかります。

◉空気の成分

空気のおよそ5分の1は酸素《さんそ》という気体、残りの5分の4は窒素《ちっそ》という気体で、他にアルゴンや二酸化炭素《にさんかたんそ》などがふくまれています。ものが燃《も》えるのに必要なのは、この中のどの成分なのでしょうか。

空気の入った集気《しゅうき》びんと酸素《さんそ》を入れた集気びんの中でいろいろなものを燃《も》やして、そのようすを比《くら》べてみましょう。

①ろうそく

②スチールウール

③マグネシウム

図4　空気中と酸素《さんそ》中のものの燃焼《ねんしょう》。いずれも空気中より酸素《さんそ》中の燃焼《ねんしょう》のほうが激《はげ》しい

図５　燃《も》えているろうそくの芯《しん》をピンセットでつまんでみる

どれを燃《も》やした場合でも、空気に比《くら》べて、酸素《さんそ》の中で燃《も》やす場合の方が、はげしく燃えます。逆《ぎゃく》に、窒素《ちっそ》や二酸化炭素《にさんかたんそ》だけを入れた集気びんの中に火のついたろうそくを入れると、すぐに火は消えてしまいます。

つまり、**ものが燃《も》えるには「酸素《さんそ》」が必要《ひつよう》**なのです。

◉「燃えるもの」がなければ燃えない

燃《も》えているろうそくの芯《しん》をピンセットでつまんでみましょう。すると、ろうそくの火が消えてしまいます。これはなぜでしょうか？

ろうそくの芯《しん》のまわりをよく観察《かんさつ》してみましょう。

芯《しん》のまわりには、とけて液体《えきたい》になったろうがあります。この液体《えきたい》のろうが、芯《しん》を伝《つた》わって上ってきて、さらに炎《ほのお》の熱によって気体となり、燃《も》えているのです。ピンセットで芯《しん》をつまむと、ろうの液体《えきたい》が上っていかなくなり、「燃《も》えるもの」がなくなって火が消えてしまうのです。

アルコールランプのアルコールがなくなれば火は消えてしまいますし、ガスの元せんを閉《と》じればガスバーナーの火は消えます。

つまり、**ものが燃《も》えるには「燃《も》えるもの」が必要《ひつよう》**なのです。

「そんなの、当り前じゃん」とかツッコまないでね。大切なことなんですから。

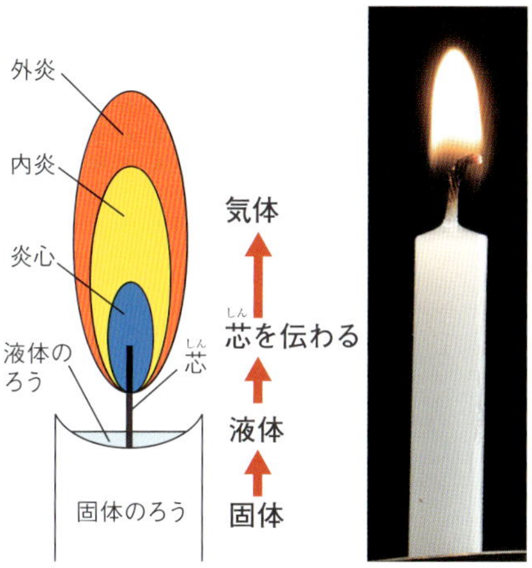

図６　ろうそくの炎《ほのお》

◉温度が高くなければ、ものは燃えない

もちろん、燃《も》えるものと空気（酸素《さんそ》）があれば、勝手《かって》に火がついて燃《も》えはじめるというわけではありません。

マッチをすって火をつけ、図７のように傾《かたむ》けると、炎《ほのお》を上にした場合は、しばらくして火が消えてしまいますが、炎《ほのお》を下にするとマッチの軸《じく》がどんどん燃《も》えていきます。

これは、炎《ほのお》によってマッチの軸《じく》（木）が熱せられて、一定の温度以上になったため、軸《じく》そのものが燃《も》えはじめたからです。この「一定の温度」は物質によって異《こと》なります。これをその物質の**「発火点《はっかてん》」**といいます（木の場合は約400℃）。

つまり、**ものが燃《も》えるには「発火点以上の温度」が必要**なのです。

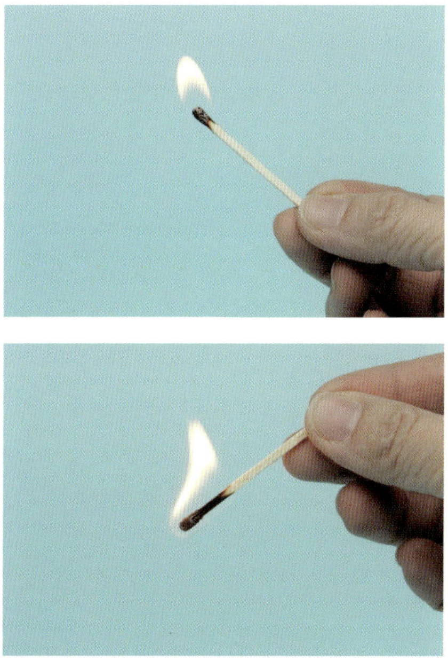

図７　マッチをすって火をつけ、傾《かたむ》けてみる

これで、ものが燃《も》えるための3つの条件《じょうけん》、

「空気（酸素《さんそ》）」

「燃《も》えるもの」

「発火点以上の温度」

が出そろいました。

Step 2 火を消すにはどうすればいい？

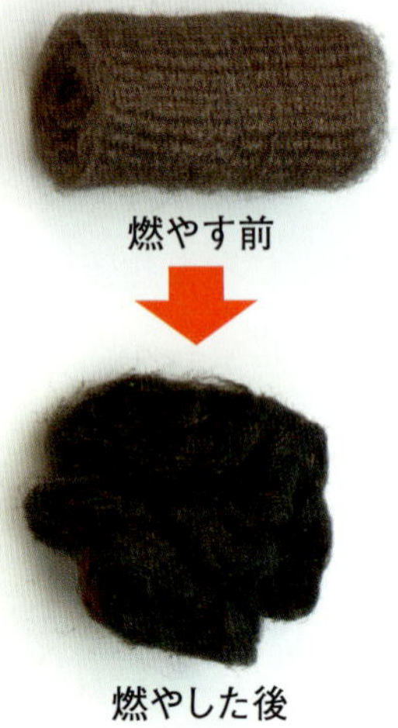

図8　スチールウールを燃《も》やすと黒くなる

図9　赤くさびたスチールウール

I「燃える」って、どういうこと？

なぜこの「3つの条件《じょうけん》」が必要《ひつよう》なのでしょうか。少しむずかしい話をすると、

燃焼《ねんしょう》とは**「ものが光や熱を出しながら酸素《さんそ》と結びつくこと」**なのです。

まず**「(燃《も》える) ものと酸素《さんそ》が結びつく」**のだから、**「燃《も》えるもの」**と**「酸素《さんそ》」**が必要なのは当然《とうぜん》ですね。そして**「光や熱を出しながら結びつく」**ための「きっかけ」が**「発火点《はっかてん》以上の温度」**なのです。

「ものと酸素《さんそ》が結びつく」ことを**「酸化《さんか》」**といいます。

スチールウール（鉄を髪《かみ》の毛のように細くして丸めたもの）をガスバーナーなどで熱すると、火花を出しながら燃《も》えて黒くなります（**黒さび**ができる)。これは**「鉄と酸素《さんそ》が結びついた」**からです。

スチールウールを水でぬらして放置しておくと、赤いさびができます。これも「鉄と酸素《さんそ》が結びついた」からですが、**赤さび**ができるときは「水」が「結びつくためのきっかけ」になっています。これも「酸化《さんか》」の一種ですが、「燃焼《ねんしょう》」とはいいません。

「燃焼《ねんしょう》」とは**「発火点以上の温度」をきっかけとして起こり、さらに熱や光を出し続《つづ》けながら、燃《も》えるものと酸素《さんそ》が結びつくこと**なのです。

参考　金属とさび

鉄の「黒さび」は内部を保護《ほご》するので、人工的に「黒さび」をつける場合があります（フライパンや中華《ちゅうか》なべの外側《がわ》の黒いこげなど)。他方「赤さび」は、内部までさびが進み、ぼろぼろになってしまいます。

このように、いろいろな条件《じょうけん》の下で、金属《きんぞく》が酸素《さんそ》や水，二酸化炭素《にさんかたんそ》などと結びついて、元の金属《きんぞく》とは別のものに変わってしまったのが「さび」です。金属《きんぞく》がさびると、変色《へんしょく》したりもろくなったりします。また、金属《きんぞく》は元の性質《せいしつ》を失い、金属独特《きんぞくどくとく》の「光沢《こうたく》」もなくなります。たとえば鉄がさびると、電流を流さず、磁石《じしゃく》にもつかなくなります。

参考　使い捨てカイロ

図10　使い捨《す》てカイロ

冬に重宝《ちょうほう》する使い捨《す》てカイロもさびを利用したものです。カイロのふくろ中には鉄、活性炭《かっせいたん》、食塩、水をしみ込《こ》ませた木のくずなどが入っています。食塩と水をしみ込《こ》ませた木のくずは鉄が酸素《さんそ》と結びつくのを助けています。また活性炭《かっせいたん》は細かいあながたくさんあいていて、そのあなで酸素《さんそ》をつかまえています。カイロを振《ふ》るとあたたかくなるのは、鉄と酸素《さんそ》がよく混《ま》ざるためです。これは「燃焼《ねんしょう》」ではありませんが、化学反応（酸化《さんか》）のときに発生する熱を利用してあたためているのです。

Ⅱ「消火」の条件

図11　ろうそくを吹き消す

図12　消火器で火を消す

逆《ぎゃく》に考えると、燃焼《ねんしょう》の3つの条件《じょうけん》のうち、**どれか1つの条件《じょうけん》が欠ければ火は消える**はずです。いろいろな「火の消し方」を、3つに分類《ぶんるい》してみましょう。

1)「燃《も》えるもの」をなくして火を消す

- ガスの元せんをしめる。
- ろうそくの炎《ほのお》を息《いき》で吹き消す（ろうの気体を吹き飛《と》ばしている）。
- まわりの木を切り倒《たお》して、山火事が燃《も》え広がらないようにする。

2) 酸素《さんそ》をなくして火を消す

- アルコールランプにふたをかぶせる。
- 燃《も》えているものにぬれたぞうきんをかぶせる。
- あわのでる消火器《しょうかき》で火を消す（二酸化炭素《にさんかたんそ》の「あわ」が空気をしゃ断《だん》する）。

3) 発火点以下の温度にして火を消す

- たき火に水をかけて消す（水が蒸発《じょうはつ》するときに**気化熱《きかねつ》**をうばう）。
- フライパンの油に火がついたとき、生野菜《なまやさい》を大量に入れて消す。

課題

身の回りに、他にどんな消火の方法があるか、調《しら》べてみましょう。

参　考　紙の容器はなぜ燃えない？

紙のお皿に水を入れて火にかけても、紙は燃《も》え出したりしません。これは、炎《ほのお》の熱が水の温度を上げるためや水を水じょう気に変えるために使われ、紙の温度が発火点を越《こ》えないからです。もし、水が蒸発《じょうはつ》してなくなってしまうと、紙の温度が上がり発火点を越《こ》えて、燃《も》え出してしまいます。

和紙で器《うつわ》（紙なべ）をつくり、なかに肉や魚や野菜《やさい》を入れて火にかけると、肉や魚からでる「あく」が紙に吸着《きゅうちゃく》するため、スープがにごらず、美味《おい》しく食べることができます。

図13　水の入っている紙のお皿を火にかけても燃《も》えない

表１　物質の発火点

物質	発火点（℃）	物質	発火点（℃）
水素《すいそ》	580～600	ガソリン	300
赤リン	260	エタノール	439
硫黄《いおう》	190	灯油《とうゆ》	255
鉄粉《てっぷん》	315～320	重 油《じゅうゆ》	250～380
マグネシウム	520～600		
ナイロン	500		
ゴム	350		
木材	400～470		
模造紙《もぞうし》	450		
木炭	440～500		
砂糖《さとう》	350		

Step 3　燃えたあとはどうなるのだろう？

I　ものが燃えると、何ができる？

ろうそくを燃《も》やすと、ろうそくはどんどん短《みじか》くなっていきます。アルコールランプに火をつけると、アルコールはしだいに減《へ》っていきます。では、「燃《も》えたもの」はどこへ行ってしまうのでしょうか。

燃《も》えたあとのようすを調べるために、次のような実験をしてみます。

◉実験方法

①集気《しゅうき》びんの中にろうそくを入れ、中の気体が逃《に》げないようにふたをする。
②ろうそくの炎《ほのお》が消えてから、集気びんの中を観察《かんさつ》する。
③集気びんの中に石灰《せっかい》水を入れて、よく振《ふ》る。

◉実験結果

② 集気びんの内側が**白くくもる（水てきがつく）**。
③ 石灰《せっかい》水が**白くにごる**。

②の結果《けっか》から、**ろうそくが燃《も》えると水《すい》じょう気《き》ができる**ことがわかります。

また③の結果《けっか》から、**ろうそくが燃《も》えると二酸化炭素《にさんかたんそ》ができる**こともわかります。　※石灰水に二酸化炭素を通すと白くにごる。

アルコール・紙・わりばし・砂糖《さとう》などを燃《も》やした場合も、同じように**二酸化炭素《にさんかたんそ》と水じょう気が発生します**。

生物の体は、すべて「生産者」である植物が光合成《こうごうせい》によって作り出された栄養分をもとに成り立っています。光合成《こうごうせい》の原料《げんりょう》は水と二酸化《にさんか》炭素《たんそ》なので、生物の体から作られたもの（紙やわりばしや砂糖《さとう》など）を燃《も》やすと、水や二酸化炭素《にさんかたんそ》が発生するのです。

◉追加実験

④木炭・スチールウール（鉄）・マグネシウムを燃《も》やして、それぞれ燃焼《ねんしょう》後の集気びんのようすと、石灰《せっかい》水を入れたときの変化をみる。

◉追加実験の結果

- 木炭の燃焼《ねんしょう》では、集気びんはくもらないが、石灰《せっかい》水は白くにごる。
- スチールウールやマグネシウムの燃焼《ねんしょう》では、集気びんはくもらないし、石灰《せっかい》水も白くにごらない。

この結果《けっか》から次のことがわかります。

木炭を燃《も》やすと、二酸化炭素《にさんかたんそ》は発生するが水《すい》じょう気《き》は発生しない。
金属《きんぞく》を燃《も》やしたときは、二酸化炭素《にさんかたんそ》も水《すい》じょう気《き》も発生しない。

図14　集気びんの内側が白くくもる

図15　石灰《せっかい》水を入れると白くにごる

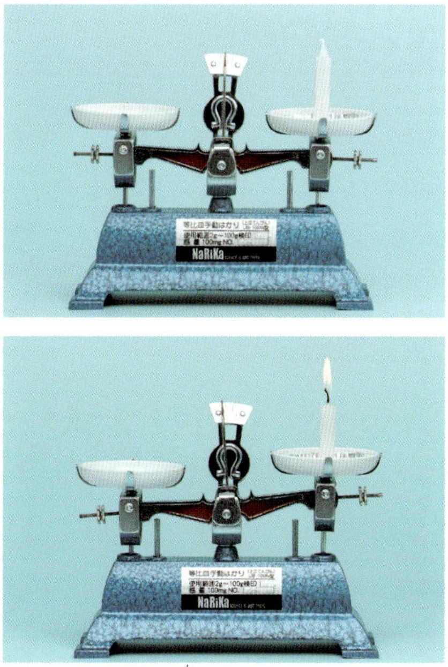

図16　ろうそくを燃《も》やすと左の皿が下がる

Ⅱ　ものが燃えると、重さは軽くなる？

ろうそくやアルコールを燃《も》やすとだんだん減《へ》っていく（軽くなっていく）理由が、なんとなくわかってきたのではないでしょうか。つまり

燃焼《ねんしょう》とは「燃《も》えるもの」と（空気中の）酸素《さんそ》が結びつくことである

⬇

「燃《も》えるもの」が酸素《さんそ》と結びつくと、二酸化炭素《にさんかたんそ》や水《すい》じょう気《き》ができる

⬇

二酸化炭素《にさんかたんそ》や水じょう気は空気中に逃《に》げていくので、重さは軽くなる

という筋書《すじが》きが予想《よそう》できます。次の実験で確認《かくにん》してみましょう。

◉実験方法

① 上ざらてんびんにろうそくを立て、つり合うように分銅《ふんどう》を乗せる。
② ろうそくに火をつけて、しばらく放置する。
③ しばらくろうそくが燃《も》えたあとで、てんびんのつりあいを確《たし》かめる。
④ ろうそく全体に透明《とうめい》な容器《ようき》をかぶせて、①〜③の実験をする。

◉実験結果

③の結果《けっか》は、実験するまでもなく、予想《よそう》がつくでしょう。ろうそくが軽くなるため、**分銅《ふんどう》をのせた皿の方にかたむきます**。

ところが④の場合は、容器《ようき》の中の酸素《さんそ》が使われて（ろうの成分と結びついて）、発生した二酸化炭素《にさんかたんそ》と水じょう気も容器《ようき》のなかに閉じ込《こ》められているため、**燃焼《ねんしょう》前と燃焼《ねんしょう》後の重さは同じ**で、**てんびんはつり合ったままになります**。

実際《じっさい》には二酸化炭素《にさんかたんそ》と水以外の物質も発生しますが、細かい点を無《む》視《し》すれば、燃焼《ねんしょう》前後の変化は次のようにまとめることができます。

燃《も》えるもの　＋　空気中の酸素《さんそ》　→　二酸化炭素《にさんかたんそ》　＋　水じょう気

燃焼《ねんしょう》前の重さの合計　←等しい→　燃焼《ねんしょう》後の重さの合計

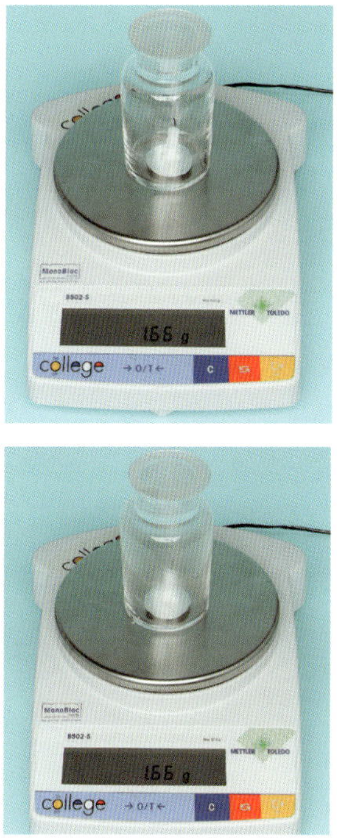

図17　容器《ようき》の中に閉じ込《こ》めたろうそくを燃《も》やしても、重さは変わらない

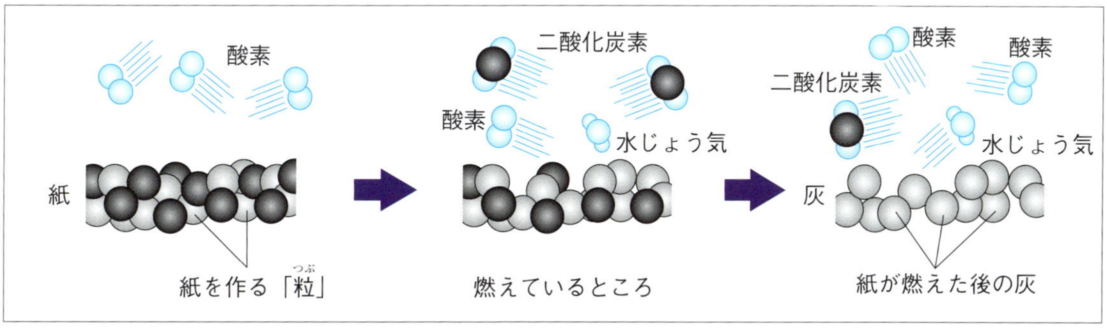

図18　紙が燃えると軽くなる理由

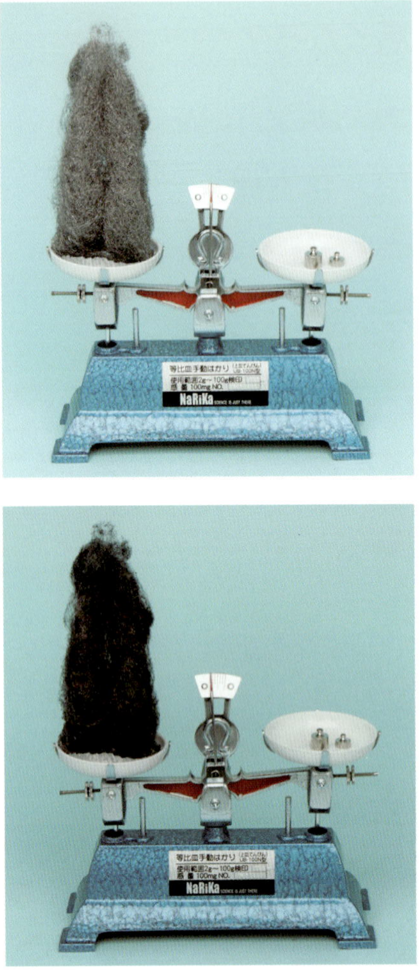

図19　スチールウール（鉄）を燃《も》やすと鉄が酸素《さんそ》と結びついて重くなる

Ⅲ　ものが燃えると、重さは重くなる？

ふつうの燃焼《ねんしょう》では、燃《も》えるものがどんどん減《へ》って軽くなっていくようにみえるため、「参考」のような説が長い間信じられてきました。

しかしこの説では説明できないのが、**金属《きんぞく》の燃焼《ねんしょう》**の場合です。

金属《きんぞく》が燃《も》えるときには二酸化炭素《にさんかたんそ》も水じょう気も発生しないことはすでに確認《かくにん》しました。では燃焼《ねんしょう》前と燃焼《ねんしょう》後の重さを比《くら》べると、どうなるでしょうか。前ページの実験装置《じっけんそうち》で、ろうそくのかわりにスチールウール（鉄）を上ざらてんびんにのせて、火をつけてみればわかります。

スチールウールを燃《も》やすと、鉄と酸素《さんそ》が結びついて**酸化鉄《さんかてつ》（黒さび）**という物質ができます。酸化鉄《さんかてつ》は固体であり、気体のように空気中に逃《に》げていかないので、**結びついた酸素《さんそ》の分だけ重さは重くなる**のです。

ただし、ろうそくの場合と同じように容器《ようき》をかぶせて実験すれば、容器《ようき》内の酸素《さんそ》が減《へ》り、その分だけ固体の重さが増《ふ》えるので、全体の重さは変わりません。燃焼《ねんしょう》の場合に限《かぎ》らず、**反応前と反応後の重さの合計は常《つね》に一定**なのです。

燃《も》えるもの（鉄）　＋　空気中の酸素《さんそ》　→　酸化鉄《さんかてつ》（黒さび）

燃焼《ねんしょう》前の重さの合計　←等しい→　燃焼《ねんしょう》後の重さの合計

鉄以外の金属《きんぞく》を燃《も》やした場合でも、結びついた酸素《さんそ》の分だけ元の金《きん》属《ぞく》より重くなることにかわりはありません。

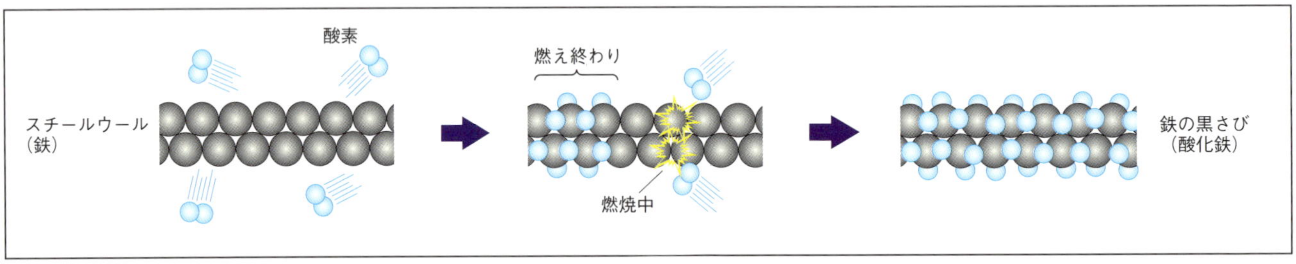

図20　鉄が燃《も》えると重くなる理由

参考　フロギストン説

昔から、燃《も》えることを説明するのに、たくさんの説が唱《とな》えられてきました。

代表的なものは、ドイツのシュタールが17世紀に唱《とな》えたフロギストン説です。それは燃《も》えるものにはフロギストンという物質が含《ふく》まれていて、この物質が空気中に放出するときに燃焼《ねんしょう》が起こるというものでした。

この説は、ものが燃《も》えることをよく説明しているように見えましたが、金属《きんぞく》が燃焼《ねんしょう》して金属灰《きんぞくかい》になる時に重量《じゅうりょう》がふえることを説明できませんでした（ものが燃《も》えてフロギストンが放出したらその分だけ軽くなるはず）。それでもこの学説は、100年に渡《わた》って信じられてきました。

その後18世紀になって、フランスの化学者ラボアジェは、「燃焼《ねんしょう》とは物質と空気中のある気体との結合《けつごう》に他ならない」ことを発見し、この気体を「酸素《さんそ》」と名付けました。これにより、燃焼《ねんしょう》という現象《げんしょう》が正しく理解されるようになったのです。

Step 4　いろいろなものを燃やしてみよう

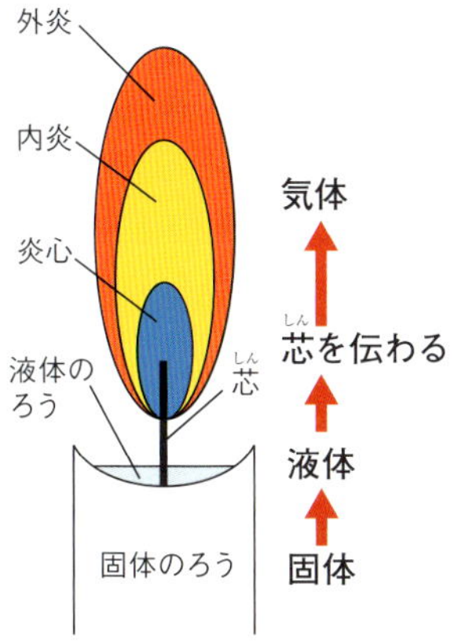

図21　ろうそくが燃えるしくみ

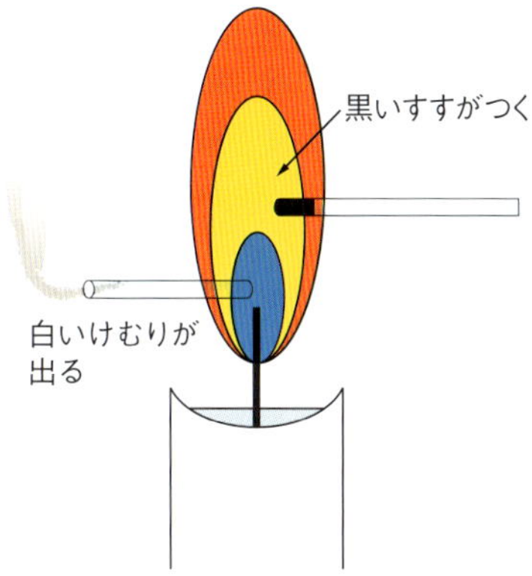

図22　内炎《ないえん》と外炎《がいかん》にガラス管を入れる

Ⅰ　ろうそくの燃え方

ろうそくが燃《も》えるときは、

ろうの固体 →（熱でとける）→ **ろうの液体《えきたい》** →（芯《しん》を伝って上がる）→ **ろうの気体**

と変化しています。スチールウールや木炭は固体のまま燃《も》えますが、ろうそくやマッチのように**「炎《ほのお》」を出して燃《も》えるものは、すべて気体が燃《も》えている**のです。

ろうそくの炎《ほのお》をよく観察すると、3つの部分に分かれています。

炎心《えんしん》（一番内側の、芯《しん》に近い部分。温度は低く（約900℃）、明るさも一番暗い）

- ろうが気体になっているが、酸素《さんそ》とふれていないため、燃《も》えない。
- 炎心《えんしん》に細いガラス管をさしこむと、白い煙《けむり》がでてくる。これはろうの気体が冷やされて、小さなろうの固体（粒《つぶ》）になったもの。

内炎《ないえん》（温度は約1200℃。一番明るい）

- 酸素《さんそ》が少ないため、ろうの気体の一部が燃《も》えている。
- ろうの成分のうち、もっとも燃《も》えにくい炭素《たんそ》が粒《つぶ》のまま残っており、この炭素《たんそ》がまわりの熱で光るために、明るくなる。
- 内炎《ないえん》にガラス管などをさしこむと、黒いすすがつく。これが炭素《たんそ》の粒《つぶ》である。

外炎《がいえん》（一番外側の部分。温度はもっとも高い（1400℃）が、内炎《ないえん》より暗い）

- まわりの空気と十分にふれているため、ろうの気体が完全燃焼《ねんしょう》している。そのため温度は高いが、明るさは内炎《ないえん》より暗い。

参　考　ろうそくを使った実験

・何本かのろうそくをたばにして火をつけると、炎《ほのお》は1つになって大きく燃え上がる（図23）。
・長さの違うろうそくを筒《つつ》のなかで燃やす（図24）と、長い方から順に消えていく（図25）。

他にもろうそくを使ったいろいろな実験がありますが、火を使いますので、必ず大人といっしょにやりましょう。

図23

図24

図25

図26　アルコールランプ

Ⅱ　アルコールランプ

アルコールは非常に蒸発《じょうはつ》しやすい（気体になりやすい）液体《えきたい》で、アルコールの気体は青い炎《ほのお》を出して燃《も》えます。ろうそくと比《くら》べて炭素《たんそ》の割合《わりあい》が少ないため、炎《ほのお》は暗いが温度は高く（約1700℃）、燃料《ねんりょう》として広く使われています。ろうそくと同じく炎心《えんしん》・内炎《ないえん》・外炎《がいえん》に分かれており、一番温度が高いのは外炎《がいえん》です。

◉使用上の注意

①アルコールの量はいつも容器《ようき》の**8分目（5分の4）**くらいにしておく（少なすぎると容器《ようき》内で蒸発《じょうはつ》したアルコールの気体に引火する危険《きけん》があるから）。量が足《た》りないときは、ろうとを使ってつぎ足《た》しておく。

②「芯《しん》」をあまり出しすぎないようにする。

③火をつけるときは、マッチの火を芯《しん》の横から近づけて点火する。

④火を消すときは、**ふたをかぶせて消す。火が消えたらいったんふたを外《はず》しておく**（ふたの中の空気が冷えて収縮《しゅうしゅく》すると、ふたがはずれなくなるから）。

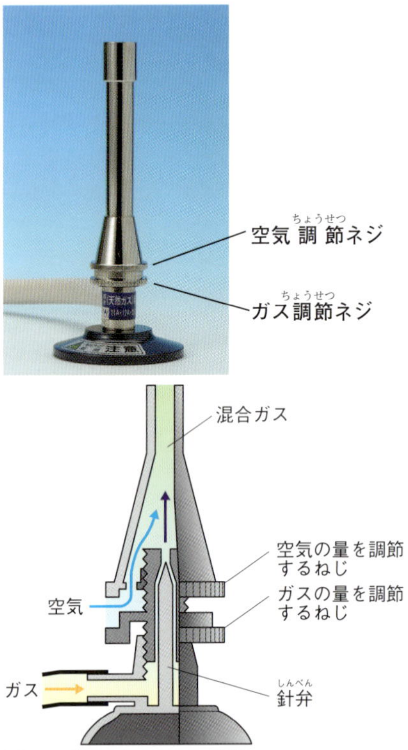

図27　ガスバーナーの構造

Ⅲ　ガスバーナー

都市ガスは石油や天然《てんねん》ガスを原料として作られたもので、アルコールやろうそくと同じく、燃《も》えると二酸化炭素《にさんかたんそ》と水《すい》じょう気《き》が発生します。一番温度が高い部分は約1800℃で、ガスコンロやガスストーブの炎《ほのお》の温度も同じです。たまごがくさったような「ガスくさいにおい」は、ガスもれに気付きやすいように、人工的につけたものです。

◉使用上の注意

①最初にガス調節《ちょうせつ》ねじと空気調節《ちょうせつ》ねじが閉まっていることを確認《かくにん》する。
（空気調節《ちょうせつ》ねじが開いていると、ガスと空気が適量に混《ま》ざっているため、マッチの火を近づけた瞬間《しゅんかん》に小さな爆発音《ばくはつおん》がして火が消えてしまう）

②**ガスの元せん**を開く→マッチをする→**ガス調節《ちょうせつ》ねじ**を開いて点火→**空気調節《ちょうせつ》ねじ**を開いて炎《ほのお》が青くなるように空気の量を調節《ちょうせつ》する。

③火を消すときは逆《ぎゃく》に、**空気調節《ちょうせつ》ねじ**→**ガス調節《ちょうせつ》ねじ**→**元せん**の順に閉じる。

図28　左が完全燃焼《ねんしょう》、右が不完全燃焼《ねんしょう》（空気の量が少ない）

参　考　液化石油ガス（LPガス・LPG）

ふつう「プロパンガス」と呼《よ》ばれていますが、実際《じっさい》はブタンガスとプロパンガスを混《ま》ぜたものです。屋外《おくがい》でバーベキューをするときなどは、小さなボンベに入ったLPガスを燃料《ねんりょう》として使います。比較《ひかく》的かんたんに液体《えきたい》にする（体積を小さくする）ことができるので、持ち運《はこ》びに便利で、都市ガスよりもエネルギーが大きく、有害《ゆうがい》な気体も発生しません。タクシーの多くは、ガソリンではなくLPガスを燃料《ねんりょう》として走っています。

参　考　炎色反応

ある種の金属《きんぞく》を炎《ほのお》の中に入れて強く熱すると、金属特有《きんぞくとくゆう》の色の炎《ほのお》が見られる場合があります。これを「炎色反《えんりょくはん》応《のう》」といいます。例えば、たき火のときに炎《ほのお》が紫色《むらさきいろ》に見えるのは、落ち葉に「カリウム」という金属《きんぞく》が含《ふく》まれるからですし、みそ汁《しる》がふきこぼれたときに炎《ほのお》の色が黄色になるのは、食塩に「ナトリウム」が含《ふく》まれるからです。夏の夜《よ》空を彩《いろど》る『花火』は、この炎色反応《えんしょくはんのう》を利用したものです。

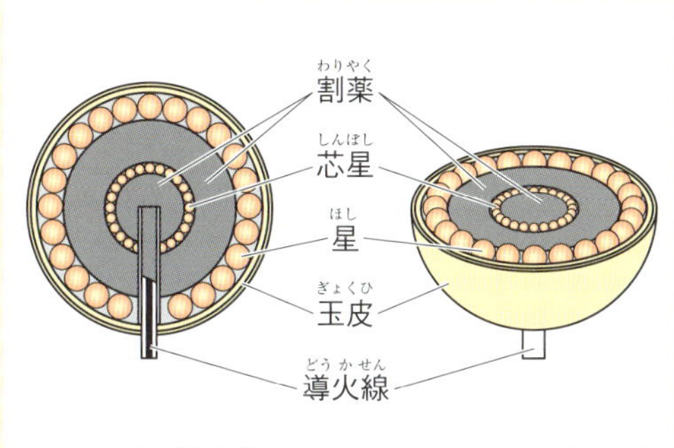

図29　花火の断面図《だんめんず》

図30　炎色反応　左から銅、ナトリウム、カルシウム、バリウム、リチウム、カリウム

Ⅳ　木炭のつくり方

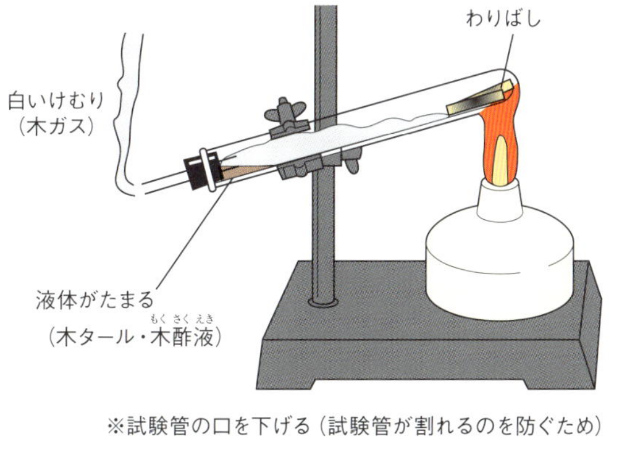

図31　木炭のつくり方

ふつうに木を熱すると燃《も》えてしまいますが、試験管《しけんかん》の中にわりばしを入れて強く熱すると、空気が入ってこないために燃《も》えることができず、わりばしの中に含《ふく》まれていた物質が液体《えきたい》や気体になって出てきます。これを**「乾留《かんりゅう》」**といいます。

乾留《かんりゅう》の実験をするときは、図31のように試験管《しけんかん》の口を下げて行います。これは、発生した液体《えきたい》が熱している部分にふれると、急激《きゅうげき》にふっとうして試験管《しけんかん》が割《わ》れてしまうからです。

木を乾留《かんりゅう》すると、次のような物質がでてきます。

- **気体**：**木《もく》ガス**という白い気体で、火を近づけると炎《ほのお》をあげて燃《も》える。
- **液体**
  - **木酢液《もくさくえき》**　茶色の液体《えきたい》。酢酸《さくさん》などをふくむ。化粧品《けしょうひん》に使われる。
  - **木《もく》タール**　黒っぽい液体《えきたい》。木のくさりどめなどに使う。
- **固体**：**木炭**。燃《も》える気体を含《ふく》んでいない純粋《じゅんすい》な炭素の固まりなので、**炎《ほのお》を出さずに固体のまま燃《も》える**。燃えても水《すい》じょう気《き》は発生しない。

図32　木炭の燃《も》えるようす

第3部 身の回りの科学

4 虫メガネと音

Step1 光の進み方

Ⅰ 虫メガネで遊んでみよう

光を集める

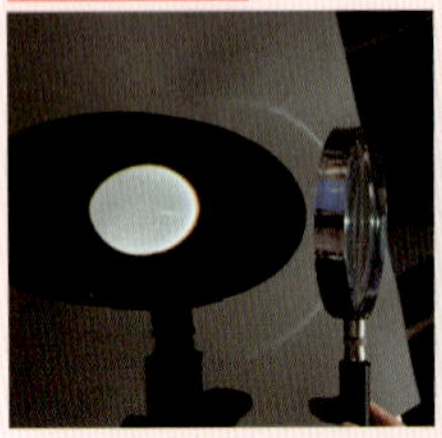

文字を読む

遠くの景色を見てみる

Ⅱ 光はまっすぐ進む

●何もないところでは、光はまっすぐ進む（光の直進）

●途中に障害物があると、後ろに影ができる

Ⅲ 光は反射する

●鏡に光が当ると、同じ角度ではね返る（光の反射）

●反射した光をのばした先に像が見える

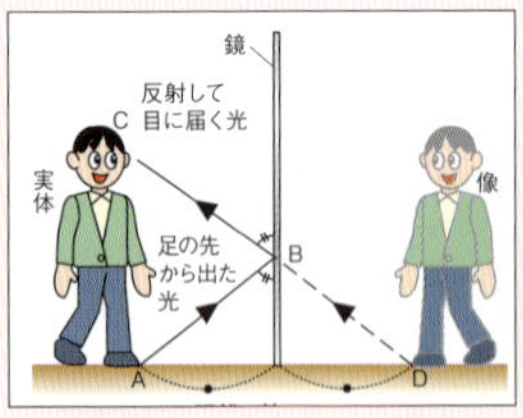

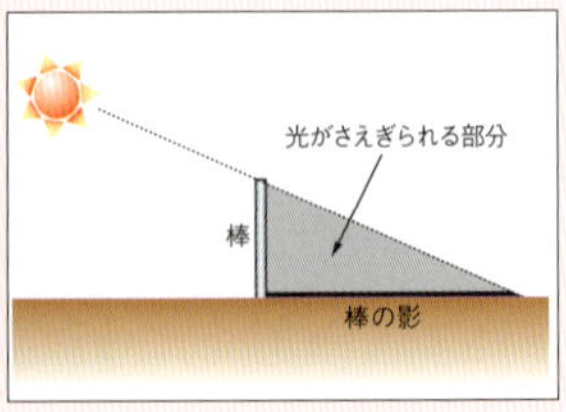

Step2 虫メガネのしくみ

Ⅰ 光は屈折する－「光の屈折」

●進む速さの違うところ（境目）で、光は屈折する

空気中→水（ガラス）

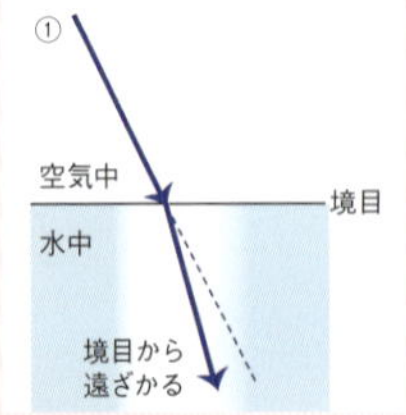

水（ガラス）→空気中

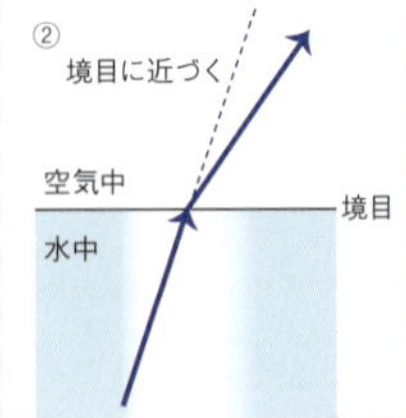

境目に対して垂直

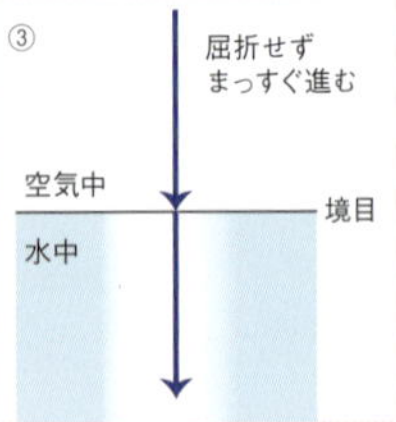

Ⅱ 光の屈折によるフシギな出来事

Ⅲ なぜ虫メガネは光を集めるのだろう？

凸レンズ まん中に近いほどふくらんでいる（厚い）レンズ。光が入るときと出ていくときに同じ向き（内側）に屈折する

焦点 太陽の光（平行光線）を当てたときに、光が１点に集まるところ

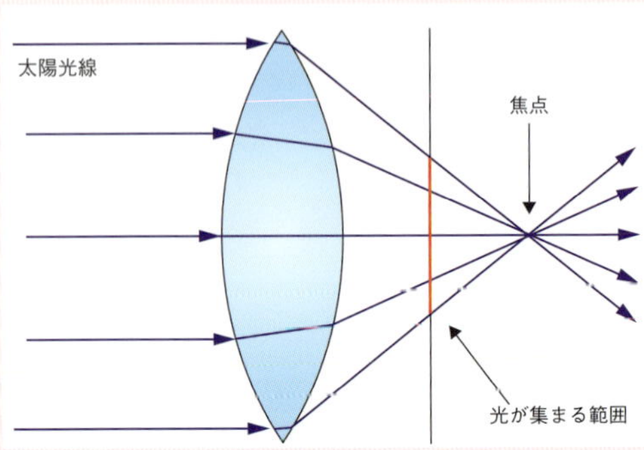

豆電球の光（拡散光線）を集める

- 豆電球の光を凸レンズに当てると、焦点よりも遠くに光が集まる
- 豆電球をレンズに近づけると光の集まる場所はレンズから遠ざかっていく

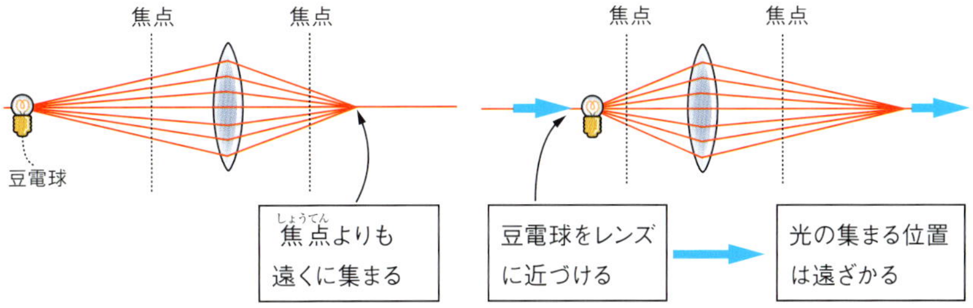

文字が大きく見える理由

- 焦点よりも内側に豆電球をおくと、レンズを通った光は集まらずに拡がっていく
- レンズの反対側からのぞきこむと、実物よりも大きな像が見える

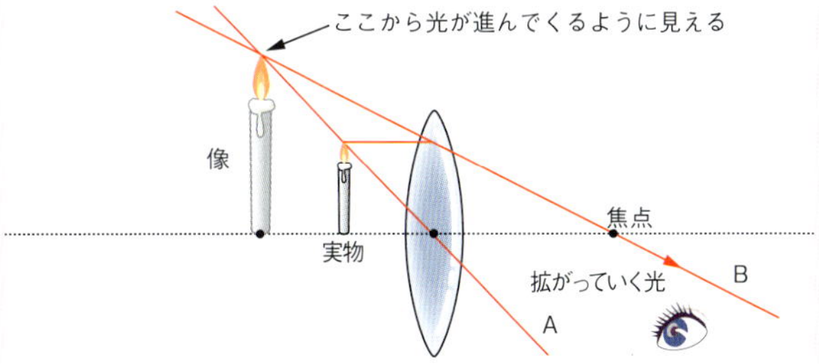

Step3　音の伝わり方

Ⅰ　糸でんわを作ってみよう

Ⅱ　音って，何なのだろう？

- 声を出したり、たいこをたたくと、まわりの空気が「振動」する
- この「振動」が音の正体
- 固体や液体も音を伝える
- 何もないところ（真空中）では音は伝わらない

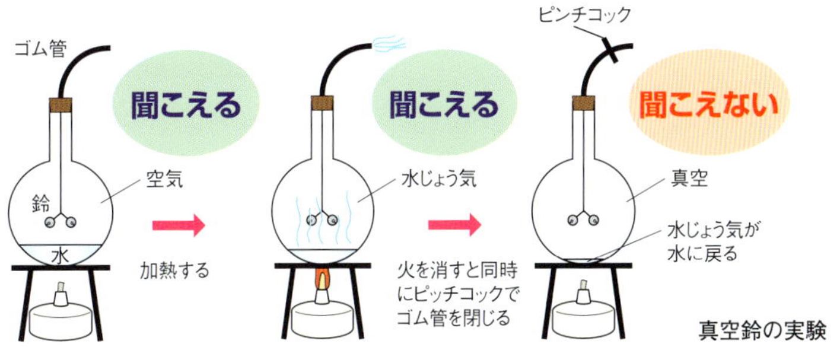

真空鈴の実験

Ⅲ　音の三要素

「音の大小（強弱）」…振動するときの振れ幅で決まる。振幅が大きいほど、音は大きい

「音の高低」…振動する速さ（振動数）で決まる。振幅する速さが速いほど、音は高い

「音色」…楽器の種類や音を出すもので決まる

<ギターなどの弦楽器>

	高音	低音
弦の太さ	細い	太い
弦の張り方	強い	弱い
弦の長さ	短い	長い

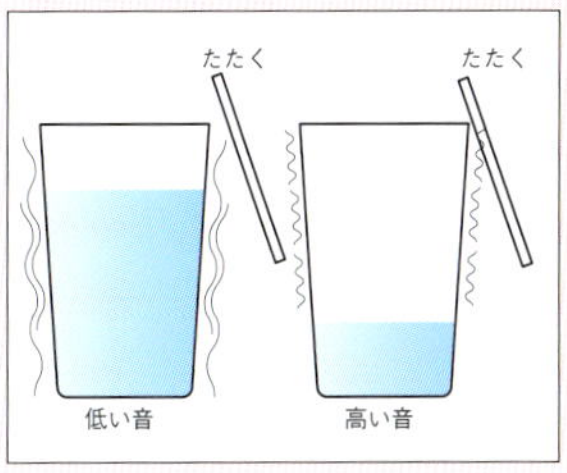

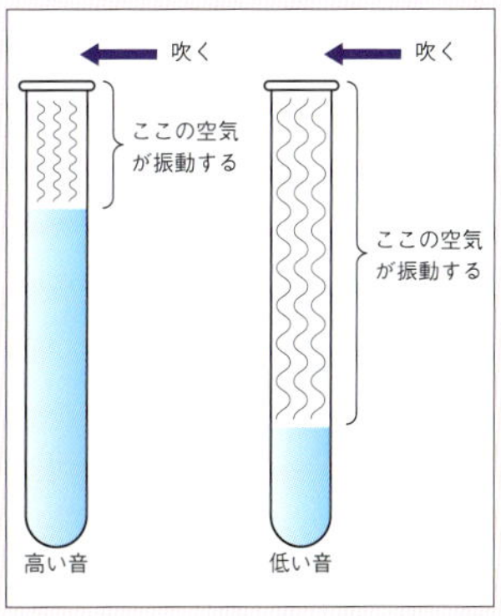

Step 1　光の進み方

I　虫メガネで遊んでみよう

図1　虫メガネにはいろいろな大きさがある

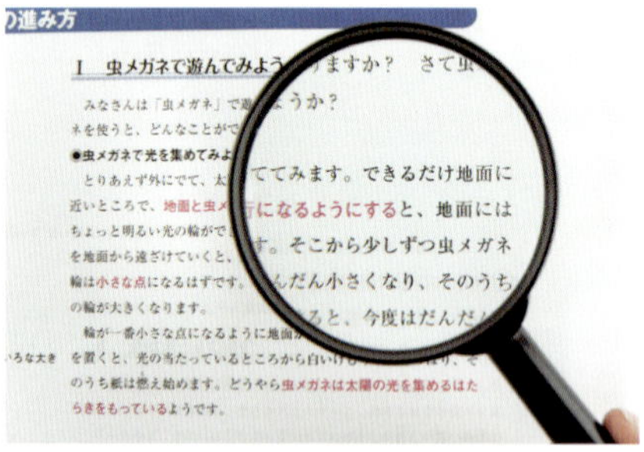

図2　虫メガネで文字を見てみる

みなさんは「虫メガネ」で遊んだことはありますか？　さて、虫メガネを使うと、どんなことができるのでしょうか。

◉虫メガネで光を集めてみよう

とりあえず外に出て、虫メガネに太陽の光を当ててみます。できるだけ地面に近いところで、**地面と虫メガネが平行になるようにする**と、地面にはちょっと明るい光の輪《わ》ができるはずです。そこから少しずつ虫メガネを地面から遠ざけていくと、光の輪《わ》はだんだん小さくなり、そのうち輪《わ》は**小さな点**になるはずです。さらに遠ざけると、今度はだんだん光の輪《わ》が大きくなります。

輪《わ》が1番小さな点になるように地面からの距離《きょり》を調節《ちょうせつ》し、地面に黒い紙を置《お》くと、光の当たっているところから白いけむりがたちのぼり、そのうち紙は燃《も》え始めます（この点を「焦《こ》がす点」＝「焦点《しょうてん》」といいます）。どうやら**虫メガネは太陽の光を集めるはたらきをもっている**ようです。

図3　虫メガネで光を集める

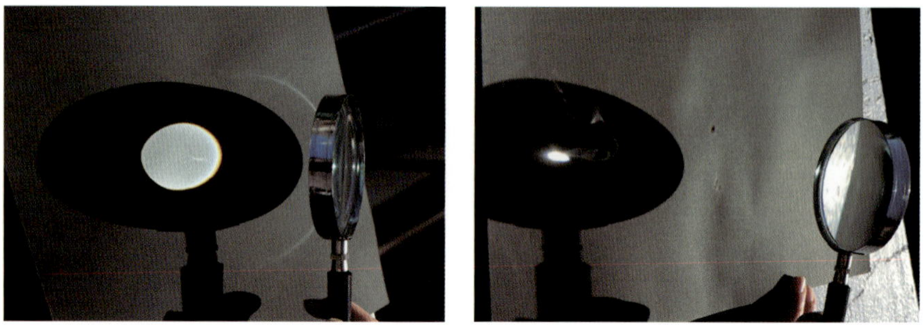

◉虫メガネで文字を読んでみよう

次に教室に戻《もど》って、教科書に虫メガネを近づけ、上からのぞいてみましょう。すると虫メガネを通してみた文字はとても大きく見えます。おじいさんやおばあさんが大きな虫メガネを使って新聞を読んでいるのを見たことはありませんか？　虫メガネには**ものを大きく拡大《かくだい》して見せるはたらき**もあるようです。

◉虫メガネで遠くの景色をみてみよう

虫メガネを少しずつ教科書から遠ざけていくと、そのうち文字がぼやけて読めなくなります。そこからさらに虫メガネを遠ざけると、今度は虫メガネの中に教科書の文字が**小さく、しかも上下左右さかさまになって見える**はずです。

図4　虫メガネで景色を見る

虫メガネは使い方次第《しだい》で、いろんなはたらきができるようですね。

どうやら、虫メガネは「光を集める」だけの道具ではなさそうです。その秘密《ひみつ》を解き明かすために、まず虫メガネに光が当たったときのようすを拡大《かくだい》して見てみましょう。

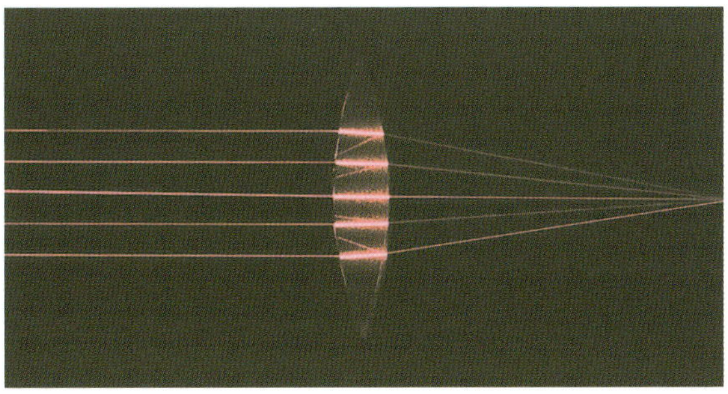

図５　凸レンズ（虫メガネ）に光を当てる（光は曲がる）

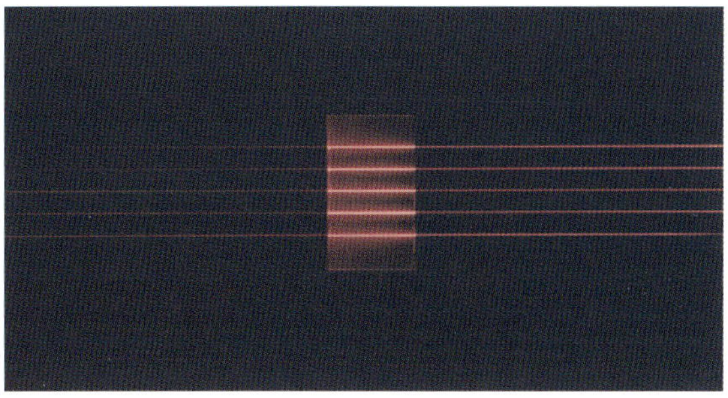

図６　直方体のガラスに光を当てる（光は直進する）

光が虫メガネの中に入るときと出ていくときに光の進む向きが変わっていることがわかります。そう、この**「光が曲がる」**という所に秘密《ひみつ》があるのです。しかしその前に、光の他の性質《せいしつ》を勉強しておきましょう。

Ⅱ　光はまっすぐ進む

道を歩いていると、誰《だれ》かが自分のあとをつけているような気がしたことはありませんか？　まさかストーカー？　おそるおそるうしろを振《ふ》りかえると、そこには目も鼻《はな》もないヒトの形をした怪《あや》しい黒い物体が…（キャ～?!)。

おいおい、それは自分の影《かげ》でしょ。

でも、どうして影《かげ》ができるのでしょうか？

それは（何もないところでは）**「光がまっすぐ進む」**からです。そして途中《とちゅう》に障害物《しょうがいぶつ》（たとえば自分の体）があると、光はそこでさえぎられます。だから障害物《しょうがいぶつ》のうしろに影《かげ》ができるのです。もし光が空気中で向きを変えて、自分の体のうしろに回りこんで進むとしたら、影《かげ》はできないはずです。

空気中に限《かぎ》らず、水の中でもガラスの中でも、また真空中でも光はまっすぐ進みます。これを**「光の直進《ちょくしん》（性《せい》）」**といいます。

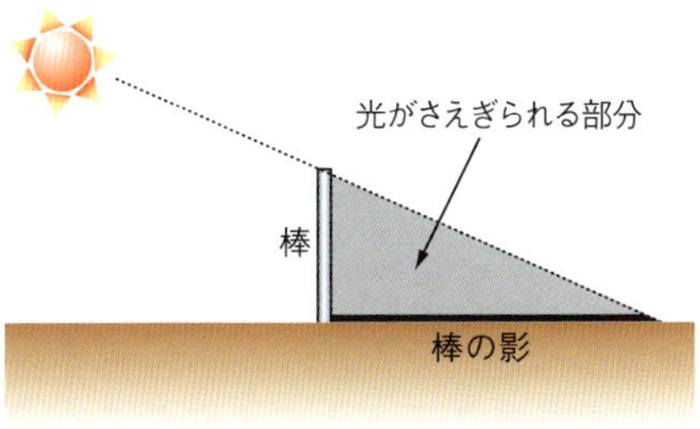

図７　障害物《しょうがいぶつ》に光が当たると影《かげ》ができる

参考　影絵

紙や木などで作った人形のうしろから光を当てて、その影《かげ》をスクリーンに映《うつ》して劇《げき》をします。デジタル・ハイビジョンのような美しい映像《えいぞう》をみることができる今日でも、その独特《どくとく》の映像《えいぞう》には心をひかれるものがあります。手で動物などの影《かげ》を作る手影絵《てかげえ》も有名です。親指と中指で輪を作って、「はい、キツネ」。あなたは他にどんな手影絵《てかげえ》を知っていますか?

図８　キツネの手影絵《てかげえ》

参　考　電球の光と太陽の光

電球の光は、電球を中心としてすべての方向にひろがりながら進んでいきます。電球から遠ざかるほど光が当たる範囲《はんい》が広くなるため、明るさは暗くなります。このように、ひろがりながら進んでいく光を「拡散光線《かくさんこうせん》」といいます。

太陽も超《ちょう》巨大な電球のようなものですから、光は太陽を中心としてすべての方向にひろがりながら進んでいきます。しかし太陽から地球までの距離《きょり》がとても長いため、地球に届《とど》く太陽光線は、ほぼ平行に進んでいます。これを「平行光線」といいます。

図9　拡散光線《かくさんこうせん》

図10　平行光線

Ⅲ　光は反射する

光が「障害物《しょうがいぶつ》」に当たると、ボールが壁《かべ》に当たったときと同じようにはね返ります。これを**「光の反射《はんしゃ》」**といいます。

なめらかで平らな面に光が当たると、すべての光が面に当たった角度と同じ角度ではね返って進みます。光が当たるときの角度を**「入射角《にゅうしゃかく》」**、はね返ったときの角度を**「反射角《はんしゃかく》」**といいます。つまり**「入射角《にゅうしゃかく》＝反射角《はんしゃかく》」**となるのです。

「障害物《しょうがいぶつ》」に当たった光の一部分は吸収《きゅうしゅう》され、一部分は反射《はんしゃ》します。鏡やよくみがいた金属《きんぞく》の表面に当たったときは、ほぼすべての光が反射《はんしゃ》するため、まるで鏡の中に実物《じつぶつ》があるように見えるのです。

このしくみをもう少しくわしくみていきましょう（図13）。

足の先（A）から出た光はB点で鏡に反射《はんしゃ》して目に届《とど》きます。しかし、目は光がDからまっすぐ進んでいくように受け止めてしまうため、鏡の向こう側のDに足があるように見えます。体の他の部分についても同じように反射《はんしゃ》した光が目に届《とど》くので、自分の体全体が、鏡をはさんでちょうど反対側にあるように見えます。つまり、鏡のなかの自分は、光の反射《はんしゃ》によって生じた「錯覚《さっかく》」なのです。

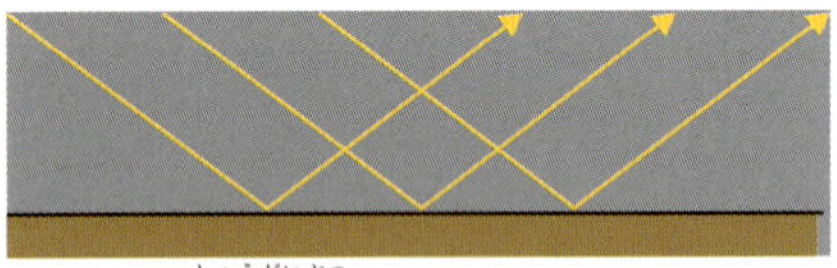
図11　光は障害物《しょうがいぶつ》に当たるとはね返る

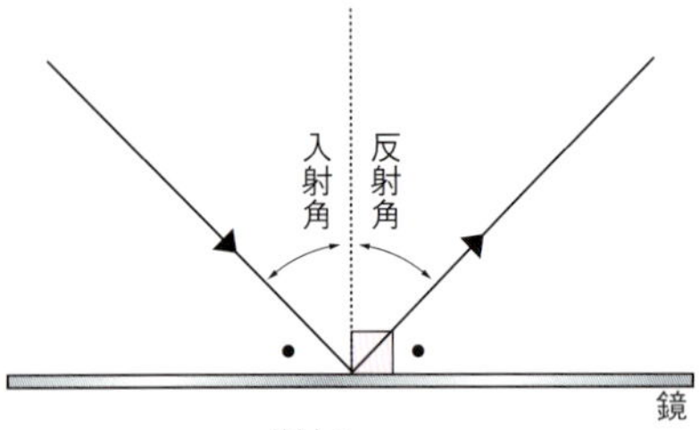

図12　鏡での光の反射《はんしゃ》

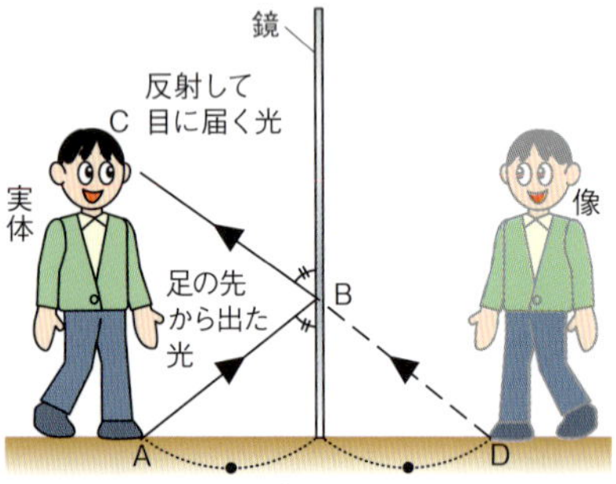

図13　鏡に映《うつ》った像《ぞう》

参　考　乱反射

鏡がものを映《うつ》すことができるのは、表面がなめらかで平らだからです。もしも鏡がゆがんでいたら、ものは鏡の中でゆがんで見えます。面がゆがんでいると、光の反射《はんしゃ》する方向がバラバラになるからです。川や海の水面はキラキラ光って見えるのも、波によって水面が平らでなくなり、太陽の光を様々な方向に反射《はんしゃ》してしまうからです。このように、光が様々な方向に反射《はんしゃ》することを乱反射《らんはんしゃ》といいます。ただし、乱反射《らんはんしゃ》の場合でも、1本1本の光の入射角《にゅうしゃかく》と反射角《はんしゃかく》は等しくなっています。

図14　湖面《こめん》にさざ波がたつと乱反射《らんはんしゃ》が起こる

◉光の進み方を作図してみよう

光が鏡の表面で反射《はんしゃ》し、鏡の中に実物そっくりの像《ぞう》が見える、そのときの光の進み方を実際《じっさい》に作図してみましょう。

①鏡と反対側に、鏡から同じ距離《きょり》だけ離《はな》れた場所に「像《ぞう》」を描きます。
②像《ぞう》と目をまっすぐ直線で結びます。
③②の直線と鏡が交わった点が、光が反射《はんしゃ》するところです。
④③の点と実物を直線で結ぶと、それが実際《じっさい》の光の進み方になります。

「入射角《にゅうしゃかく》」と「反射角《はんしゃかく》」が等しくなっていることがわかりますか？

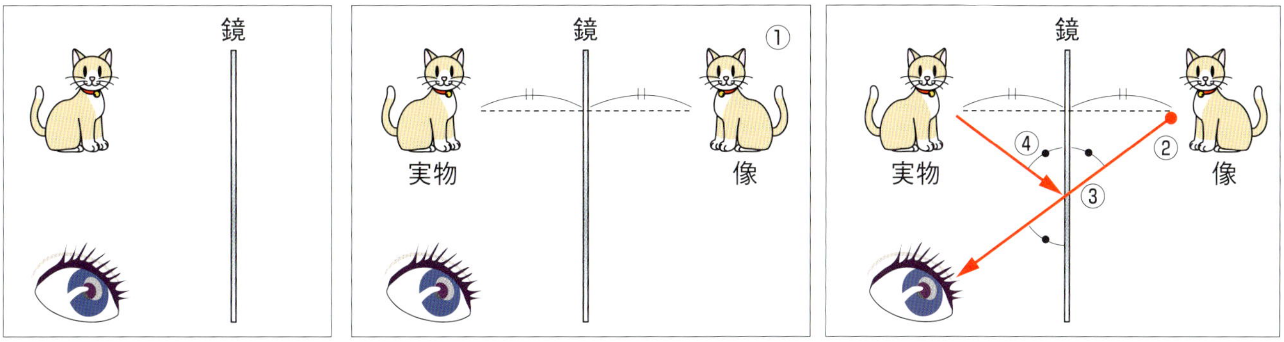

図15　鏡による光の反射を作図する

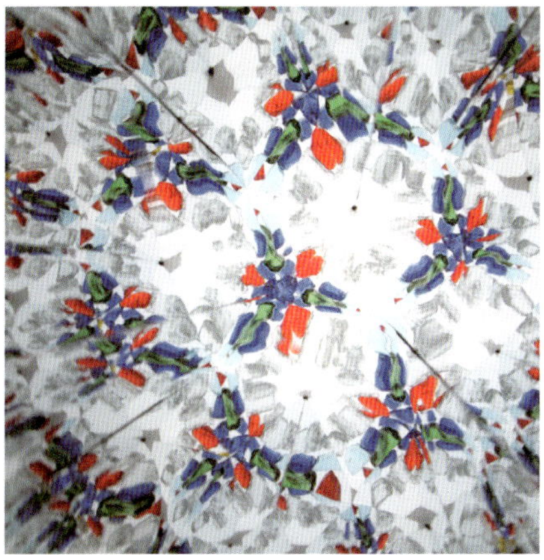
図16　3枚鏡で作った万華鏡をのぞく

◉鏡を組み合わせて遊んでみよう

鏡を何枚も組み合わせると、光が何度も反射《はんしゃ》をくりかえすために、面白い現象《げんしょう》を観察《かんさつ》することができます。

①万華鏡《まんげきょう》作りにチャレンジ

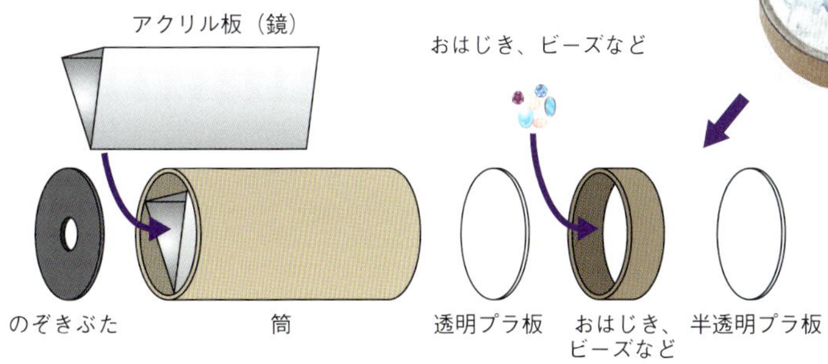

図17　万華鏡の作り方

図18　60度の合わせ鏡の前に人形を置く

②合わせ鏡で遊んでみよう！

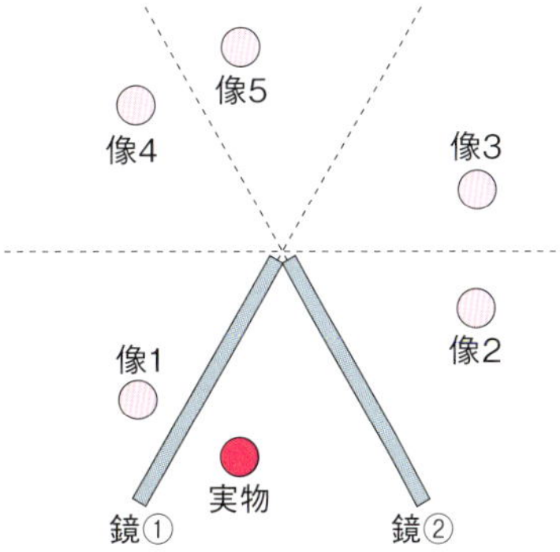

図19　合わせ鏡の遊び方
2枚の鏡《かがみ》を、あいだの角度が60度になるように置《お》くと、像《ぞう》が5つできます。また、角度を90度にすると像は3つになります。さらに、2枚の鏡を向かい合わせに置いたり、万華鏡《まんげきょう》のように3枚の鏡を組み合わせると、光が反射を繰《く》り返《かえ》すために、無数《むすう》の像を見ることができます。角度や鏡の枚数を工夫《くふう》して、どんな像が見えるか、試《ため》してみましょう。

Step 2 虫メガネのしくみ

I　光は屈折する

さて、ここからがいよいよ「虫メガネのヒミツ」です。

光は直進《ちょくしん》しますが、空気中から水やガラスに光が入るときには、光の進む向きが変わります。水やガラスから空気中に光が出るときも、やはり光の進む向きは変わります。これを**「光の屈折《くっせつ》」**といいます。

光の屈折《くっせつ》については『応用編Ⅱ』でくわしく説明しますが、一言で言うと、屈折《くっせつ》するのは空気中と水やガラスの中で**光の進む速さが違《ちが》う**からなのです。

◉なぜ光は屈折するのだろう？

光のかわりにラジコンカーを走らせてみましょう。速く走ることのできる床《ゆか》の上から、走りにくいじゅうたんの上にさしかかったとき、ななめに突《つ》っこんでいくと、左と右の車輪《しゃりん》の進み方がちがうため、進む方向が変わります。じゅうたんから床《ゆか》に向かって進むときは、逆《ぎゃく》の方向に曲《ま》がります。

つまり、**「進む速さの違《ちが》うところにさしかかると、曲《ま》がって進む」**のですね。ただし境目《さかいめ》に向かって直角に進むときは、曲《ま》がらずにそのまま直進《ちょくしん》します。「光にも車輪《しゃりん》が4つあるの？」……いえいえ、これは単なる「たとえ話」ですから。でも何となく、「境目《さかいめ》で屈折《くっせつ》する」という雰囲気《ふんいき》はわかるんじゃないでしょうか。

◉どちらに屈折するのかな

水とガラスでは光の進む速さは少し違《ちが》いますが、空気中と比《くら》べれば、どちらも進む速さは遅《おそ》くなります（「じゅうたんの上」と同じ）。

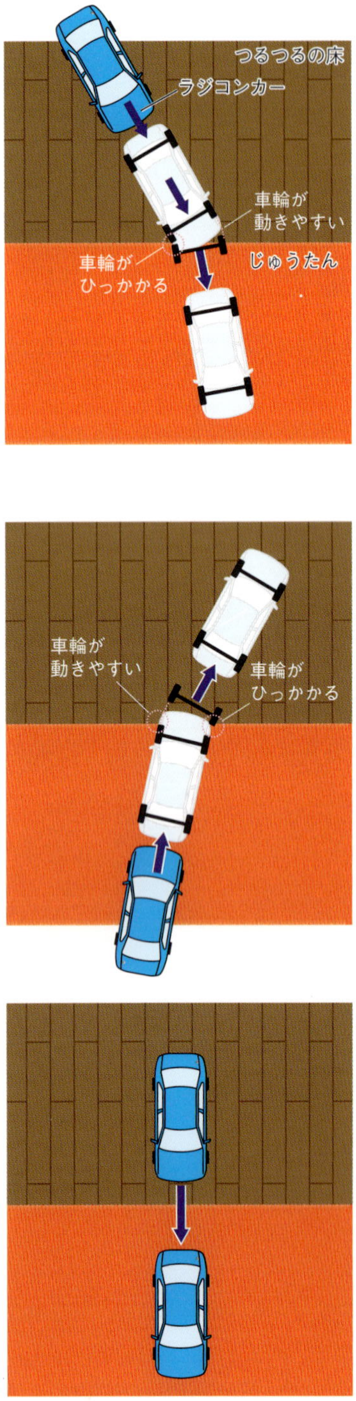

図20　ラジコンカーはなぜ曲がる？

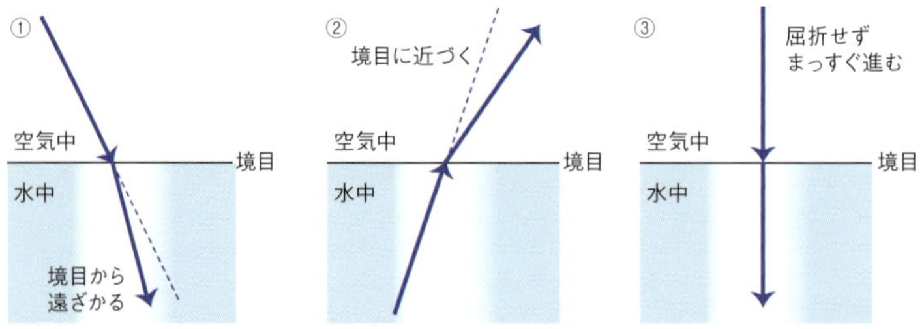

図21　空気と水の境目《さかいめ》で光は屈折《くっせつ》する

① 空気中→水（ガラス）面（境目《さかいめ》）から遠ざかるように屈折《くっせつ》する

② 水（ガラス）→空気中　面（境目《さかいめ》）に近づくように屈折《くっせつ》する

③ 面に対して垂直《すいちょく》（直角）に進む　屈折《くっせつ》せずにまっすぐ進む

とりあえず、この3つのパターンだけ、しっかりと覚《おぼ》えておきましょう。

Ⅱ　光の屈折によるフシギな出来事

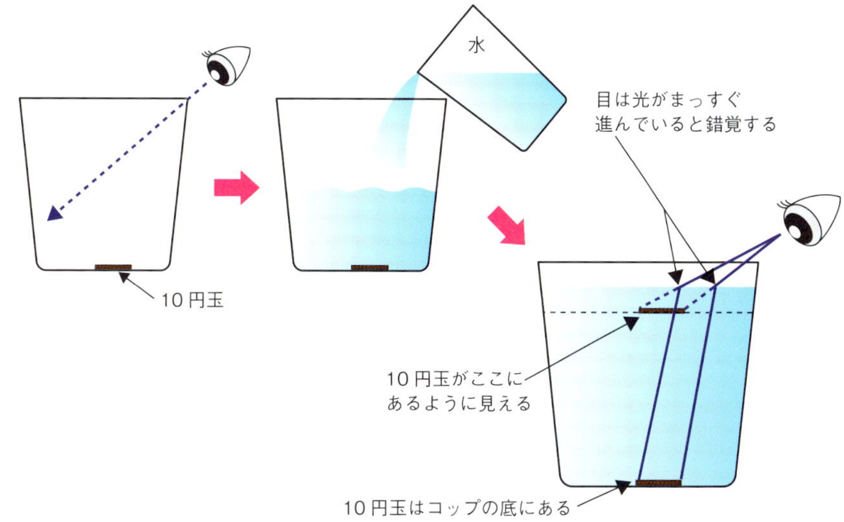

図22　10円玉が浮かんで見える？

虫メガネの話の前に、光の屈折《くっせつ》によって起こる怪奇現象《かいきげんしょう》（？）をみておきましょう。図22で水が入っていない状態《じょうたい》では10円玉を見ることはできませんが、水をそそいでいくと10円玉がその姿をあらわします。

途中《とちゅう》で光が反射《はんしゃ》した場合（鏡像《きょうぞう》）でも、水やガラスを通って光が屈折《くっせつ》した場合でも、光が進んできた方向の先（延長《えんちょう》上）に実物があるように感じてしまいます。そのため、実際《じっさい》の位置とは違《ちが》う位置にものがあるように錯覚《さっかく》してしまうのです。

Ⅲ　なぜ虫メガネは光を集めるのだろう？

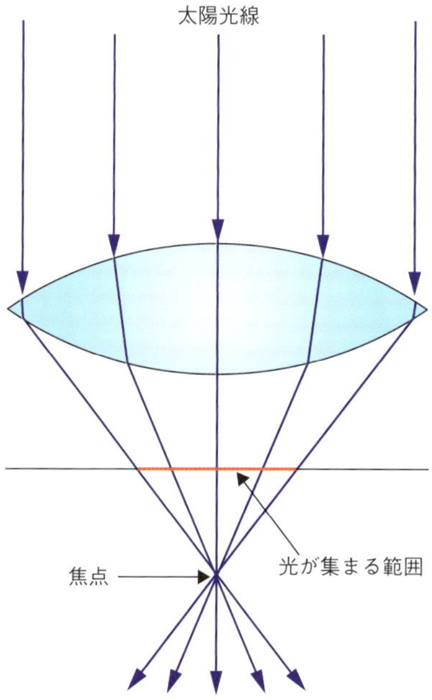

図23　光は内側に曲がり1点に集まる

虫メガネを横から見ると、まん中に近いほどふくらんでいます（これを**「とつ（凸）レンズ」**といいます）。ここに虫メガネの秘密《ひみつ》があるのです。

とつレンズに太陽光線（平行光線）を当てると、**空気とガラス・ガラスと空気の境目《さかいめ》で、それぞれ光は内側にむかって屈折《くっせつ》します**。しかも**レンズの端《はし》のほうが、面が大きく曲がっているため、光の屈折《くっせつ》の度合いが大きくなります**（まん中に当たった光は屈折《くっせつ》しません）。

レンズの表面の曲がり方を上手に調節《ちょうせつ》すると**太陽光線はある1点に集まる**ようになります。この点を**「焦点《しょうてん》」**といい、**レンズの中心から焦点《しょうてん》までの距離《きょり》**を**「焦点距離《しょうてんきょり》」**といいます。

レンズで屈折《くっせつ》した光は焦点《しょうてん》に集まり、焦点《しょうてん》を通りすぎると、今度は次第に拡《ひろ》がっていきます。光の当たる範囲《はんい》が小さいほど、光のエネルギーが集中するために明るく（温度も高く）なります。

焦点距離《しょうてんきょり》はレンズの厚《あつ》さによって決まります。

厚《あつ》いレンズ➡光の屈折《くっせつ》の度合いが大きい➡光はレンズの近くに集まる
うすいレンズ➡光の屈折《くっせつ》の度合いが小さい➡光は遠くの方に集まる

つまり、**厚《あつ》いレンズほど焦点距離《しょうてんきょり》が短い**ということですね。とつレンズを2枚重ねると、2回屈折《くっせつ》するため、厚《あつ》いレンズを使った場合と同じ結果《けっか》になります。

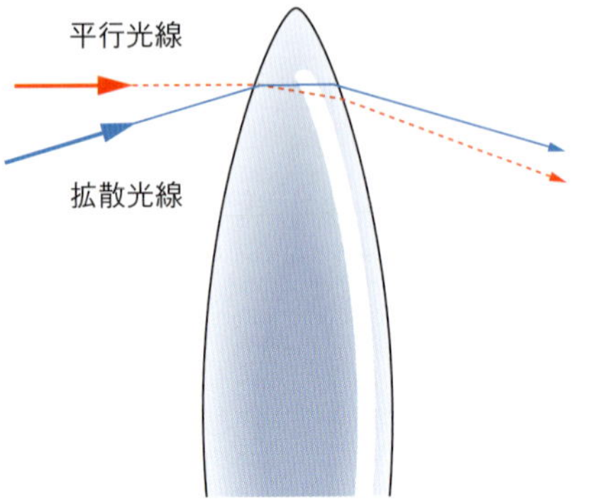

図24　拡散光線《かくさんこうせん》がレンズに当たるときの屈《くっ》折《せつ》のようす

◉豆電球やろうそくの光を集めてみよう

豆電球の光を当てたときも、光はやはり内側《うちがわ》に屈折《くっせつ》して1点に集まります。しかし豆電球の光は「拡散光線《かくさんこうせん》」なので、レンズに当たる光の角度が異《こと》なり、光の集まる位置は遠くなります。

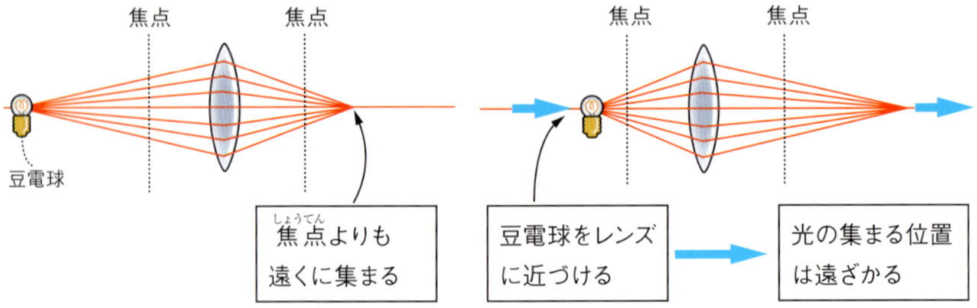

図25　豆電球の光をレンズに当てる

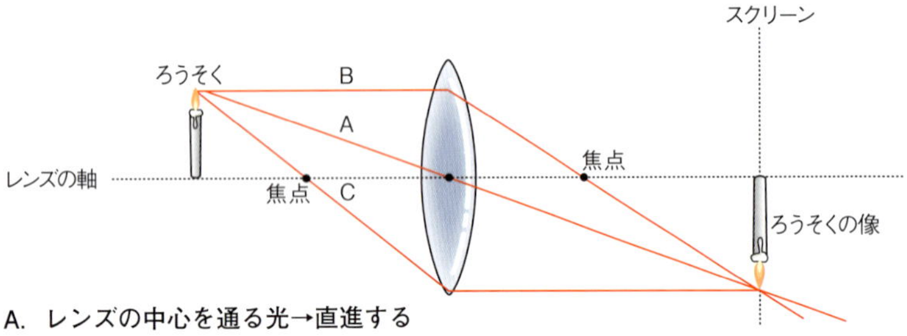

A.　レンズの中心を通る光→直進する
B.　軸に平行する光→焦点を通る（平行光線と同じ）
C.　焦点を通る光→まっすぐ進む

図26　ろうそくの像のでき方

ろうそくの場合も**「焦点《しょうてん》より遠くに光が集まる」「レンズに近づけると光の集まる位置が遠ざかる」**のは同じです。

光が1点に集まるところにスクリーンを置くと、ろうそくの形がはっきりと映《うつ》ります。これをろうそくの**「像《ぞう》（実像）」**といいます。

新聞から虫メガネを遠ざけてみたり、虫メガネで遠くの景色《けしき》を見たときは、この「像《ぞう》」が目に映《うつ》るのです。この像《ぞう》は**実物とは上下左右が逆《ぎゃく》になっている**ことがわかるでしょうか？

◉文字が大きく見えるのはなぜ？

ものをレンズにどんどん近づけていくと、光が屈折《くっせつ》しても**1点に集まるのではなく、拡《ひろ》がっていく**ようになります。したがって「像《ぞう》」はできません。

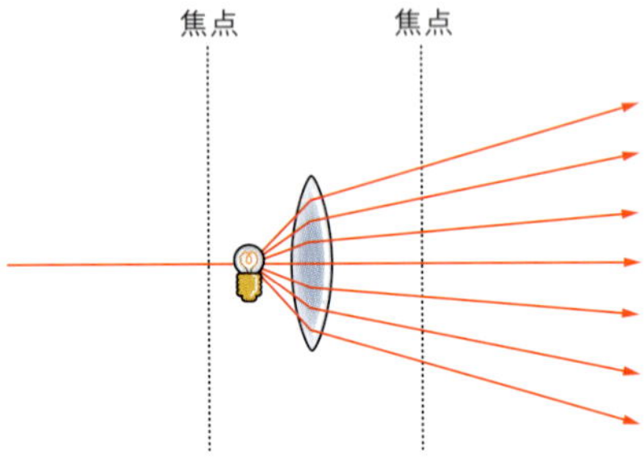

図27　拡散する光

このとき、レンズの反対側からのぞきこむと、人間の目には拡《ひろ》がってくる光の延長上《えんちょうじょう》に実物があるように感じてしまいます。鏡の像《ぞう》や水の中の十円玉の場合と同じように、途中《とちゅう》で光が反射《はんしゃ》したり屈折《くっせつ》したりしても、光がまっすぐ進んでくるように錯《さっ》覚《かく》するのです。これが新聞や教科書の文字が大きく見える理由です。

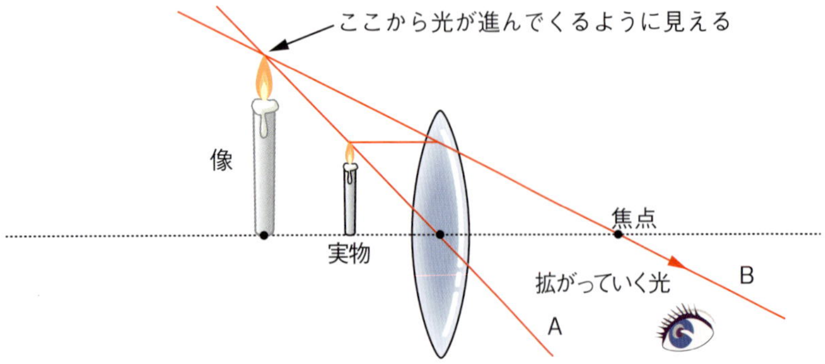

図28　実物より大きく見えるわけ

Step 3　音の伝わり方

Ⅰ　糸でんわを作ってみよう

●材料
紙コップ２つ
２mくらいの糸
半分に折ったようじ２つ
（とがった先端《せんたん》は切っておく）

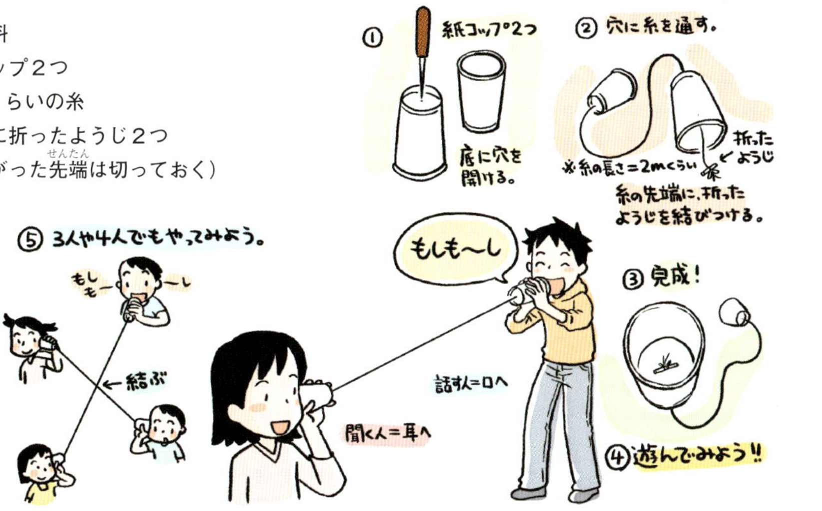

●作り方
紙コップの底の中心にとがったもの（鉛筆《えんぴつ》などの先端《せんたん》）で穴《あな》を開ける。

穴《あな》に糸を通して、糸の先に折《お》ったようじを結びつける。

●遊び方
2人で紙コップを持ち、糸を張《は》って話してみよう。
3人や4人でも試してみよう。
糸以外のもの（針金など）を使って試してみよう。

図29　糸でんわの作り方

Ⅱ　音って、何なのだろう？

音はどのように発生し、どのようにして聞こえるのでしょう？

糸でんわの糸にクリップをぶら下げると、クリップが小さく振動《しんどう》している（ゆれている）ことがわかります。この**「振動《しんどう》」が音**なのです。

ふつうに人と話をするときは、糸のかわりに空気が振動《しんどう》します。口の前に紙をかざして声を出すと紙がふるえます。このことから、**音が出ると空気がふるえる（振動《しんどう》する）**ことがわかります。

声を出したり、たいこをたたいたり、ギターの弦《げん》をはじいたりすると、そのまわりの空気が振動《しんどう》し、それが聞く人の耳の**「こまく」**に伝わります。こまくが、その振動《しんどう》を耳の中の別の器官を通して脳《のう》に伝え、音として聞こえるのです。

図30　口の前に紙をかざして声を出す

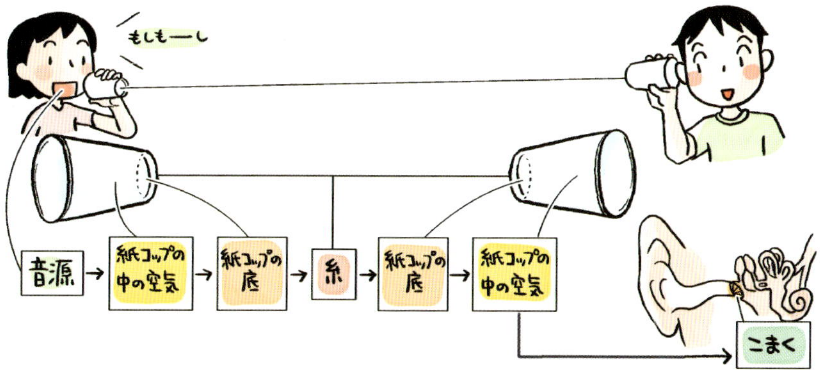

図31　糸でんわを使って話すときの振動の伝わり方

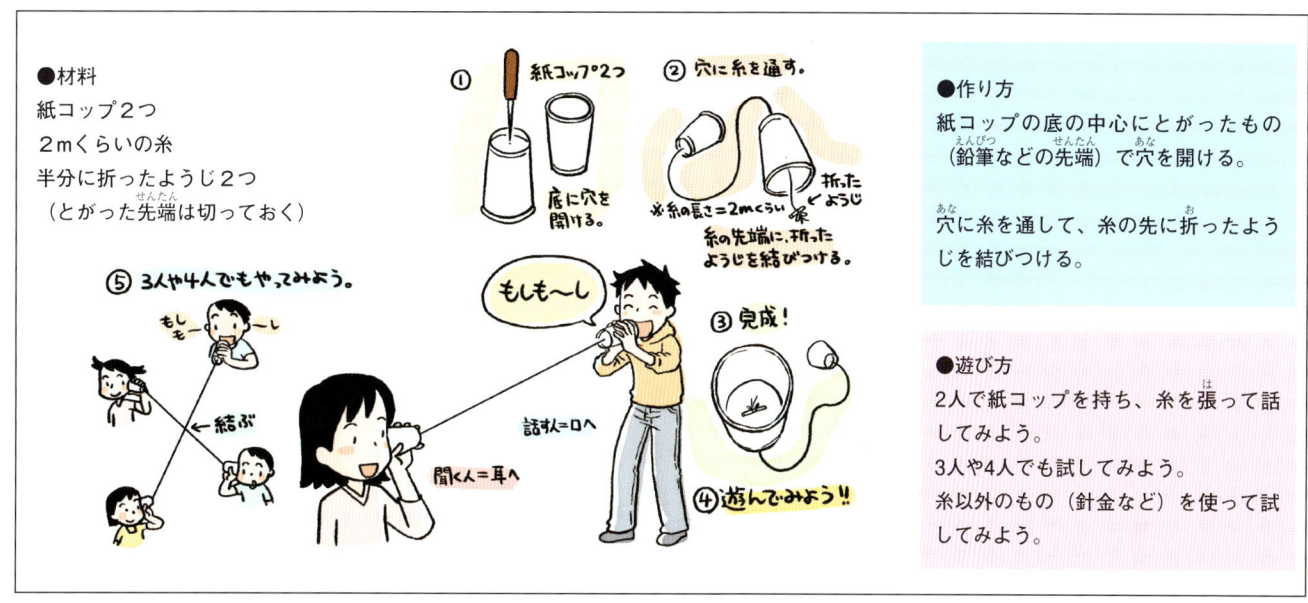

◉真空鈴の実験

音は、空気や糸の振動《しんどう》を通して耳に届《とど》きます。したがって「何もないところ」では音は聞こえません。それを確《たし》かめるための実験をしてみましょう。

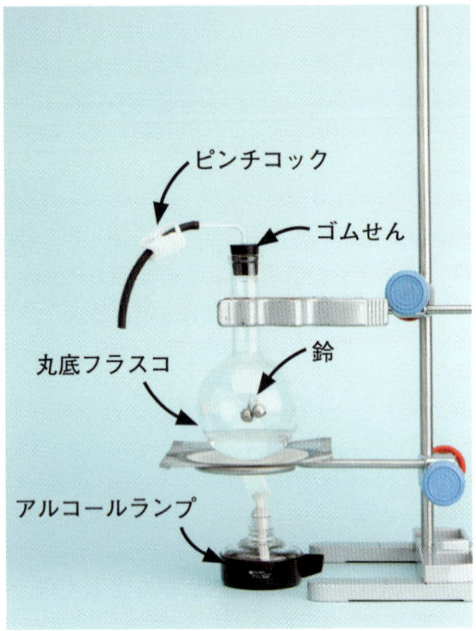

図32　真空鈴《しんくうれい》の実験

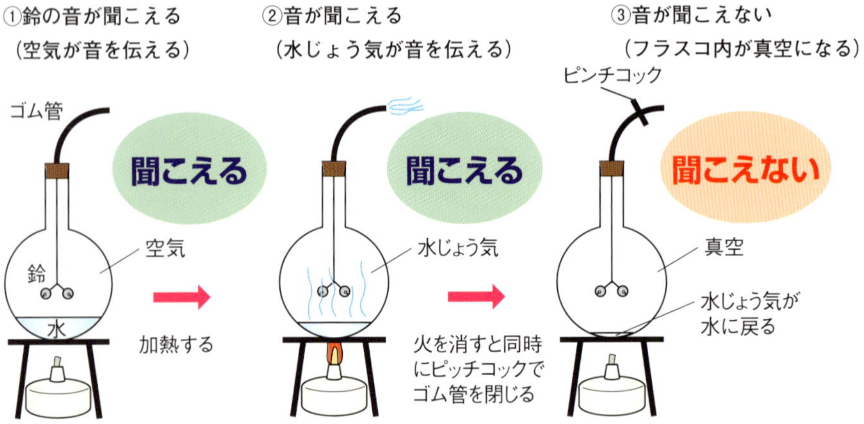

◉固体や液体も音（振動）を伝える

音を伝えるものは空気だけではありません。糸でんわの場合は「糸」が振動《しんどう》を伝えていました。また、鉄棒《てつぼう》のはしに耳をつけて、もう片方のはしをたたくと、その振動《しんどう》が耳に伝わり、音が聞こえます。また、プールなど水中でも音は聞こえます。ただし、音の伝わる速さは違《ちが》います。固体の場合が最も速く、液体《えきたい》、気体の順に遅《おそ》くなります。

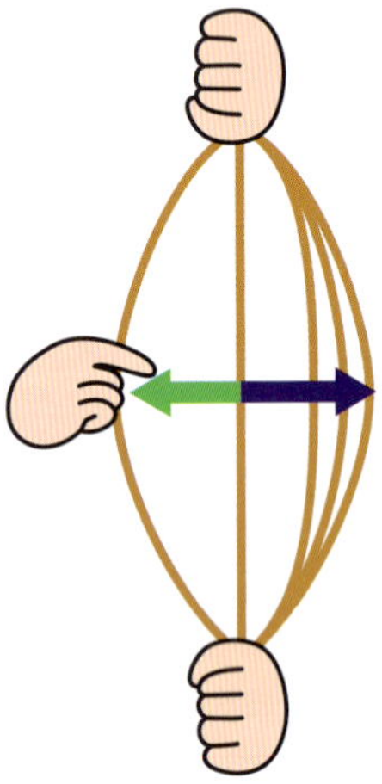

図33　輪ゴムを弱くはじいた様子。振《ふ》れ幅《はば》が小さい

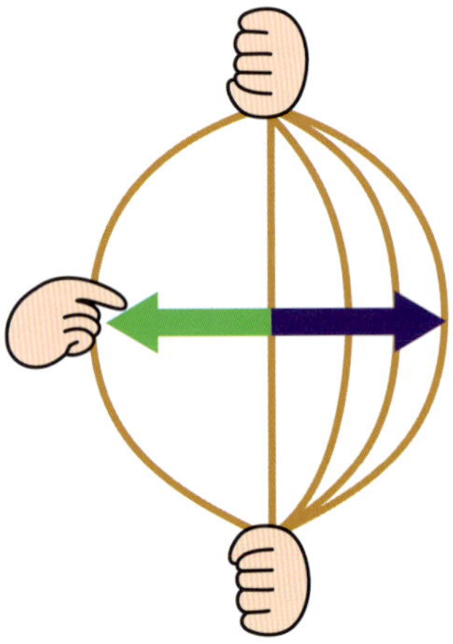

図34　輪ゴムを強くはじいた様子。振《ふ》れ幅《はば》が大きい

Ⅲ　音の三要素

私たちが音を表現するとき、どのような言葉を使うでしょうか。

①「音が大きいなあ」「声が小さくてよく聞こえないよ」

②「こんな高い声がよく出せるな」「あの先生の声は低くてしぶいね」

③「あれは啓介の声だ」「ピアノの音色《ねいろ》っていいよね」

①**「音の大きさ」**・②**「音の高さ」**・③**「音色」**の３つを、**音の三要素**と呼《よ》びます。

◉音の大小

音の大小は、音を出すものが**振動《しんどう》するときの振《ふ》れ幅《はば》**で決まり、その振《ふ》れ幅《はば》のことを**振幅《しんぷく》**といいます。たとえば輪ゴムをはじくとき、「びょ～ん」と音が聞こえるくらいに強くはじいたときは振《ふ》れ幅《はば》が大きく、弱くはじいたときは振《ふ》れ幅《はば》が小さく、音もほとんど聞こえません。**振《ふ》れ幅《はば》が大きいほど音は大きい**のです。

◉音の高低

音の高低は、**1秒間《びょうかん》に振動《しんどう》する回数**で決まります。これを**振動数《しんどうすう》**といいます。「振動数《しんどうすう》が多い」ということは「速《はや》く振動《しんどう》する」という

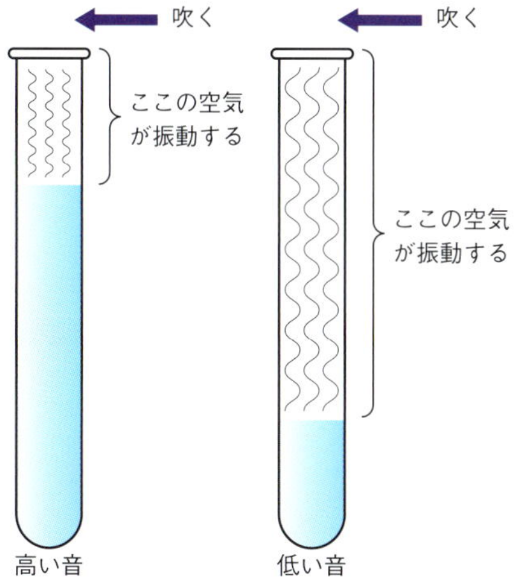

図35　試験管《しけんかん》に水を入れて口元を吹いて音を出してみる

図36　コップに水を入れてたたいて音を出してみる

図37　ギター

ことです。つまり

振動数が多い＝速く振動する→音が高い

振動数が少ない＝おそく振動する→音が低い

とまとめられます。

[空気を振動《しんどう》させる場合（管楽器《かんがっき》）]

試験管《しけんかん》の中に水を入れて、試験管の口の部分を横から吹《ふ》いてみましょう（ペットボトルでもOK）。**水がたくさん入っていると高い音、水が少ないと低い音**が出ます。

これは、試験管《しけんかん》の口と水面の間にある**空気が振動《しんどう》している**からです。水が多いほど空気の長さが短いので、速く振動《しんどう》し、音が高くなります。

これと同じ原理でいろいろな高さの音を出すのがリコーダーです。リコーダーは穴《あな》がいくつもあいていて、そのふさぎ方によって音が変わりますね。穴《あな》を全部ふさぐと、リコーダーの中の振動する空気の長さが長くなって、音が低くなります。

[たたいて振動《しんどう》させる場合（打楽器《だがっき》）]

次に水の入ったコップをたたいて音を出してみると、今度は**水がたくさん入っている方が低い音**になり、**水が少ない方が高い音**になります。

これは、コップをたたいたことによって**コップ全体が振動《しんどう》して音を出している**からです。水がたくさん入っているほど振動《しんどう》しにくくなり、音は低くなります。

鉄琴《てっきん》や木琴《もっきん》のように、たたいて音を出す楽器の場合は、長い板をたたくと低い音が出て、短い板をたたくと高い音が出ます。**長いほうが振動《しんどう》しにくいので低い音が出る**わけですね。

[はじいて振動《しんどう》させる場合（弦《げん》楽器）]

ギターには太さがちがう６本の弦《げん》がついています。太い弦《げん》と細い弦《げん》を比《くら》べると、**細い弦《げん》のほうが速《はや》く振動《しんどう》し、高い音が出ます**。

弦《げん》のつけねの部分には、弦《げん》の張り方を調節《ちょうせつ》するネジがついていて**弦《げん》を強く張るほど音は高くなります**。また、弦《げん》の途中《とちゅう》を指で押《お》さえて弦《げん》をはじくと、音は高くなります。これは**振動《しんどう》する部分が短くなり、振《しん》動《どう》が速くなる**からです。

弦《げん》の太さ　→弦《げん》が細いほど、弦《げん》は振動《しんどう》しやすく、音は高くなる

弦《げん》の張り方　→弦《げん》を強く張るほど、弦《げん》は振動《しんどう》しやすく、音は高くなる

弦《げん》の長さ　→弦《げん》が短いほど、弦《げん》は振動《しんどう》しやすく、音は高くなる

課題　他の楽器についても、音の高さを調節《ちょうせつ》するしくみを調べてみましょう。

第3部
身の回りの科学

5 もののの溶けかた

Step1　ものが溶けるってどういうこと？

Ⅰ「100＋20＝100」？

溶けて目に見えなくなってしまっても

重さはなくならない

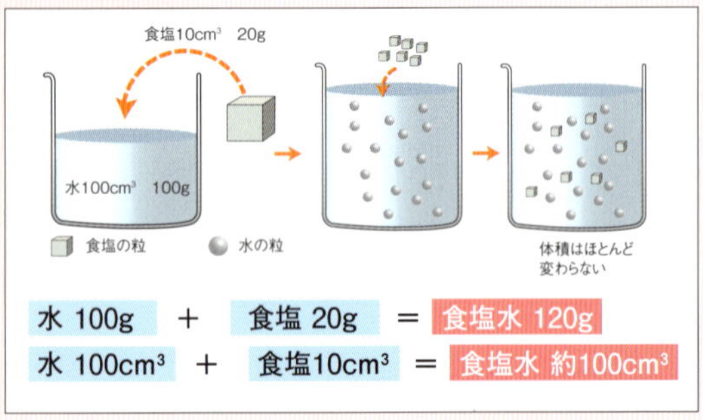

Ⅱ　ものが「溶ける」ということ

水溶液とは

① 透明な液体である

② どこを取っても濃さは同じ

③ 時間がたっても分離しない

④ 見た目では何が溶けているか区別できない。ろ紙でこしとることもできない

Ⅲ「100＋10＝100」？

食塩の粒が水の粒のすき間に入りこむので、体積は合計にならない

Step2　ものの溶け方を調べてみよう

Ⅰ　ホウ酸を水に溶かしてみる

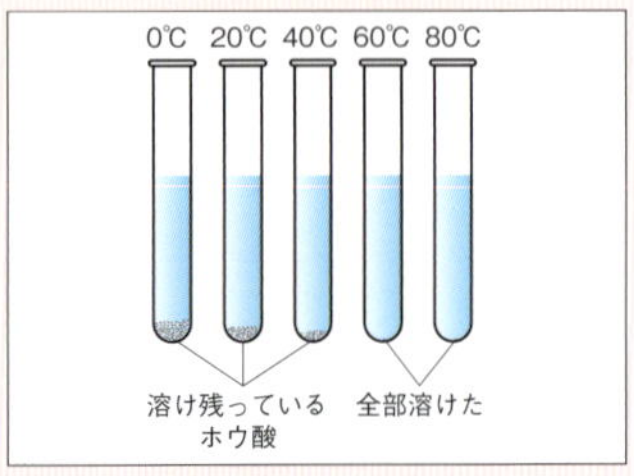

- ホウ酸の溶ける量には限界がある
- 溶ける量の限界は水の温度によって変わる
- 水温が高いほどよく溶ける

限界まで溶けている水溶液→「飽和水溶液」

Ⅱ　溶ける量を測定してみよう

溶《よう》解《かい》度《ど》曲線

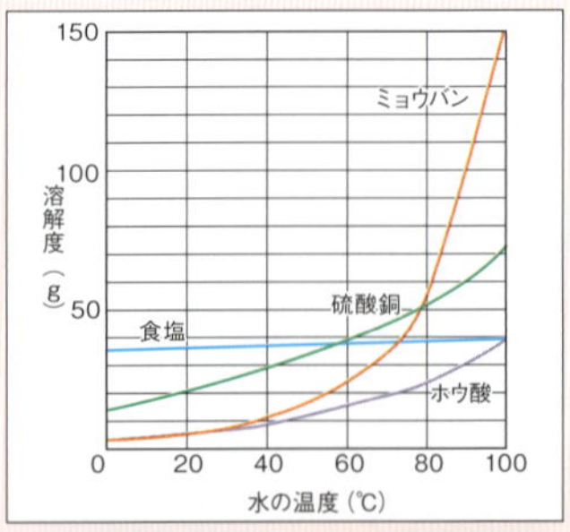

「溶解度」…100g の水に溶ける重さの限界

<固体の溶け方>

- 水温が高いほどよく溶ける
- 食塩は水温を上げても溶ける量はほとんど変化しない
- 水酸化カルシウムは水温が低いほどよく溶ける

（水酸化カルシウム水溶液は「石灰水」のこと）

Step3　水溶液の性質を調べてみよう

Ⅰ　コップのなかのアヤシイ液体

- においをかぐときは手であおいでかぐ

においがある水溶液	刺激的なにおい	塩酸・アンモニア水
	独特なにおい	酢・アルコール・オキシドール

正しいにおいのかぎ方

Ⅱ　溶けているものを取り出してみよう

●水を蒸発させて溶けているものを調べる

- あとに固体が残る
  - 白い固体　…食塩水・ホウ酸水・石灰水
  - 黒くこげる　…砂糖水
- 何も残らない — 気体か液体が溶けている

白い個体が残った

黒くこげた

Ⅲ　「液性」を調べてみよう

	強い酸性	弱い酸性	中性	弱いアルカリ性	強いアルカリ性
赤色リトマス紙	変化なし			青色	
青色リトマス紙	赤色		変化なし		
ＢＴＢ溶液	黄色		緑色	青色	
紫キャベツ液	赤色	ピンク色	紫色	緑色	黄色

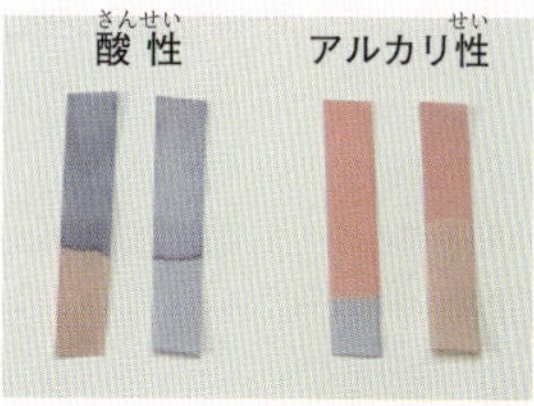

指示薬にリトマス試験紙を使用

酸性《さんせい》 ← 中性《ちゅうせい》 → アルカリ性《せい》

指示薬にBTB溶液《ようえき》を使用

Ⅳ　化学反応をさせてみよう

固体を入れるとあわ（気体）が発生する

塩酸＋鉄・アルミニウム→水素　塩酸＋石灰石→二酸化炭素

オキシドール（＋二酸化マンガン）→酸素

混ぜると白くにごる　石灰水に二酸化炭素を通す

燃える　アルコールは気体になりやすく、火を近づけると燃える

中和　酸性の液体とアルカリ性の液体を適量混ぜると中性になる

指示薬に紫《むらさき》キャベツを使用

Step4　いろいろな水溶液

液性	水溶液の名前	におい	水を蒸発させると	その他の特徴
酸性	塩酸	刺激的	何も残らない	鉄・アルミニウム・石灰石をとかす（気体が発生する）
	炭酸水	ない	何も残らない	二酸化炭素が溶けている
	酢（酢酸）	独特	何も残らない	
	ホウ酸水	ない	ホウ酸の白い固体	ホウ酸の結晶（固体）は六角形
中性	食塩水	ない	食塩の白い固体	食塩の結晶（固体）は立方体
	砂糖水	ない	黒くこげる	
	アルコール	独特	何も残らない	火を近づけると青い炎を出して燃える
	オキシドール	独特（弱い）	何も残らない	二酸化マンガンを入れるとあわ（酸素）が出る
アルカリ性	石灰水	ない	消石灰の白い固体	二酸化炭素を通すと白くにごる
	アンモニア水	刺激的	何も残らない	虫さされの薬として利用

Step 1　ものが溶けるってどういうこと?

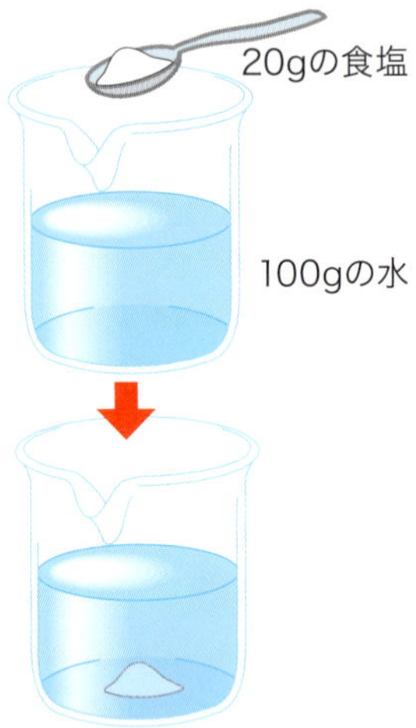

図1　食塩を溶《と》かすとどうなるかな?

注1
すべての物質が水に溶《と》けると「無色」になるわけではありませんが、ここで学習する水溶液《すいようえき》はすべて「無色」です。硫酸銅水《りゅうさんどうすい》溶液《ようえき》は青色をしていますが、やはり「透明《とうめい》」です。

図2　硫酸銅水溶液《りゅうさんどうすいようえき》と無色の純水

注2
「溶《と》ける」には他にもいろいろな意味がありますが（たとえば「氷がとけて水になる」）、ここでは「溶解《ようかい》」という現象《げんしょう》だけにしぼって説明します。

Ⅰ　「100＋20＝100」?

2006年に文部科学省が全国の小学5年生と中学2年生合計6500人を対象《たいしょう》に実施《じっし》した学力テストに、次のような問題が含《ふく》まれていました。

「100gの水に20gの食塩を溶《と》かしていく」実験のビデオを見せて、**「溶《と》けたあとの重さは何gになりますか。その理由も答えなさい。」**という問題です。

正答率《せいとうりつ》は、小学5年生が57%、中学2年生が54%でした。さて、中学生の半数近くが間違《まちが》えたという、この難問《なんもん》。アナタには解《と》けますか?

◉なぜ、間違えてしまうのだろう?

「水に溶《と》かしても重さはかわらないから、100＋20＝120gになる」…そう、その通りです。簡単《かんたん》ですよね。

ところが実際《じっさい》には、半数近くの小中学生が間違《まちが》った答えを選んでしまいました。その中には、

「溶《と》けてなくなってしまうのだから、重さは100g」

という解答《かいとう》がたくさん含《ふく》まれていたそうです。

どうしてこのような間違《まちが》いが生まれてしまうのでしょう。

1つには、この答案《とうあん》の中でも書かれているように、

「食塩がなくなって（見えなくなって）しまう」からでしょう。たしかに食塩が溶《と》けたはずの水は**無色透明《とうめい》**のままで、どこにも食塩の白い粒《つぶ》は見当たりません。

いや、そもそも「見えなくなってしまう（無色透明《とうめい》になる）」ことが**「溶《と》ける」**ということなのです。

Ⅱ　ものが「溶ける」ということ

水になにかを溶《と》かしたものを**「水溶液《すいようえき》」**といいます。すべての水溶《すいよう》液《えき》には次のような共通した特徴《とくちょう》があります。

①透明《とうめい》な液体《えきたい》である（ほとんどは無色透明《とうめい》）。
②どこを取っても濃《こ》さは同じ。
③時間がたっても水と水に溶《と》けた物質が分離《ぶんり》しない。
④溶《と》けているものは見た目で区別できず、ろ紙でこしとることもできない。

逆《ぎゃく》にいうと、**「透明《とうめい》でないものは水溶液《すいようえき》ではない」**、つまり「水に溶《と》けている」とはいえません。たとえば「泥水《どろみず》」は泥《どろ》が水に溶《と》けてい

図３　泥水は土と水が混ざっているだけ

るのではなく、「混《ま》ざっている」だけです。**「混《ま》ざっている」**だけの場合は、水溶液《すいようえき》とは逆《ぎゃく》に

①粒《つぶ》が見えたり、にごっていたりする。

②濃《こ》さが同じとはいえない。

③時間がたつと、混《ま》ざっていたものは底の方にしずむ。

④ろ紙でこすと混《ま》ざっていた物質はろ紙上に残《のこ》る

のです。

Ⅲ　「100＋10＝100」？

「食塩がなくなってしまう」と勘違《かんちが》いする、もう１つの原因は、**「食塩を溶《と》かしても（ほとんど）体積がかわらない」**ことにあるでしょう。

たとえば体積$100cm^3$・重さ100gの水に、体積$10cm^3$・重さ20gの食塩を溶《と》かしたとします。このとき、$110cm^3$の食塩水ができるのかというと、体積はほぼ$100cm^3$のままです。

水を含《ふく》めたすべての物質は**「分子」**や**「原子」**とよばれる、**ものすごく小さな「粒《つぶ》」**でできています。食塩はこの「粒《つぶ》」がたくさん集まって大きな固まりを作っているので目に見えますが、水に溶《と》けるときは目に見えない分子の大きさまで小さくなってしまいます。できた水溶液《すいようえき》が透明《とうめい》になるのは、溶《と》けた**食塩の粒《つぶ》が、水の粒《つぶ》と粒《つぶ》のすき間に入りこんでしまう**からなのです。

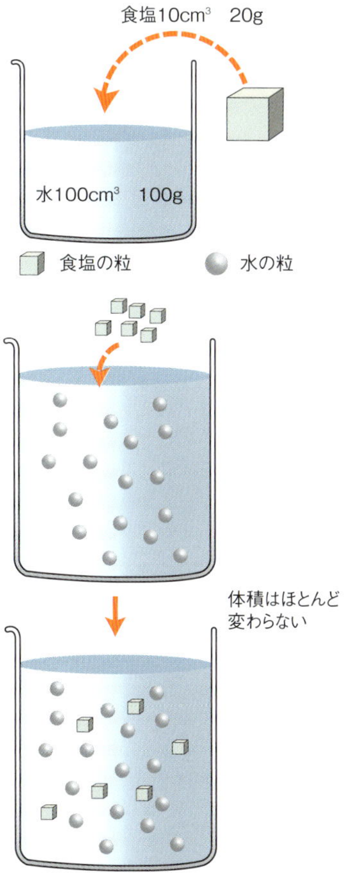

図４　食塩が水に溶《と》けるとき

たとえば、バケツに大きな石をいっぱいに入れた後で砂《すな》を入れていきましょう。大きな石のすき間に砂《すな》がはいりこんでいって、すき間がすべて砂《すな》で満たされるまではバケツから砂《すな》があふれ出しません（「石と水は違《ちが》うもん!」と言われればその通りですが、「たとえ話」として聞いてくださいね）。

もちろん「食塩の粒《つぶ》」は小さく分かれただけで、なくなったり、数が減《へ》ったりしているわけではありません。だから食塩水の重さは100＋20＝120（g）になります。

水に食塩を溶《と》かしたときの変化をまとめてみましょう。

重さは水と食塩の重さの合計になる‥‥‥‥‥100＋20＝120

体積は水と食塩の体積の合計にはならない‥100＋10＝約100

溶《と》かす物質の種類や溶《と》かす量によって、体積の増え方は違《ちが》いますが、「合計にならない」ことに変わりはありません。

参　考　コロイド溶液

牛乳《ぎゅうにゅう》や墨汁《ぼくじゅう》は「透明《とうめい》」ではないから「水溶液《すいようえき》」ではありません。しかし、どこも同じような濃《こ》さで、放っておいても何かが底に沈《しず》むことはないので、泥水《どろみず》のように「混《ま》ざっている」状態《じょうたい》でもありません。

牛乳《ぎゅうにゅう》などは、分子よりも大きく、かといって沈《しず》むほど大きくはない粒《つぶ》が均一に散らばっている（分散《ぶんさん》といいます）状態《じょうたい》なのです。この状態《じょうたい》になっている液体をコロイド溶液《ようえき》とよびます。

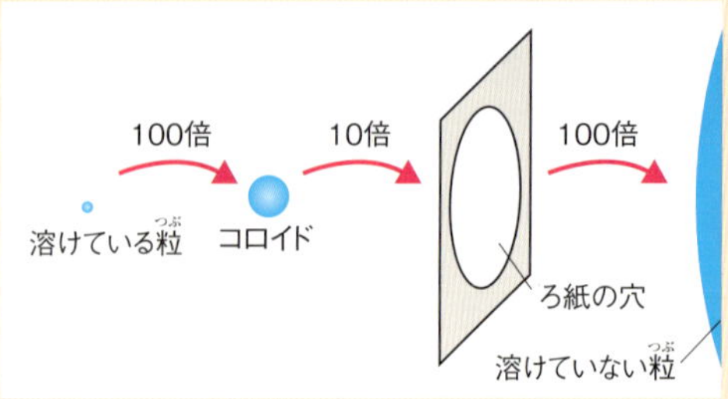

図５　コロイド溶液《ようえき》のモデル

Step 2　ものの溶け方を調べてみよう

Ⅰ　ホウ酸を水に溶かしてみる

ホウ酸《さん》は水によく溶《と》ける白い固体で、目の消毒《しょうどく》や害虫《がいちゅう》の駆除《くじょ》（ゴキブリ退治用《たいじよう》のホウ酸団子《さんだんご》）などに利用されています。

このホウ酸《さん》が水にどのくらい溶《と》けるか、実験してみましょう。

◉実験方法

①5本の試験管《しけんかん》に、0℃・20℃・40℃・60℃・80℃の水を50gずつ入れる。

②全部の試験管《しけんかん》にホウ酸《さん》を5gずつ入れて、かき混《ま》ぜる。

③しばらく放置《ほうち》してから、それぞれの試験管《しけんかん》を観察する。

◉実験結果

① 60℃と80℃の試験管《しけんかん》はホウ酸《さん》が全部溶《と》けてしまう。

② 0℃・20℃・40℃の試験管《しけんかん》はホウ酸《さん》が底に残《のこ》っている。

③ 溶《と》け残っているホウ酸《さん》の量は0℃が一番多く、40℃が一番少ない。

この実験から

- ホウ酸《さん》の溶《と》ける量には限界《げんかい》がある。
- 溶《と》ける量の限界《げんかい》は水の温度によって変化する。
- 水温が高い方がよく溶《と》ける。

ということがわかります。

もちろん水の量を増《ふ》やせば、溶《と》ける量も増《ふ》えます。これは0℃・20℃・40℃の試験管《しけんかん》に（同じ温度の）水を加えてかき混《ま》ぜると、ホウ酸《さん》が全部溶《と》けることからわかります。

もうこれ以上溶《と》けないという状態《じょうたい》を**「飽和《ほうわ》（状態《じょうたい》）」**、飽和状態《ほうわじょうたい》にある水溶液《すいようえき》を**「飽和水溶液《ほうわすいようえき》」**といいます。

上の実験では、0℃・20℃・40℃の試験管《しけんかん》の中は「飽和状態《ほうわじょうたい》にある」から、溶《と》け残ったホウ酸《さん》が底に沈《しず》んでいるのです。

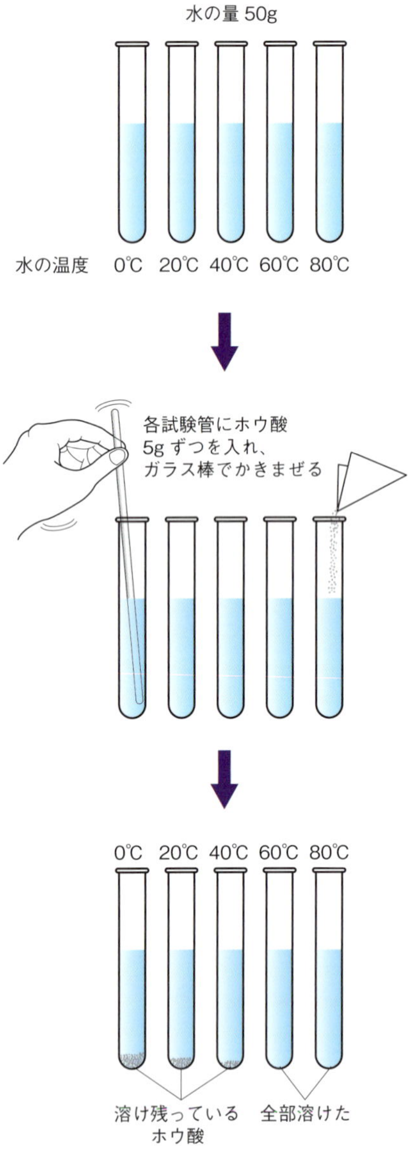

図６　ホウ酸《さん》を水に溶《と》かす実験

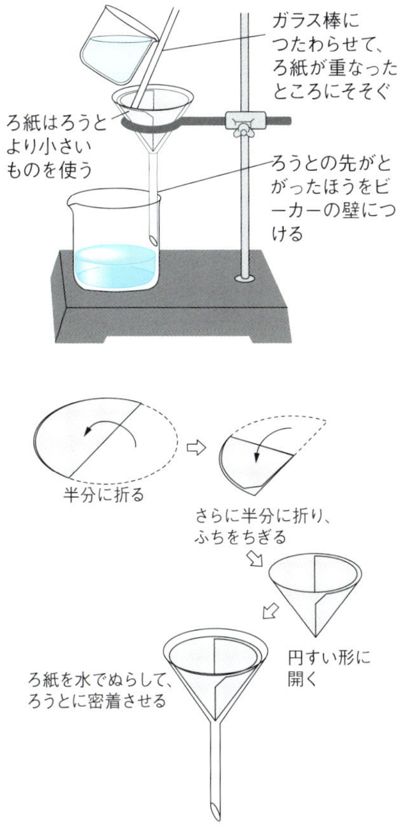

図７　ろ過の装置《そうち》とろ紙の折り方

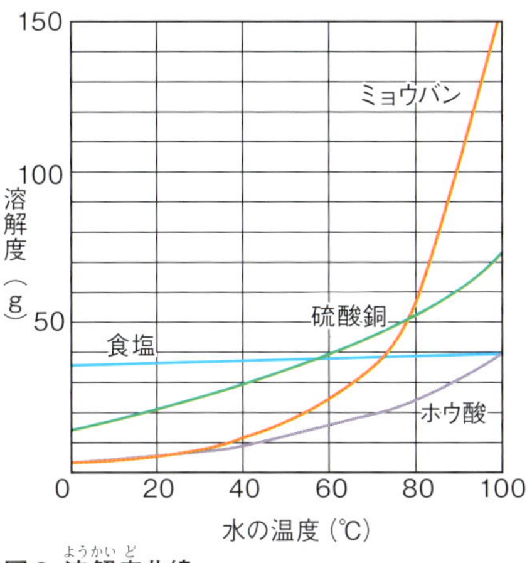

図８ 溶解度《ようかいど》曲線

Ⅱ　溶ける量を測定してみよう

前のページの実験だけでは、「ホウ酸《さん》が溶《と》ける限界《げんかい》」が何gぐらいであるかはわかりません。それを調べるためには、次のような実験をしてみましょう。

◉実験方法

① 20℃の水100gをビーカーに入れて、ビーカーごとの重さを上ざらてんびんで測定《そくてい》する。

② ビーカーの中にホウ酸《さん》10gを入れて、よくかき混《ま》ぜる。

③ しばらくしてから、ビーカーの中身をすべてろ過する。
（ろ過の仕方は図７を参考《さんこう》にしてください）

④ ろ過したあとの液体《えきたい》の重さをビーカーごと測定する。
（ろ紙に残ったホウ酸《さん》の固体を乾燥《かんそう》させてから重さをはかってもよい）

◉実験結果

「溶《と》け残ったホウ酸《さん》は、ろ紙でこしとられてしまう」
「溶《と》けているホウ酸《さん》は、ろ紙を通り抜《ぬ》けて下に落ちてくる」
ということを確認《かくにん》しておきましょう。

したがって①と④を比《くら》べると、**溶《と》けたホウ酸《さん》の重さだけ、④の方が重くなっている**はずです（実際《じっさい》には、ろ紙にホウ酸《さん》水が少ししみこんでしまうこめ、正確には測定《そくてい》できません）。

実験の結果《けっか》、**20℃で100gの水には約5gのホウ酸《さん》が溶《と》ける**ことがわかります。これを**「溶解度《ようかいど》」**といいます。前の実験では水が半分の50gだったから、ホウ酸《さん》が溶《と》け残ったのです（5gの半分だから約2.5gしか溶《と》けない）。

水の温度をかえて同じ実験をすれば、水温と溶解度《ようかいど》の関係を調べることができます。

表1は物質（固体）の溶解度《ようかいど》の例です。これをみると、

- **ほとんどの固体は水温が高いほどよく溶《と》ける。**
- **食塩は水温を変えても、溶《と》ける量がほとんど変化しない。**
- **水酸化《すいさんか》カルシウムは水温が低いほどよく溶《と》ける。**

ことがわかります（図８はこの一部をグラフにしたものです）。

表１　100gの水に何gまで溶けるか

水　温	0℃	20℃	40℃	60℃	80℃
砂糖《さとう》	179	204	238	287	362
水酸化《すいさんか》ナトリウム	42.0	109	129	174	313
食塩	35.7	35.8	36.3	37.1	38.0
硫酸銅《りゅうさんどう》	14.0	20.2	28.7	39.9	56.0
ミョウバン	3.0	5.9	11.7	24.8	71.0
ホウ酸《さん》	2.8	4.9	8.9	14.9	23.5
水酸化《すいさんか》カルシウム	0.172	0.155	0.132	0.108	0.085

Step 3　水溶液の性質を調べてみよう

図9　この液体《えきたい》は何だろう？

図10　正しいにおいのかぎ方

Ⅰ　コップのなかのアヤシイ液体…

◉ミスター X からの挑戦状

あなたの目の前に、透明《とうめい》な液体《えきたい》が入ったコップがあります。そしてコップの横にはなんともアヤシげな置《お》き手紙が…。

> コップの中には次の水溶液《すいようえき》のどれか１つが入っている。
> 中身を当てることができたら、来週の理科のテストは特別に
> 100 点にしてあげよう。キミの挑戦《ちょうせん》を待っているぞ。ふはははははは、、。
> ミスターＸより
>
> 食塩水　砂糖水《さとうみず》　ホウ酸《さん》水　炭酸水《たんさんすい》　酢《す》　石灰水
> アルコール　塩酸《えんさん》　アンモニア水　オキシドール

さあ、あなたならどうしますか?

◉「五感」を使って調べてみる

「五感」というのは人間が感じることのできる5つの刺激《しげき》、**「視覚《しかく》」（目）**、**「聴覚《ちょうかく》」（耳）**、**「嗅覚《きゅうかく》」（鼻）**、**「味覚《みかく》」（舌）**、**「触覚《しょっかく》」（皮膚《ひふ》）**の5つです。

このうち「聴覚《ちょうかく》」は論外《ろんがい》として（いくら耳をすませても、コップの中の液体《えきたい》はしゃべってはくれません。「お～い、ボクは食塩水ですよ～」って? まさかね…)、「視覚《しかく》」も無理ですね。だって全部「無色透《とう》明《めい》」なんだから。

一番わかりやすそうなのは「味覚《みかく》」ですが、**絶対《ぜったい》にそういう危険《きけん》なことはしないでください**。もし塩酸《えんさん》やアルコールが入っていたら、タイヘンなことになります。同様に「触覚《しょっかく》」も危険《きけん》だからやめておきましょう。となると、残っているのは「嗅覚《きゅうかく》」、つまり**「においをかぐ」**しかありません。

ただし、強い刺激的《しげきてき》なにおいがするものもあるので、においをかぐときは図10のように、手であおぐようにします。

においをかいでみた結果

- においがある
  - 刺激的《しげきてき》なにおい：塩酸《えんさん》、アンモニア水
  - 独特《どくとく》なにおい：酢《す》、アルコール、オキシドール
- においがしない：食塩水、砂糖水《さとうみず》、ホウ酸《さん》水、炭酸《たんさん》水、石灰水

どうやら、これだけでは決められないようです。

人間の感覚だけで判断《はんだん》できないときは、そう、実験をしてみればよいのです。だってこれは理科の勉強なのですから。

図11　加熱して溶《と》けているものを取り出す

Ⅱ　溶けているものを取り出してみよう

一番手っ取り早いのは**「中に溶《と》けているものを取り出して、その正体を調べる」**ことです。ただし、ろ紙を使ってもムダですよ。すべて「水溶液《すいようえき》」なのだから、溶《と》けている物質はすべてろ紙を通り抜《ぬ》けるくらい小さな粒《つぶ》になっています。

だったら**「水をなくしちゃえばいい」**じゃないですか。

◉実験方法

① コップの中身を少しだけ蒸発《じょうはつ》ざらにとる。

② アルコールランプで加熱する。

③ 水がすべて蒸発《じょうはつ》したら、蒸発《じょうはつ》ざらに残ったものを調べる。

◉実験結果

食塩水やホウ酸《さん》水の場合、水を蒸発《じょうはつ》させると、あとに**白い固体**（食塩水の場合は食塩、ホウ酸《さん》水の場合はホウ酸《さん》の固体）が残ります。しかし炭酸《たんさん》水のように気体（二酸化炭素《にさんかたんそ》）が溶《と》けているものや、アルコールのように液体《えきたい》が水に溶《と》けているものは、加熱すると、溶《と》けている物質もいっしょに気体になってしまい、**あとには何も残りません**。

あとに固体が残る	白い固体	食塩水、ホウ酸《さん》水、石灰水
	黒くこげる	砂糖《さとう》水
あとに何も残らない		塩酸《えんさん》、アンモニア水、炭酸《たんさん》水、酢《す》、オキシドール、アルコール

この結果《けっか》から、「砂糖《さとう》水」が確定します。また「におい」の結果《けっか》とあわせると、もう１つ確定するものがあるのですが、これは自分で考えてみましょう（どこかに答えが書いてあります）。

図12　酸性雨《さんせいう》によってできたコンクリートのつらら

「あとに何も残《のこ》らない」グループのうち「炭酸《たんさん》水」以外はすべて「においがある」ので、コップの中身が「においがなくて、蒸発《じょうはつ》ざらに何も残《のこ》らない」としたら、それは炭酸《たんさん》水です。

Ⅲ　「液性」を調べてみよう

「酸性雨《さんせいう》」ということばを聞いたことがありますか。酸性雨《さんせいう》は森林に被害《ひがい》を与《あた》えたり、建物《たてもの》の一部を溶《と》かしたりします。これは、工場の排《はい》ガスや自動車などの排気《はいき》ガスの中に含《ふく》まれている物質が、雨に溶《と》けたために起こる現象《げんしょう》です。

「酸性雨《さんせいう》」とは、文字通り**「酸性《さんせい》の雨」**です。水溶液《すいようえき》には**「酸性《さんせい》」「アルカリ性《せい》」「中性《ちゅうせい》」**の3つのグループがあり、**「リトマス紙」**という簡単《かんたん》な道具（試薬《しやく》）で調べることができます。

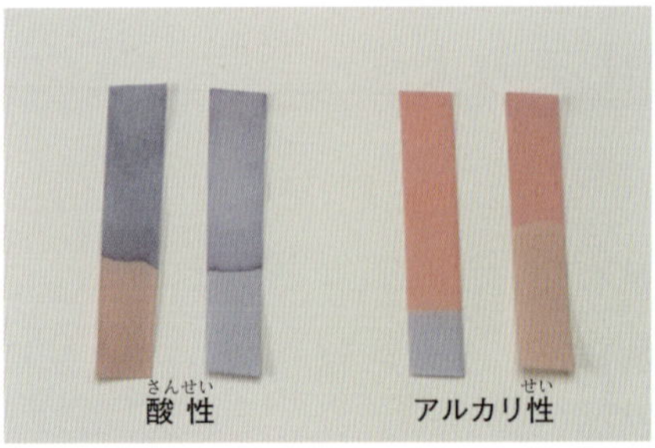

図13　指示薬にリトマス試験紙を使用

図14　指示薬にBTB溶液《ようえき》を使用

図15　指示薬に紫《むらさき》キャベツを使用

紫キャベツ液の作り方
市販《しはん》されている紫《むらさき》キャベツ（赤キャベツ）を細かくきざみ、それを水でグツグツと煮《に》るだけです。やがて煮汁《にじる》が紫《むらさき》色に染《そ》まるので、紫《むらさき》キャベツを取り出して煮汁《にじる》をさませば完成です。簡単《かんたん》につくることができるので、身の回りにある液体《えきたい》の液性《えきせい》をぜひ調べてみましょう。

◉リトマス紙で調べてみよう

リトマス紙は「赤色リトマス紙」と「青色リトマス紙」の2種類がセットになっています。

赤色リトマス紙…**アルカリ性《せい》の水溶液《すいようえき》をつけると青くなる**
青色リトマス紙…**酸性《さんせい》の水溶液《すいようえき》をつけると赤くなる**

どちらのリトマス紙も色が変化しなければ**中性《ちゅうせい》**です。

BTB溶液《えき》や**紫《むらさき》キャベツ液《えき》**という試薬を使っても、色の変化によって液性《えきせい》がわかります（紫《むらさき》キャベツ液の場合は、酸性《さんせい》・アルカリ性《せい》の強弱までわかる）。指示薬の色の変化をまとめておきましょう。

表2　指示薬による色の変化

	強い酸性	弱い酸性	中性	弱いアルカリ性	強いアルカリ性
赤色リトマス紙	変化なし			青色	
青色リトマス紙	赤色		変化なし		
ＢＴＢ溶液	黄色		緑色	青色	
紫キャベツ液	赤色	ピンク色	紫色	緑色	黄色

10種類の水溶液《すいようえき》の液性《えきせい》は次のようになります。

酸《さん》　性《せい》	塩酸《えんさん》、ホウ酸《さん》水、炭酸《たんさん》水、酢《す》
中《ちゅう》　性《せい》	食塩水、砂糖《さとう》水、アルコール、オキシドール
アルカリ性《せい》	アンモニア水、石灰水

ここまでの3つのてがかり（におい・蒸発《じょうはつ》ざら・液性《えきせい》）から、2種類をのぞくすべての水溶液《すいようえき》は判明《はんめい》しています。たとえば

「（刺激的《しげきてき》な）においがしてアルカリ性《せい》ならアンモニア水」

というように。さて、まだ確定できない水溶液《すいようえき》はどれでしょう。

そう、**「独特なにおい」「何も残らない」「中性《ちゅうせい》」**という組合せの場合、**「アルコール」と「オキシドール」の2つが残ってしまう**のです（実はアルコールとオキシドールのにおいはとても特徴《とくちょう》的なので、それだけで中身がわかってしまうのですが…）。

参　考　アジサイの花の色

紫《むらさき》キャベツの他にも液性《えきせい》を調べることができる色素《しきそ》をもつ植物はたくさんあります。たとえば梅雨《つゆ》どきに美しい花を咲《さ》かせるアジサイの花の色は、生えている場所の土によって決まるのです。酸性《さんせい》の土壌《どじょう》では青色、アルカリ性《せい》の土壌《どじょう》では赤色、つまりリトマス紙と逆《ぎゃく》ですね。実は、土壌《どじょう》そのものが花の色を決めているのではなく、酸性《さんせい》の土壌《どじょう》だと花の色を青くする物質（アルミニウム）が溶《と》け出し、根から吸収しやすくなるので花が青色になり、アルカリ性《せい》の土壌《どじょう》の場合はその物質が溶《と》け出しにくく、根から吸収しにくいので、花の色は赤色になるのです。

図16　花の色の違《ちが》うアジサイ

図17　塩酸《えんさん》で鉄を溶《と》かす

Ⅳ　化学反応をさせてみよう

化学反応というのは、大雑把《おおざっぱ》にいうと、

「ある物質と別の物質が結びついて他の物質にかわること」

です。たとえば鉄を塩酸《えんさん》の中に入れると、あわを出しながら溶《と》けてしまいます。しかしこの**「溶《と》ける」**は、「食塩が水に溶《と》ける」場合の**「溶《と》ける」**とは意味が違《ちが》います。

食塩が水に溶《と》ける
- 食塩は他の物質には変化していない。
- 水を蒸発《じょうはつ》させると、食塩がでてくる。

鉄が塩酸《えんさん》に溶《と》ける
- 鉄も塩酸《えんさん》も他の物質に変化している。
- 蒸発《じょうはつ》させると鉄とは違《ちが》う固体がでてくる。

化学反応が起こる組合せを覚《おぼ》えておけば、かんたんに「コップの中身」を当てることができる場合が少なくありません。

固体を入れるとあわ（気体）が発生する

塩酸《えんさん》 ＋ 鉄またはアルミニウム ………**水素《すいそ》**が発生する。
塩酸《えんさん》 ＋ 石灰石《せっかい》 ……………………**二酸化炭素《にさんかたんそ》**が発生する。
オキシドール ＋ 二酸化《にさんか》マンガン ……**酸素《さんそ》**が発生する。

このうち、酸素《さんそ》が発生する反応だけは、**二酸化《にさんか》マンガンは溶《と》けてなくなったりしません**。

図18　石灰《せっかい》水に息《いき》を吹き込《こ》む

混ぜると白くにごる

石灰《せっかい》水 ＋ 二酸化炭素《にさんかたんそ》（息《いき》をふきこむ）‥白くにごる
石灰《せっかい》水 ＋ 炭酸《たんさん》水 ……………………白くにごる

炭酸《たんさん》水は二酸化炭素《にさんかたんそ》が溶《と》けてできた水溶液《すいようえき》ですから、息《いき》をふきこんだ場合と同じ反応が起こります。

火を近づけると燃える

ものが燃《も》える（燃焼《ねんしょう》）のも化学反応の一種です（第3部第3章を見てください）。アルコールは気体になりやすいので、アルコールが入った試験管《しけんかん》の口にマッチの火を近づけると、青い炎《ほのお》を出して燃《も》えます。

図19　アルコールの炎《ほのお》

酸性の水溶液とアルカリ性の水溶液を混ぜる

酸性《さんせい》とアルカリ性《せい》の水溶液《すいようえき》を混《ま》ぜると、中性《ちゅうせい》になります。これを**「中和反応《ちゅうわはんのう》」**といいます。くわしくは『応用編Ⅱ』であつかいますが、たとえば、塩酸《えんさん》に「水酸化《すいさんか》ナトリウム水溶液《すいようえき》」というアルカリ性《せい》の水《すい》溶液《ようえき》を適量《てきりょう》加えると、食塩水（中性《ちゅうせい》）になります。これも代表的な化学反応の１つです。

Step 4 いろいろな水溶液

「におい」「加熱してあとに残るもの」「酸性《さんせい》・中性《ちゅうせい》・アルカリ性《せい》」「化学反応」などの性質を組み合わせれば、ミスターXの挑戦《ちょうせん》など恐《おそ》れるに足りません。では代表的な水溶液《すいようえき》を「液性《えきせい》」ごとにまとめておきましょう。

図20　炭酸飲料水《たんさんいんりょうすい》から二酸化炭素《にさんかたんそ》のあわがでている

I　酸性の水溶液

◉塩酸《えんさん》　**刺激的《しげきてき》なにおい、あとに何も残らない**

塩化水素《すいそ》という気体を水に溶《と》かした強酸性《きょうさんせい》の水溶液《すいようえき》。鉄やアルミニウムなどの金属《きんぞく》を溶《と》かして、水素《すいそ》を発生させる。また、石灰《せっかい》石を溶《と》かして、二酸化炭素《にさんかたんそ》を発生させる。

同じ強い酸性《さんせい》の水溶液《すいようえき》に**硫酸《りゅうさん》**と**硝酸《しょうさん》**がある。酸性雨《さんせいう》の正体は**化石燃料《ねんりょう》**（石油など）を燃《も》やすときに発生する気体が水に溶《と》けてできた硫酸《りゅうさん》や硝酸《しょうさん》。

◉炭酸《たんさん》水　**においがない・あとに何も残らない**

二酸化炭素《にさんかたんそ》という気体が溶《と》けている。炭酸飲料水《たんさんいんりょうすい》からでてくるあわが二酸化炭素《にさんかたんそ》。

◉酢《す》（酢酸《さくさん》）　**独特《どくとく》なにおい・あとに何も残らない**

液体《えきたい》である酢酸《さくさん》が溶《と》けている水溶液《すいようえき》。重そう（ベーキングパウダー）に酢《す》をかけると二酸化炭素《にさんかたんそ》が発生する。酸《さん》のはたらきで微生物《びせいぶつ》の繁《はん》殖《しょく》を防《ふせ》ぐことができるため、保存食に利用される。

◉ホウ酸《さん》水　**においがない・あとに白い固体（ホウ酸《さん》）が残る**

酸性《さんせい》の水溶液《すいようえき》の中で1つだけ、固体が溶《と》けている。目の消毒《しょうどく》や害虫《がいちゅう》退治《たいじ》に利用される。ホウ酸《さん》の結晶《けっしょう》（固体）は**六角形**をしている（図21）。

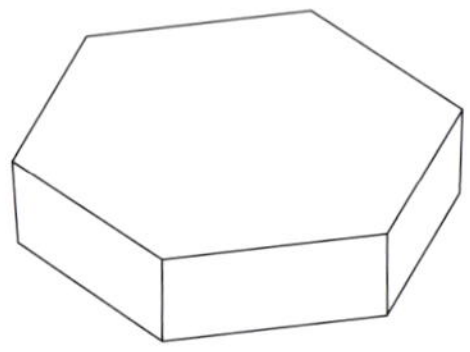

図21　ホウ酸《さん》の結晶《けっしょう》

II　中性の水溶液

◉食塩水　**においがない・あとに白い固体（食塩）が残る**

食塩（塩化ナトリウム）が溶《と》けている水溶液《すいようえき》。

食塩の結晶《けっしょう》の形は、面の中央部分がへこんだ**立方体**（図22）。

固体はふつう水温が高いほど水によく溶《と》けるが、食塩は水温を変えても溶《と》ける量がほとんど変わらない。

図22　食塩の結晶《けっしょう》

◉砂糖《さとう》水　**においがない・熱すると黒い固体が残る**

加熱すると160℃くらいで粘《ねば》りけのある茶色の固体（べっこうあめ）になり、しばらくすると香《こう》ばしいにおいがする（プリンの上にかけるカラメル）。さらに加熱を続けると**黒くこげる**。

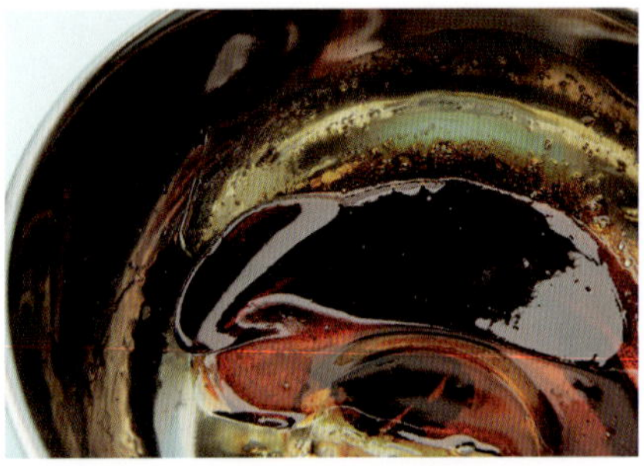

図23　カラメル状態《じょうたい》になった砂糖《さとう》

◉アルコール　**独特《どくとく》なにおい・あとに何も残らない**

注射《ちゅしゃ》をうつときに消毒《しょうどく》用に使う。消毒《しょうどく》したときに「ひやっ」とするのは、アルコールが蒸発《じょうはつ》するときに皮膚《ひふ》の熱をうばうから（これを**「気化熱」**という）。

蒸発《じょうはつ》しやすいので、試験管《しけんかん》の口に火を近づけると**青い炎《ほのお》を出して燃《も》える**。アルコールランプだけでなく、ガソリンにかわる自動車の燃《ねん》料《りょう》としても利用されるようになっている。

オトナが飲む「お酒《さけ》」の主成分もアルコール（エタノール）。

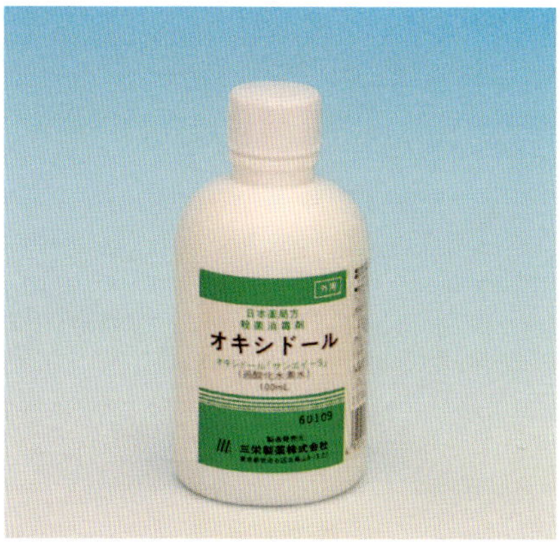

図24　オキシドール

◉オキシドール　**独特《どくとく》な（弱い）におい・あとに何も残らない**

過酸化水素《かさんかすいそ》という液体《えきたい》をうすめたものがオキシドール。

傷口《きずぐち》の消毒《しょうどく》やコンタクトレンズの消毒《しょうどく》に利用されている。

過酸化水素《かさんかすいそ》そのものはにおいがないが、すぐに**分解して酸素《さんそ》を出す**ため、かすかなオゾン臭《しゅう》がする。

二酸化《にさんか》マンガンという黒い固体や動物のレバー（肝臓《かんぞう》）、血液《けつえき》などにふれると、さかんにあわ（酸素《さんそ》）を出す。二酸化《にさんか》マンガン（やレバー）は過酸化水素《かさんかすいそ》が分解（化学反応）して酸素《さんそ》を出す手助けをするだけで、二酸化《にさんか》マンガンそのものは変化しない。

Ⅲ　アルカリ性の水溶液

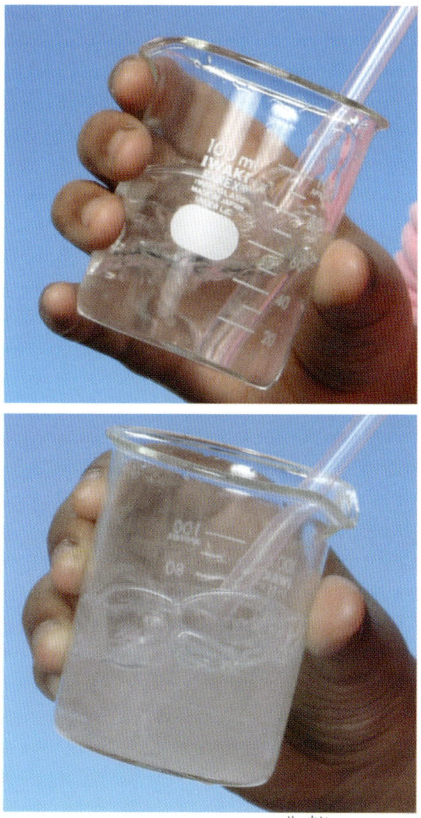

図25　にごる前とにごった後の石灰《せっかい》水

◉石灰《せっかい》水　**においがない・白い固体が残る**

水酸化《すいさんか》カルシウム（消石灰《しょうせっかい》）という白い固体が溶《と》けている。

運動場のライン引きや畑の土壌《どじょう》を改善《かいぜん》するのに使われている。

水に溶《と》けると強いアルカリ性《せい》をもち、目に入ると失明《しつめい》の危険《きけん》があるため、ライン引きには炭酸《たんさん》カルシウム（石灰《せっかい》石と同じ成分）を使うようになった。

二酸化炭素《にさんかたんそ》を通す（息《いき》をふきこむ）**と白くにごる**。これは二酸化炭《にさんかたん》素《そ》と化学反応して**水にとけない別の物質に変化した**からである。

◉アンモニア水　**刺激的《しげきてき》なにおい・あとに何も残らない**

虫さされの薬として利用される他に、肥料《ひりょう》やさまざまな化学薬品の原料としても重要な物質。

動物の身体の中で、食物からエネルギーを取り出すときにアンモニアが発生し、尿素《にょうそ》という物質にかえられて尿《にょう》（おしっこ）として身体の外に捨《す》てられる。衣服《いふく》などに尿《にょう》がついたままにしておくと、尿素《にょうそ》がふたたびアンモニアに変わり、くさいにおい（アンモニア臭《しゅう》）がする。

第3部
身の回りの科学

6 ものの動き

Step1 「動いているもの」のはたらき

Ⅰ 道ばたにある石は「危険物」？

Ⅱ いろいろなエネルギー

- 仕事をできる状態＝「エネルギーをもっている」
- 仕事をすると、エネルギーは減っていく
- エネルギーがなくなると、もう仕事はできない

Ⅲ 力学的エネルギー

力学的エネルギー
- 運動エネルギー　動いているものがもっているエネルギー
- 位置エネルギー　高いところにあるものがもっているエネルギー

Ⅳ エネルギーはすがたを変える

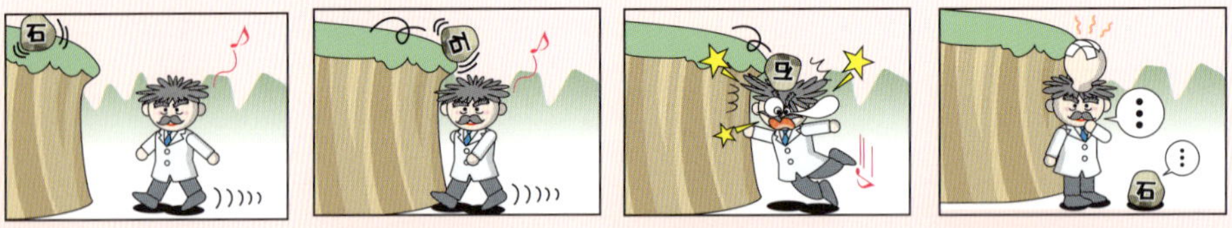

①位置エネルギーを持つ石　②運動エネルギーに変わる　③「仕事」をする　④エネルギーを持っていない石

Step2 ものの動きをとらえてみよう

Ⅰ 動く速さは変化する

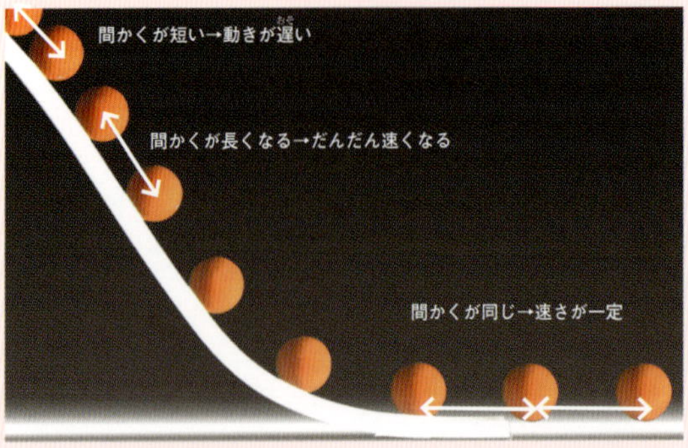

Ⅱ 平らなところをころがるボール（等速直線運動）

「運動の第一法則」（慣性の法則）

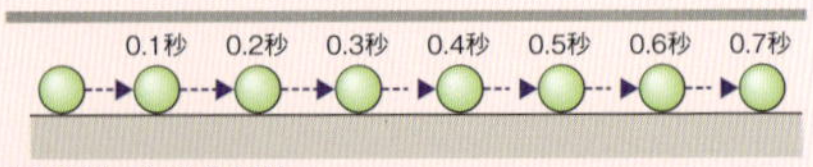

等《とう》速《そく》直《ちょく》線《せん》運《うん》動《どう》

- 「外からの力」が働かないかぎり、動いているものは同じ向きに同じ速さで動きつづける
- 実際にはボールの速さはしだいに遅くなり、止まってしまう
  →まさつや空気抵抗という「外からの力」が働いたため

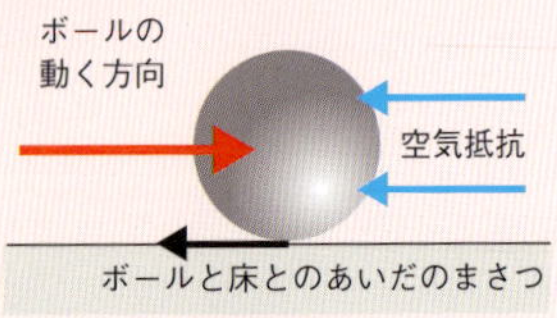

まさつと空気抵抗

Ⅲ 高いところから落ちていくボール（等加速度運動）

等加速度運動　ものが落ちていくあいだは、「外からの力」（重力）が働き続けるため、速さはどんどん増していく

重力加速度　ものの重さに関係なく、1 秒間に秒速 9.8m ずつ速くなる（空気抵抗などを無視した場合）

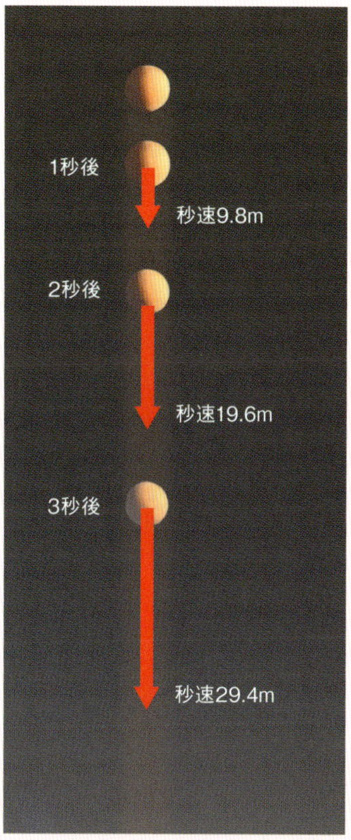

Step3　振り子の動きを調べてみよう

Ⅰ 振り子の運動

振り子の等時性　振り子は、同じ周期で往復運動をくりかえす

→時間をはかる道具（柱時計・メトロノーム）として利用される

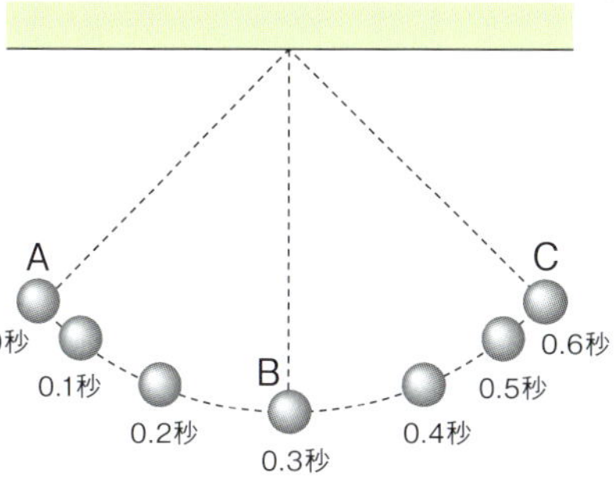

	A 点		B 点		C 点
位置エネルギー	最大	減《へ》っていく	0	増《ふ》えていく	最大
運動エネルギー	0	増《ふ》えていく	最大	減《へ》っていく	0

Ⅱ 振り子の周期を調べよう

おもりの重さを変える

おもりの重さ（g）	50	100	150	200
10 往復《おうふく》にかかる時間（秒《びょう》）	20.0	20.0	20.0	20.0
振《ふ》り子の周期（秒《びょう》）	2.0	2.0	2.0	2.0

振り子の長さを変える

×4　×4

振り子の長さ（cm）	25	50	100	400
10 往復《おうふく》にかかる時間（秒《びょう》）	10.0	14.0	20.0	40.0
振《ふ》り子の周期（秒《びょう》）	1.0	1.4	2.0	4.0

×2　×2

●おもりの重さを変えても、周期は変わらない

●振り子を長くすると、周期は長くなる

（振り子の長さ 4 倍→周期 2 倍、振り子の長さ 9 倍→周期 3 倍）

測定するときの注意

●振り子が 10 往復するのにかかる時間を測る→測定誤差を小さくする

Ⅲ 振り子の周期を決めるのは？

●おもりを持ち上げる高さ（角度）などを変えても、振り子の周期は変わらない

●周期は「振り子の長さ」だけで決まる

Step 1 「動いているもの」のはたらき

図1　地面にあるだけなら危険《きけん》はない？

図2　崖《がけ》の上から落ちてきたら危険《きけん》！

I　道ばたにある石は「危険物」？

道ばたにころがっている石をじ〜っと観察《かんさつ》していると、石がとつぜんキミに向かっておそいかかってくる…ことはありません。1日中、ず〜っところがったままで、とくに危険《きけん》（？）はないようです。

しかしこの石をひろってポイッと投げて、だれかに当たればケガをするかも知れませんし、窓《まど》ガラスにぶつけるとガラスが割《わ》れてしまいます（ダメですよ、「実験《じっけん》」したりしちゃ）。

どうして**「道ばたにある石」は何もしない**のに、**「飛んでくる石」は「危険《きけん》」**なのでしょうか？

実は、ただ道ばたにあるだけの石も「危険《きけん》がいっぱい」なのです。たとえば、「道ばたにある石」と同じような石が、高い崖《がけ》の上にあるとしましょう。なにかの拍子《ひょうし》でこの石が落ちてくると…、もし頭《あたま》に当たったらスゴく痛《いた》そうですねぇ（これも「実験」なんかしないように！）。

地面にあるときの石は安全だけど、**崖《がけ》の上にあるときの石はとっても危険《きけん》**。いったいどうして？

II　いろいろなエネルギー

自動車を動かしたり、電球《でんきゅう》を光らせたり、お風呂《ふろ》のお湯をわかしたり、いろんなことをするときには必ず**「エネルギー」**が必要です。

代表的なものは、**熱**のエネルギー、**電気**のエネルギー、**光**のエネルギーなどですが、動物が体を動かすのにもエネルギーが必要であり、そのために動物は食物を食べます。

新品《しんぴん》のかん電池は豆電球を光らせたり、模型《もけい》自動車を動かすエネルギーをもっていますが、使い古したかん電池は、もう「エネルギー切れ」です。自動車はガソリンを燃料《ねんりょう》（エネルギーの源《みなもと》）として走っているので、ガソリンがなくなるともう動けなくなります。

ものを動かしたり、あたためたり、光らせたりすることを、とりあえず**「仕事」**とよぶことにしましょう。つまり

- **仕事をできる状態《じょうたい》を「エネルギーをもっている」という。**
- **仕事をすると、エネルギーは減《へ》っていく。**
- **エネルギーがなくなると、もう仕事をすることはできない。**

ということになります。

図3　動いている自動車、メトロノーム、転がっているコインはエネルギーをもっている

Ⅲ　力学的エネルギー

道にころがっている石は、どうやらエネルギーをもっていないようです。しかし飛んでくる石は人にケガをさせたり、ガラスを割《わ》ったりします。つまり「動いているものはエネルギーをもっている」のです。

高い崖《がけ》の上にある石も、地面にころがっている石と比《くら》べると、どうやらエネルギーをもっているようです。

高い山の上にある水やダムにたくわえられた水は、川を流れていく間に川岸や川底を削《けず》ったり土砂《どしゃ》を運んだりして、土地の形を変えてしまうほど大きなエネルギーをもっていますが、水たまりの水は、あまりエネルギーをもっているようには見えません。つまり

「高いところにあるものはエネルギーをもっている」　のです。

動いているものがもっているエネルギーを「運動エネルギー」、

高いところにあるものがもっているエネルギーを「位置エネルギー」、この2つをまとめて「力学《りきがく》的エネルギー」といいます。

Ⅳ　エネルギーはすがたを変える

図4　エネルギーはすがたを変える

崖《がけ》の上にある石も高いところにある水も、そのままじ〜っとしている分には問題ないのですが、石が崖《がけ》から落ちてきたり、水が川を下ってくると、いろんなことをしでかしてくれます。

これを「エネルギー」ということばを使って説明してみましょう。

高いところから落ちてくると、「位置エネルギー」は減《へ》っていきます。しかし落ちてくる間に、だんだん速さは速くなっていきます。つまり「位置エネルギーが運動エネルギーに変わった」のです。

崖《がけ》の上から落ちてきた石が頭に当たると、たぶんコブができます。頭に当たって地面にころがった石は、もうエネルギーをもっていません。「そんな当たり前のことより、このコブをどうしてくれるんだよ」って？　いや、当たり前のように思えることをちゃんと説明するのも大切な勉強ですから、コブにはバンソウコウでも貼《は》っておいて下さい。

はじめから順にみていくと、

①崖《がけ》の上にあった石は位置エネルギーをもっていた
②落ちてくる途中《とちゅう》で位置エネルギーは運動エネルギーに変わった
③頭に当たると「コブをつくる」という仕事をする
④「コブをつくる」という大仕事（？）をしたので、地面にころがっている石はもうエネルギーはもっていない

ということなのですね。

Step 2　ものの動きをとらえてみよう

Ⅰ「動く速さ」は変化する？

図5　カーテンのレールを折り曲げて、斜面《しゃめん》を作る

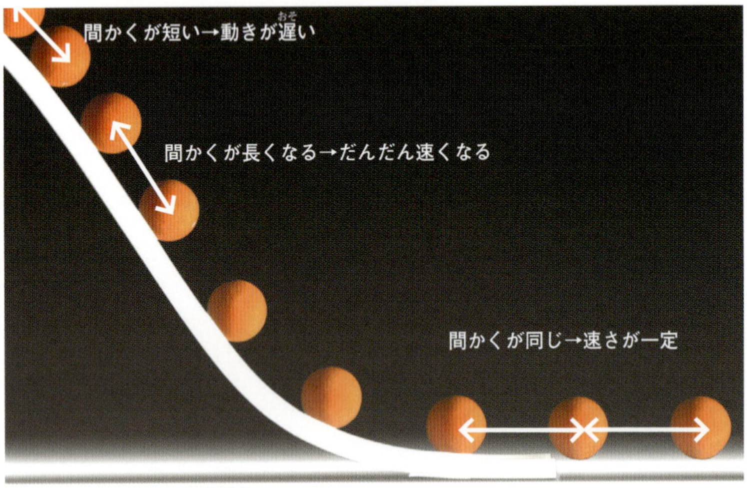
間かくが短い→動きが遅《おそ》い
間かくが長くなる→だんだん速くなる
間かくが同じ→速さが一定

図6　ストロボ写真で撮影《さつえい》すると、球の動きがよくわかる

前のページで **「落ちてくる間に、だんだん落ちる速さは速くなる」** と書きましたが、本当にそうなのでしょうか？　もし本当だとしたら、「なぜ、どんなふうに」速さが速くなっていくのでしょう？

かんたんな実験をしてみてみましょう。

カーテンのレールを折り曲げて、図5のような装置《そうち》をつくります。できるだけ重い金属《きんぞく》の球をレールの一番端《はし》の部分において、手を離《はな》すとどうなるでしょうか。

斜面《しゃめん》をころがっているときはだんだん速さが速くなり、平らな部分では同じ速さでころがっていく

はずです。

といっても「動き」を文章で説明するのはむずかしいですね。こういうときは「ストロボ写真」を利用すると、ものの動きをうまくとらえることができます。

「ストロボ」はカメラについているフラッシュと同じようなもので、暗いところで写真をとるときに使われます。ただしストロボは1秒間《びょうかん》に20回とか50回というように、決まった間かくで何度も光らせることができます。暗いところでカメラを三脚《さんきゃく》に固定し、カメラのシャッターを開いたまま、1秒間《びょうかん》に20回の割合《わりあい》でストロボを光らせれば、1/20秒《びょう》ごとに金属球《きんぞくきゅう》のある位置を映《うつ》しだすことができるのです。

さてどんな写真ができあがったでしょうか？

球と球の間かくが短いということは、ストロボが1回光ってから次に光るまで（1/20秒《びょう》）に進む距離《きょり》が短い、つまり速さが遅《おそ》いのです。

この実験結果《けっか》から

- **斜面《しゃめん》をころがるときは、速さがだんだん速くなる。**
- **平らなところをころがるときは、速さは変わらない。**

ことがわかります。

わ〜
止めて〜
うわ〜!!
ガシャーン

図7　自転車で斜面《しゃめん》を降りていくと、そのスピードは速くなっていく

Ⅱ 平らなところをころがるボール（等速直線運動）

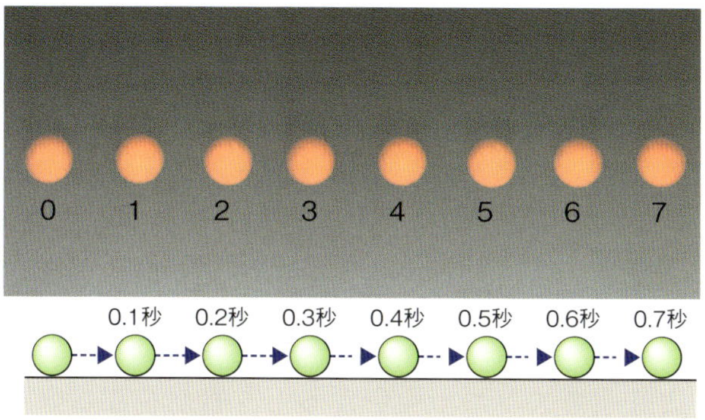

図8　等速直線運動《とうそくちょくせんうんどう》

ボールが平らな部分をころがっているときは、速さは変化しません。実験ではレールの上をころがしましたが、平らな床《ゆか》の上をころがすときも同じです。

床《ゆか》の上をころがすと、途中《とちゅう》に障害物《しょうがいぶつ》がなければ、いつまでも同じ速さで、同じ向きにまっすぐ動きます。**「同じ速さでまっすぐに動く」**ので、これを**「等速直線運動《とうそくちょくせんうんどう》」**といいます。

図8の0～1、1～2、2～3、…、6～7の間かくが10cmで、ストロボの光る間かくが1/10秒《びょう》だとすると、**1秒間《びょうかん》に10×10＝100cm**動くので、この球の速さを**「秒速《びょうそく》100cm」**（または**秒速《びょうそく》1m**）と表します。

しかし実際《じっさい》に床《ゆか》の上でボールをころがすと、だんだん速さが遅《おそ》くなって、そのうちに止まってしまうはずです。これは

- **ボールと床《ゆか》のあいだに、まさつがはたらく。**
- **空気がころがっているボールを止めるはたらきをする（空気抵抗《くうきていこう》）。**

からです（図9）。カーテンレールやつるつるの床《ゆか》の上ではなく、じゅうたんの上などをころがすと、「まさつ」によって少しずつころがる速さが遅《おそ》くなっていくようすがよくわかるはずです。

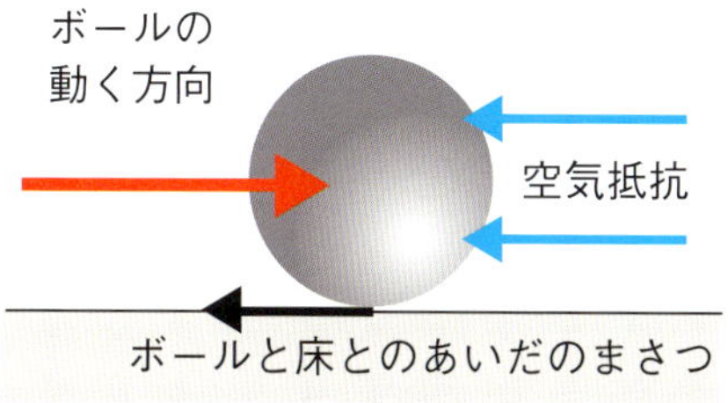

図9　まさつと空気抵抗

ただし速さが変化する（遅《おそ》くなる）のは、「まさつ」とか「空気抵《くうきてい》抗《こう》」という**「力」が外から加わる**からであり、

- **「外からの力」がはたらかないかぎり、動いているものは同じ向きに同じ速さで動きつづける**　のです。

これを**「運動の第一法則」**、または**「慣性《かんせい》の法則《ほうそく》」**といいます。

参　考　慣性の法則

慣性の法則は日常生活のいろいろな場面で体験《たいけん》することができます。

- バスが急に動き始めるとうしろに倒《たお》れそうになり、逆《ぎゃく》に急ブレーキをかけると前に倒れそうになる。
- エレベーターが上昇《じょうしょう》しはじめるときは体が床《ゆか》に押《お》しつけられるように感じ、止まるときは体が浮《う》き上がるような感じがする（ジェットコースターの場合も同じですね）。
- 車が急に左に曲がると、体は右に押《お》しつけられるように感じる。

バスが止まっているときは、体も「止まったままの状態《じょうたい》」でいようとします。だから急に動きはじめると、体だけが「止まったまま」取り残されて、うしろに倒れそうになるのです。逆《ぎゃく》にバスが動いているときは、体もバスと同じ速さで動いた状《じょう》態《たい》でいようとします。だから急ブレーキをかけると、体だけが前に動き続《つづ》けようとして前に倒《たお》れそうになるわけです。

図10　ジェットコースター

Ⅲ　高いところから落ちていくボール（等加速度運動）

ボールが斜面《しゃめん》をころがっていく場合よりも、「空気中を落ちていく場合」を調べたほうが、「だんだん速さが速くなっていく」動きを理解しやすいでしょう。ただし5mくらいの高さから落としても、あっという間に（約1秒《びょう》）下まで落ちてしまいます。

したがって実際《じっさい》に実験するのは無理ですが、ものすごく高いところから、ものを落としたときのようすを考えてみましょう。

ボールが落ちていくようすをストロボ撮影《さつえい》すると、斜面《しゃめん》をころがっていく場合と同じように、時間がたつにつれて、ボールとボールの間かくが長くなっていくことがわかります。つまりだんだん速さが速くなっているのです。

球の落ちる速さ（落下速度）は、1秒《びょう》ごとに秒速《びょうそく》が9.8mずつ増《ふ》えていきます（図11）。

速さが速くなることを**「加速《かそく》する」**といいます。ものが落ちていく場合は、**ものの重さに関係なく、必ず1秒《びょう》ごとに秒速《びょうそく》9.8mの割合《わりあい》**で速さが速くなります。「決まった割合《わりあい》で速くなっていく」ので、このような動きを**「等加速度運動《とうかそくどうんどう》」**といいます。

◉重力加速度のすさまじさ

なぜ速さが速くなっていくのでしょうか。「**運動の第一法則**」によれば「**外からの力が加わらないかぎり速さはかわらない**」。つまり逆《ぎゃく》にいうと、「**外から力が加わると速さは変化する**」のです。

まさつや空気抵抗《くうきていこう》は、ボールのころがる向きと逆《ぎゃく》向きの力をボールにあたえています。だから速さは減《へ》っていきます。では落下運動の場合は、外からどのような力がはたらいているのでしょうか？

そう、**重力（地球の引力）**です。ボールや水てきが落ちていく間も、ボールや水てきには重力がはたらいています。この重力の分だけ、少しずつ速さが速くなるのです。だから「1秒間《びょうかん》に秒速《びょうそく》9.8mずつ」という速さのふえ方を**「重力加速度」**ともいいます。

「重力加速度」のスゴさを体で感じてみたい人は、遊園地《ゆうえんち》の「フリーフォール」や「バンジージャンプ」で体感してみましょう。仮に50mの高さから落ちるとすると、まさつや空気抵抗《くうきていこう》を無視《むし》すれば、約3秒《びょう》後に地面に到着《とうちゃく》します。このときの速さは秒速《びょうそく》9.8×3＝約30mですから、時速になおすと約100km。高速道路を走る車と同じくらいの速さで地面に向かって落ちていくわけですね。

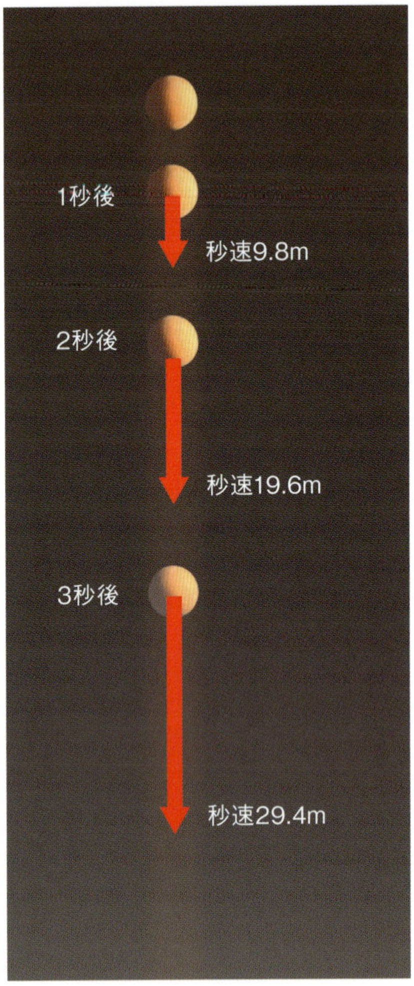

図11　自由落下運動。球が落下する速度は、決まった割合《わりあい》で速くなっていく。

図12　重力《じゅうりょく》加速度《かそくど》のスゴさを体感してみよう

Step 3　振り子の動きを調べてみよう

図13　振《ふ》り子を利用した柱時計

Ⅰ 振り子の運動

糸や棒《ぼう》の一端《いったん》を固定し，もう一方の端《はし》におもりをつけたものを「振《ふ》り子」といいます。おもりをA点まで持ち上げて手を離《はな》すと、おもりはA→B→C→B→A→B→C→B→Aというように、左端（A）と右端（C）の間を行ったり来たりします（図14）。

AからCまで行ってふたたびAに戻《もど》ってくるまでの1往復《おうふく》の時間を、振《ふ》り子の「周期」といいます。空気抵抗《くうきていこう》やまさつを無視《むし》すれば、動きはじめた振《ふ》り子は、いつまでも**同じ周期で往復運動《おうふくうんどう》をくりかえす**ため、柱時計やメトロノームなど、時間をはかる道具に利用されています。

◉おもりの動きを観察してみよう

ストロボ写真で一定時間ごとのおもりの動きを観察すると、

振《ふ》り子の周期は一定でも、おもりの動きは一定ではない

ことがわかります。

①おもりが左右の端《はし》（AやC）近くにあるとき

おもりとおもりの間かくが短く、

重なり合っているように見える

②中央付近にあるときに

おもりとおもりの間かくが長い、

つまり、

・**左右の端《はし》近くではおもりの動きが遅《おそ》い。**

・**両端《りょうたん》（AとC）では、おもりが一瞬《いっしゅん》静止する（速さが0になる）。**

・**最下点（B）で、おもりの速さが最大になる**のです。

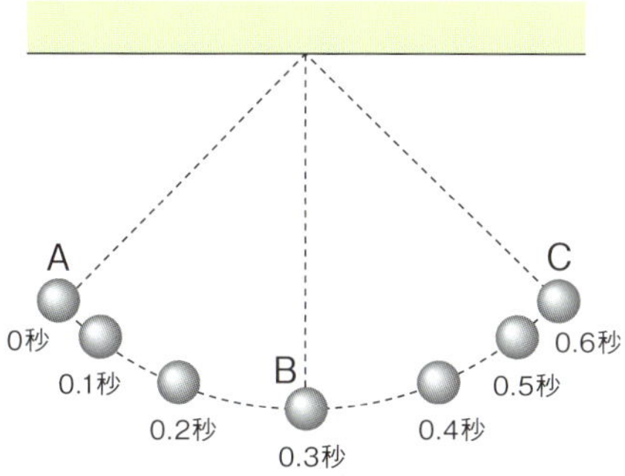

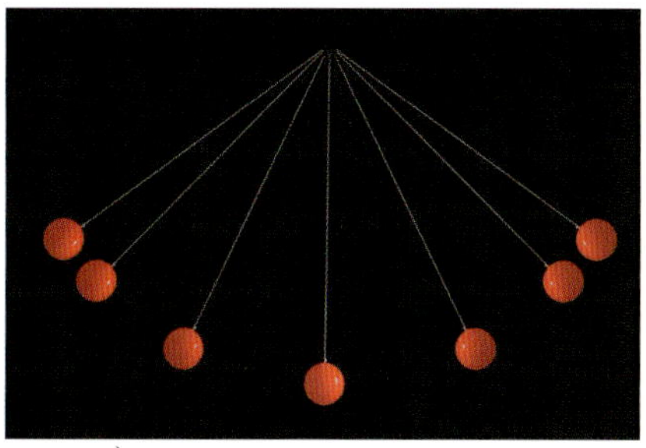

図14　振《ふ》り子の動き

◉エネルギー（の総量）は変化しない

この動きの変化を「エネルギー」ということばで説明しましょう。

①おもりがAからBへ移動《いどう》する。

位置がだんだん低くなる	＝	位置エネルギーが減少《げんしょう》する
速さが速くなる	＝	運動エネルギーが大きくなる

②おもりがBを通過する。

位置が一番低い	＝	**位置エネルギーが最小**になる
動きが一番速い	＝	**運動エネルギーが最大**になる

③おもりがＢからＣへ移動《いどう》する。

位置がだんだん高くなる	＝	位置エネルギーが増加する
速さが遅《おそ》くなる	＝	運動エネルギーが小さくなる

④おもりがＣに到達《とうたつ》する

Ａと高さが同じ	＝	**位置エネルギーが最初の大きさに戻《もど》る**
おもりが静止する	＝	**運動エネルギーが0になる**

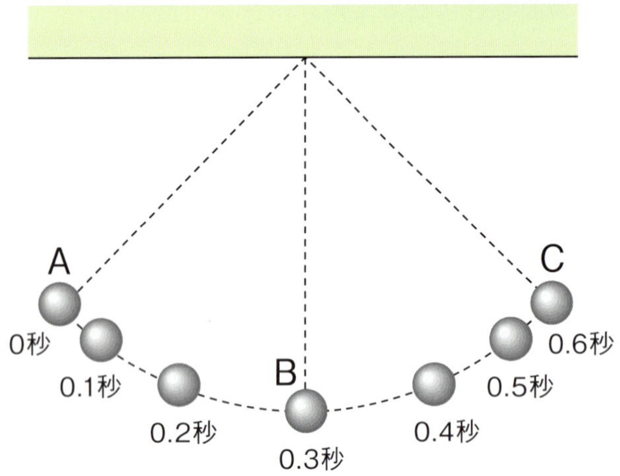

	A点		B点		C点
位置エネルギー	最大	減《へ》っていく	0	増《ふ》えていく	最大
運動エネルギー	0	増《ふ》えていく	最大	減《へ》っていく	0

図15　エネルギー保存《ほぞん》の法則

　ここから**「位置エネルギーと運動エネルギーの合計は一定である」**ことがわかります。これを**「力学的エネルギー保存《ほぞん》の法則」**といいます。

■エネルギーを大きくするには？

　最初におもりを持ち上げる高さを、「A」点よりももっと高くすると、どうなるでしょうか。

　「エネルギーは保存される」のだから、おもりは右端の「C」点より先の方まで振れて、最初に持ち上げた高さまで上がります。

　また、**「位置エネルギーが運動エネルギーに変わる」**のですから、B点を通過する速さも速くなります。

参　考　斜面の運動でもエネルギーは保存される

　カーテンレールを図16のように折り曲げて、おもりを端《はし》からころがすと、振《ふ》り子の場合と同じように、下のほうに行くほどおもりの速さは速くなり、手を離《はな》したのと同じ高さまで上ると停止して、ふたたび逆《ぎゃく》向《む》きに動いて最初の高さまで戻《もど》ってきます。つまり位置エネルギーが運動エネルギーに変わったり、運動エネルギーが再び位置エネルギーに変わったりしても、エネルギーの合計はやはり一定なのです。

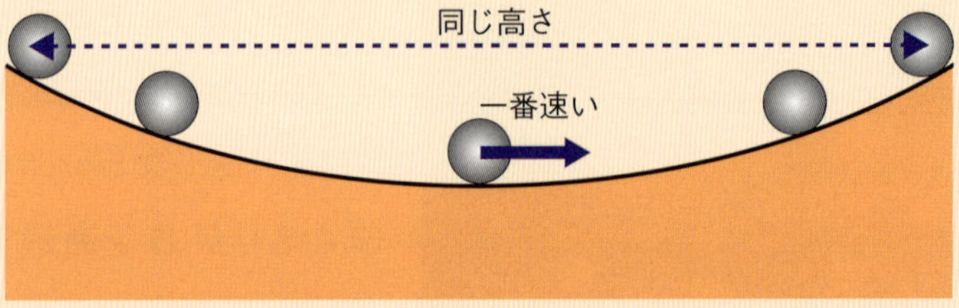

図16　斜面《しゃめん》でおもりの動きを観察《かんさつ》すると、振《ふ》り子の場合と同じになっている。

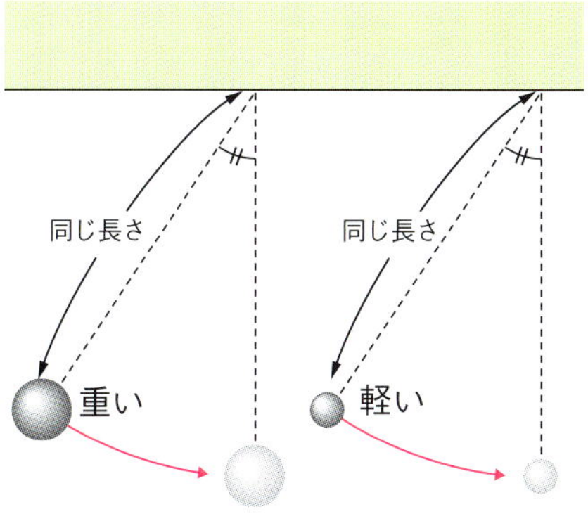

図17　おもりの重さの違う振《ふ》り子

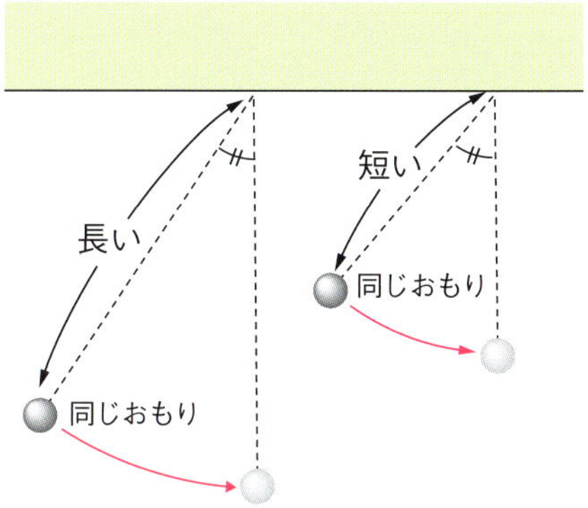

図18　振《ふ》り子の長さの違う振《ふ》り子

Ⅱ 振り子の周期を調べよう

「おもりの重さ」と「振《ふ》り子の長さ」を変えたときに、振《ふ》り子の周期がどのように変化するかを調べてみましょう。

◉実験に必要なもの

ストップウォッチ、25cm・50cm・100cm・400cmの4種類の糸、50g・100g・150g・200gの4種類のおもり

◉実験方法

①100cm の糸に 4 種類のおもりを下げて振《ふ》り子をつくる

②4 種類の糸に 50g のおもりを下げて振《ふ》り子をつくる

③はじめにおもりをもちあげる角度を同じにして、振《ふ》り子が 10 往《おう》復《ふく》するのにかかる時間をストップウォッチで測《はか》る。

◉実験の結果

表1　おもりの重さを変化させたときの振《ふ》り子の周期（①の結果《けっか》）

おもりの重さ（g）	50	100	150	200
10 往復《おうふく》にかかる時間（秒《びょう》）	20.0	20.0	20.0	20.0
振《ふ》り子の周期（秒《びょう》）	2.0	2.0	2.0	2.0

表2　振《ふ》り子の長さを変化させたときの振《ふ》り子の周期（②の結果《けっか》）

振《ふ》り子の長さ（cm）	25	50	100	400
10 往復《おうふく》にかかる時間（秒《びょう》）	10.0	14.0	20.0	40.0
振《ふ》り子の周期（秒《びょう》）	1.0	1.4	2.0	4.0

◉測定時の注意点

「10往復《おうふく》にかかる時間」を測《はか》るのは**「測定誤差《そくていごさ》」を小さくする**ためです。ストップウォッチを使って人間の目と手で時間を測《はか》ると、どうしても少し早く押《お》しすぎたり、押《お》すのが遅《おく》れたりします。

1往復《おうふく》だけを測《はか》ると、このずれがそのまま実験結果《けっか》に反映《はんえい》されてしまいます。測定《そくてい》する回数を増《ふ》やせば、この誤差《ごさ》を少しでも小さくすることができるのです。振《ふ》り子を往復《おうふく》させる回数を多くすればするほど測定誤差《そくていごさ》は小さくなります。

また振《ふ》り子に取りつけられたおもりの速さは最下点で最大となるので、周期を測《はか》る時には、おもりが停止《ていし》する場所、つまり端《はし》から端《はし》までのあいだを10往復《おうふく》するのにかかる時間を測《はか》ります。

Ⅲ 振り子の周期を決めるのは？

実験からわかったことをまとめてみましょう。

表1 → おもりの重さを変えても周期は変化しない

自由落下運動のところでも説明したように、おもりの重さを変えても落ちる速さは変わりません。だから周期も変わらないのです。

表2 → 振り子の長さを長くすると周期が長くなる

実験結果《けっか》をくわしく見ていくと、糸の長さを4倍（たとえば25cmから100cm）にすると、周期が2倍（1.0秒《びょう》から2.0秒《びょう》）になることがわかります。100cmと400cmの場合を比《くら》べても、やはり周期は2倍です。

振《ふ》り子の長さ（cm）	25	50	100	400
10往復《おうふく》にかかる時間（秒《びょう》）	10.0	14.0	20.0	40.0
振《ふ》り子の周期（秒《びょう》）	1.0	1.4	2.0	4.0

×4　×4　×2　×2

周期を2倍、3倍、4倍…にするには、振り子の長さを4（2×2）倍、9（3×3）倍、16（4×4）倍にすればいいのです。

- **おもりの重さを変えても、振《ふ》り子の周期は変わらない。**
- **振《ふ》り子が長いほど、振《ふ》り子の周期は長くなる。**

ここでは「おもりの重さ」と「振《ふ》り子の長さ」の2つだけについて実験しましたが、**おもりを持ち上げる角度（はじめの高さ）を変えても振《ふ》り子の周期は同じ**です。つまり、

「振《ふ》り子の周期は糸の長さだけによって決まる」のです。

参　考
振り子時計の狂いをどう調節するか

振《ふ》り子時計は振《ふ》り子の周期が一定であること（振《ふ》り子の「等時《とうじ》性《せい》」という）を利用して時をはかる道具ですが、夏になると振《ふ》り子の棒《ぼう》（さお）がぼう張して、時計が遅れてしまいます。

棒《ぼう》が長くなるということは、振《ふ》り子の糸が長くなるのと同じですから、周期が長くなってしまうのですね。

このため、棒《ぼう》にとりつけられたおもりを少し上にあげて、時計の狂《くる》いを調節していました。冬には逆《ぎゃく》に、おもりを下に下げて調節します。

参　考　「衝突」の実験をしてみよう

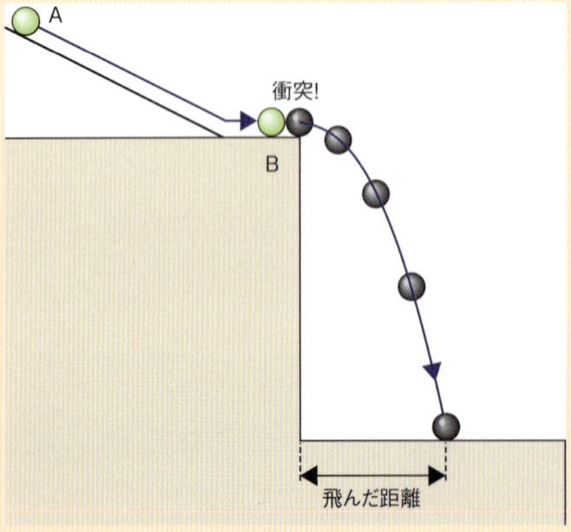

図19

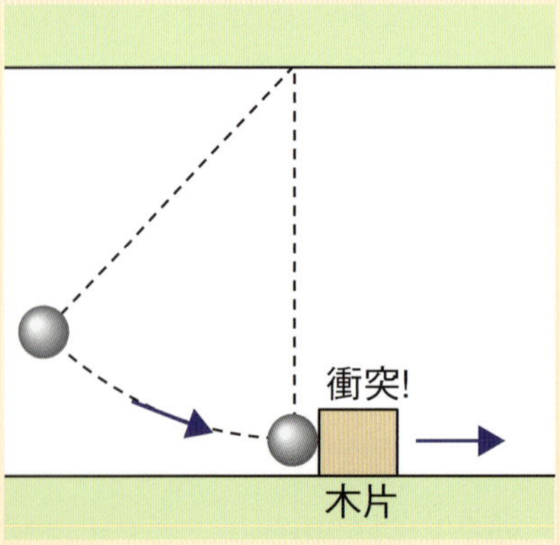

図20

「力学的エネルギー」について、もう少しくわしく調べてみたい人は、斜面《しゃめん》を転がるボールや振《ふ》り子のおもりを、他のものに衝突《しょうとつ》させる実験をしてみましょう。

大きなエネルギーをもっているものが衝突《しょうとつ》すれば、ぶつけられた方は遠くまではじき飛ばされます。

おもりの重さや最初の高さを変えると、どうなるでしょうか?（くわしいことは『応用編Ⅱ』で学習します）。

新しい 教養のための理科 基礎編 索引《さくいん》

英数字

あ

か

さ

た

な

は

索引

■写真・資料提供・協力・取材（敬称略）

福岡教育大学・福原達人（p6 図 3、p12 図 14、15、16、17、p16 図 31 シミ、ハエ、p19 図 48、49、p52 図 2、p56 図 11 ヒマワリ、ホウセンカ、p58 図 18、19、20、p59 図 22、p60 図 28 ダンゴムシ、ダニ）、ネイチャーネットワーク・久保田修（p13 図 18、19、20、21、p15 図 27、28、29、30、p16 図 31 チョウ、カブトムシ、p17 図 32 アブラゼミ、図 33、34、35、36、p19 図 44、45、46、47、p25 図 10 魚類、両生類（幼体）、両生類、鳥類、ほ乳類、p30 図 23、24、25、26、27、p32 図 31、32、33、p47 図 26、27、p48 図 29、30、p53 図 4、p56 図 11 ヤマユリ、p57 図 12、15）、安川源通（p16 図 31 ゴキブリ、p62 図 33、p75 図 25）、鳥羽水族館（p23 図 2、4、5、p32 図 34）、小林道信（p28 図 16、17、p29 図 20）、多田多恵子（p37 ヤブカラシ、p48 図 28）、柴田千晶（p39 図 3）、南光重毅（p42 図 9、p43 図 10、12、13、14、15、17、p46 図 18、19、20、21）、湯浅浩史（p49 図 33）、川田伸一郎（p60 図 28 モグラ）、海老沢次雄（p81 図 14）、藤井旭（p81 図 15、p90 図 2、3、p91 図 4、5、p92 図 8、p93 図 10、11、p94 図 12、14、p95 図 15、p96 図 20、21、22、p98 図 28、p99 図 30、31）、気象庁（p84 図 21、24 ～ 28、p86 図 29、30、p87 図 32、33）、NASA/SOHO（p90 図 1）、世田谷区立教育センタープラネタリウム（p101 図 41、42、43）、武蔵村山市歴史民俗資料館（p116 図 1、p123 図 24）、秋山一二（p155 図 12）

■撮影

青柳敏史

■編集・撮影・写真協力

中村理科工業株式会社、滝沢美絵、前迫明子、カラーアルバム編集部、
農耕と園芸編集部、天文ガイド編集部、子供の科学編集部

『新しい教養のための理科　応用編Ⅰ・Ⅱ』の内容

『新しい教養のための理科　応用編Ⅰ』

『新しい教養のための理科　応用編Ⅱ』

■編著

啓明舎（けいめいしゃ）

1984年に東京・お茶の水に設立された中学受験専門の進学塾。2009年㈱さなると業務資本提携し、現在は、東京・文京区に小石川校、新宿区に新宿校を構える。1学年約200名の小規模塾ながら、独自のカリキュラムとオリジナル教材で、難関～中堅校への圧倒的な合格実績を誇る。2020年より啓明舎から啓明館に名称変更。『小学国語　読解の基礎』『小学国語　読解の応用』『小学国語　読解の完成』、『ことばの学習・基礎編（知識の泉）』『教養のための社会　日本の歴史』（㈱みらい刊）、『秘伝の算数　入門篇』『秘伝の算数　応用篇』『秘伝の算数　発展篇』（東京出版刊）、『新しい教養のための理科　応用編Ⅰ』『新しい教養のための理科　応用編Ⅱ』『新しい教養のための理科　受験編』（誠文堂新光社刊）も有名書店にて好評発売中。

啓明館ホームページ　https://www.keimeikan.co.jp

■装丁・レイアウト

あおく企画

■イラスト

あおく企画　ササキフサコ　スクリプトM高橋

小学《しょうがく》理科《りか》か・ん・ぺ・き教科書《きょうかしょ》

新《あたら》しい教養《きょうよう》のための理科《りか》　基礎編《きそへん》

NDC407

2008年 3月 6日　発　行
2025年 4月 1日　第10刷

編　著　啓明舎《けいめいしゃ》
発行者　小川雄一
発行所　株式会社 誠文堂新光社
〒113-0033　東京都文京区本郷3-3-11
https://www.seibundo-shinkosha.net/
印刷・製本　シナノ書籍印刷株式会社

ISBN978-4-416-80813-9